Für meine Eltern

Dietrich Dörner

Die Logik des Mißlingens

Strategisches Denken
in komplexen Situationen

Rowohlt

1.–12. Tausend April bis August 1989
13.–16. Tausend September 1990

Umschlag- und Einbandgestaltung von Christina Schelhorn
Gesetzt aus der Palatino (Linotron 202)
Gesamtherstellung Clausen & Bosse, Leck
Printed in Germany
ISBN 3 498 01260 6

Inhalt

1. Einleitung

Man war bei Laune. Lachend berichtete der promovierte Physiker: «Sie waren sich alle einig! So müßte es gehen! Der Bürgermeister hatte sowohl Bürgerinitiativen als auch den ganzen Stadtrat hinter sich, denn Verkehrsdichte, Lärm und Luftverpestung in der Innenstadt waren ganz einfach unerträglich geworden. So wurde das Tempolimit für den Autoverkehr auf dreißig Kilometer gesenkt, und ‹Verkehrsberuhiger› aus Beton sorgten für Folgsamkeit. Nur einige Schönheitsfehler hatte das Ergebnis: Die Autos fuhren jetzt im zweiten statt im dritten Gang, also lauter und abgasreicher; die zuvor zwanzigminütige Einkaufsfahrt dauerte jetzt dreißig Minuten, so daß die Zahl der die Innenstadt gleichzeitig beengenden Autos deutlich anstieg. – Ein Flop? Nein, denn nun war es so nervtötend geworden, dort einzukaufen, daß immer mehr Menschen es unterließen. Also doch der gewünschte Erfolg? Nein, denn die Verkehrsdichte sank zwar allmählich fast wieder auf den Ausgangswert; Lärm und Abgase blieben aber beträchtlich. Die eine Hälfte der Einwohner wohnte im übrigen auf der ‹richtigen› Seite der Stadt und kaufte nun im nahegelegenen Großmarkt vor der Nachbargemeinde ein – und zwar gleich für die ganze Woche. (Das hat sich seitdem als sehr praktisch herumgesprochen und wird aus diesem Grunde zunehmend praktiziert.) Zuvor florierende Geschäfte gerieten zum Kummer des entschlußfreudigen Bürgermeisters an den Rand der Wirtschaftlichkeit, die Steuereinnahmen sanken beträchtlich. Also zum Schluß ein folgenschwerer Reinfall, der die Gemeinde noch lange belasten wird.»

Das Schicksal dieser umweltbewußten norddeutschen Gemeinde ist ein Beispiel dafür, wie menschliche Planungs- und Entscheidungsprozesse schiefgehen können, weil man Neben- und Fernwirkungen von Entscheidungen nicht genügend beachtet; weil man Maßnahmen zu stark dosiert oder zu schwach; weil man Voraussetzungen, die man eigentlich berücksichtigen sollte, nicht beachtet; und so weiter. Um richtiges Planen und Entscheiden ging es dem promovierten Physiker und dem diplomierten Volkswirt, die an einem schönen Sommermorgen mit mir über einen Gang des Gebäudes Feldkirchenstraße 21 der Universität Bamberg gingen. Die beiden Herren kamen von einem bekannten und großen deutschen Industrieunternehmen, und es war ihre Absicht, computersimulierte Planspiele, die wir entworfen hatten, auf ihre Eignung zum Einsatz bei der Nachwuchsschulung in ihrem Unternehmen zu prüfen. Das einleitende Gespräch galt natürlich allgemeinen Fragen der bekannten Unzulänglichkeit menschlichen Denkens und Handelns. Und natürlich war das Gespräch ein wenig von dem Hochmut geprägt, daß die Unzulänglichkeiten immer bei den *anderen* zu finden seien, nämlich bei dem Bürgermeister einer norddeutschen Gemeinde, bei den Managern eines Großbetriebes, die durch falsche Geschäftspolitik den Betrieb an den Rand des Ruins führen, bei Politikern, Verbandsleitern und ähnlichen Personen. Man selbst könnte es wahrscheinlich besser, wenn man nur mal rangelassen würde – so die unausgesprochene Prämisse.

Zwei Stunden später hatte sich die Laune merklich verschlechtert. Inzwischen hatten nämlich die beiden Herren ein Planspiel absolviert. Es ging darum, den Moros, die irgendwo in Westafrika leben, bessere Lebensbedingungen zu verschaffen. Die Moros sind ein Stamm von Halbnomaden in der Sahelzone, die mit ihren Viehherden von Wasserstelle zu Wasserstelle ziehen und außerdem ein wenig Hirseanbau betreiben. Es geht ihnen nicht sonderlich gut. Die Säuglingssterblichkeit ist hoch, die Lebenserwartung insgesamt gering, aufgrund der spezifischen Wirtschaftsform treten immer wieder Hungersnöte auf, kurz: ihre Situation ist bemitleidenswert. Nun sollte etwas für die Moros getan werden. Geld stand zur Verfügung. Man konnte etwas gegen die Tsetsefliege unternehmen, die den Rinderherden stark zusetzte. Die Tsetsefliege verbreitet die Rinderschlafkrankheit; diese Krankheit ist eine der wesentlichen Todesursachen der Rinder und verhindert eine Vergrößerung des Rinderbestandes. Man konnte einen Gesundheitsdienst für die Moros etablieren, den Hirseanbau durch Düngung und Wahl anderer Getreidesorten verbessern, man konnte tiefere Brunnen bohren und auf diese Weise durch bessere Bewässerung die Weidefläche vergrößern und vieles andere mehr. Natürlich fand das Planspiel nicht in der «richtigen» Sahelzone statt. Diese war vielmehr in einen Computer verlegt worden, der die Verhältnisse in Afrika «simulierte».

Der diplomierte Volkswirt und der Physiker machten sich mit Eifer an die Arbeit. Informationen wurden eingeholt, man betrachtete intensiv die Landkarte mit dem Gebiet der Moros, man fragte, erwog Möglichkeiten, verwarf Entscheidungen, plante neue Maßnahmen und kam schließlich zu bestimmten Entschlüssen. Diese Entschlüsse wurden dem Computer zugeführt, der sodann die Auswirkungen der Entscheidungen berechnete.

Die Jahre vergingen im Minutentempo; der Computer arbeitete gewissermaßen als Zeitraffer. Nach zwanzig (simulierten) Jahren und zwei (echten) Stunden war, wie gesagt, die Stimmung ziemlich trübe. Mit zurückhaltender, aber deutlicher Schärfe kommentierte der Physiker die Meldung des Simulationssystems über die schwindende Ergiebigkeit der Quellen und Brunnen im Lande der Moros: «Herr Kollege, ich war ja von vornherein der Meinung, daß diese exzessive Tiefbrunnenbohrerei zu nichts Gutem führen kann. Damals im Jahre 7 (der Simulation) hatte ich ja auch entschieden davor gewarnt!»

Mit nur wenig verhüllter Schärfe reagierte der Volkswirt: «Daran kann ich mich gar nicht erinnern! Sie gaben damals sogar noch Hinweise, wie man eine solche Tiefbrunnenbohrung möglichst effektiv ansetzen könne. Im übrigen: Ihre Ideen über die Gestaltung des Gesundheitswesens bei den Moros haben sich ja auch nicht gerade als sehr intelligent erwiesen!»

Der Grund für diese Auseinandersetzung war der in der Tat desolate Zustand der Moros, deren Lebensbedingungen sich in den vergangenen zwanzig Jahren zunächst sehr deutlich verbessert hatten, um sich dann aber rapide zu verschlechtern. Die Anzahl der Moros hatte sich in den zwei Jahrzehnten verdoppelt. Dank der hervorragenden Gesundheitsfürsorge, die man eingerichtet hatte, war die Sterblichkeit stark gesunken, insbesondere die Säuglingssterblichkeit. Allerdings gab es im zwanzigsten Jahr kaum noch Rinder; denn die Weideflächen waren fast vernichtet. Zunächst hatten sich die Rinder stark vermehrt, da man die Tsetsefliege erfolgreich bekämpft hatte. Zugleich hatte man die Weideflächen stark vergrößert, indem man eine große Anzahl Tiefwasserbrunnen bohrte, durch die man das (zunächst) reichlich vorhandene Grundwasser nutzbar machte. Schließlich aber reichte die Weidefläche nicht mehr für die großen Herden: «Überweidung» trat ein; die Rinder fraßen vor Hunger die Graswurzeln; die Vegetationsfläche verminderte sich. Das Bohren weiterer Brunnen half nur kurzfristig und erschöpfte die restlichen Grundwasservorräte um so schneller. Schließlich befand man sich in einer ausweglosen Situation, die allein durch Hilfe von außen noch bewältigt werden konnte.

Wie konnte es dahin kommen? Natürlich handelte es sich bei den beiden akademisch vorgebildeten Herren nicht um Spezialisten der Entwicklungshilfe. Andererseits fühlten sie sich zunächst den Problemen völlig gewachsen und hatten die besten Absichten. Dennoch ging alles schief: Man bohrte Brunnen, ohne zu überlegen, daß Grundwasser eine schwer ersetzbare Ressource ist. Man kann diese Ressource gebrauchen, aber wenn sie weg ist, kriegt man sie nicht mehr wieder! – Man richtete ein effektives System der Gesundheitsfürsorge ein, ohne zu überlegen, daß sich daraus notwendigerweise eine Verlängerung der Lebenszeit, eine Verringerung der Säuglingssterblichkeit, also insgesamt eine Vermehrung der Bevölkerung ergeben würde. Man unterließ es daher, sich beispielsweise gleichzeitig zu den Maßnahmen der Gesundheitsfürsorge Maßnahmen zur Geburtenregelung zu überlegen. Kurz gesagt: Man löste die anstehenden Probleme, ohne an die zu denken, die man durch die Problemlösungen neu erzeugte. Man hob gewissermaßen den Wagen aus dem einen Straßengraben heraus, um ihn gleich mit Schwung in den gegenüberliegenden hineinzuwerfen. All die klug überlegten Maßnahmen führten schließlich nur dazu, daß man am Ende vor der Notwendigkeit stand, eine erheblich angestiegene Anzahl von Menschen mit erheblich verringerten Ressourcen ernähren zu müssen. Alles war im Grunde noch viel komplizierter geworden als vorher. Hätte es keine Hilfe von außen gegeben, so hätte nun alles in einer großen Hungersnot geendet.

Vielleicht ist es wichtig anzumerken, daß das «Moro-Planspiel» nicht etwa irgendwelche «dirty tricks» enthält. Man braucht keine besonderen Fachkenntnisse, um mit der Planspielsituation operieren zu können. Alles, was sich ereignet, ist im Grunde ganz einfach und «selbstverständlich». Bohrt man Brunnen, so verbraucht man Grundwasser. Und wenn dieses nicht «nachgefüllt» wird (und wie sollte man am Südrand der Sahara in großem Umfang Grundwasser nachfüllen?), so ist es halt weg! Das ist sehr einfach einzusehen – *hinterher*! Die Betroffenheit durch die Mißerfolge bei dem «Moro-Planspiel» erklärt sich gerade aus der Einfachheit der Effekte. Etwas nicht vorausgesehen zu haben, wozu es spezifischer Fachkenntnisse und komplizierter Gedankengänge bedurft hätte, macht niemanden betroffen. Anders aber ist es, wenn man Selbstverständlichkeiten übersieht. Und das war hier der Fall gewesen.

Die «Moro-Entwicklungspolitik» der beiden klugen Leute zeigt, welche Schwierigkeiten auch intelligente Menschen beim Umgang mit komplexen Systemen haben. Dabei waren der Volkswirt und der Physiker keineswegs schlechtere Planer als andere Personen. Der nachfolgende Zeitungsabschnitt zeigt, daß sie sich lediglich so verhielten, wie auch «Fachleute» sich in realen Situationen verhalten.

Hamburger Abendblatt, Sonntag 28./29.12.1985

Experiment mit dem Hunger

Mit einem folgenreichen Fehlschlag von Entwicklungshilfe beschäftigen sich Tarina Kleyn und Jürgen Jozefowicz in ihrer Reportage «Wüstenland durch Menschenhand» (Sendung des ZDF am gleichen Tag): Das Rezept zur wirksamen Bekämpfung des Hungers in Teilen des Okavangodeltas im südlichen Afrika war einfach, aber kurzsichtig. Nach Plänen von Wissenschaftlern wurden die dort lebenden Wildtierherden von Nutztieren verdrängt und der karge Boden zur Produktion von Rindfleisch verwendet. Vorher bekämpfte man erfolgreich die Tsetse-Fliege, die auf bestimmte Rinderrassen tödliche Krankheiten überträgt.

Zuerst lief alles wie gewünscht, doch bald zogen Hunderte von Viehzüchtern in dieses Gebiet. Die Folge: Durch Überweidung wurde keines der Tiere satt, und als der Regen ausblieb, verfiel das ehemals fruchtbare Land in der Sonnenglut zu Sand und Staub.

Unsere Welt ist ein System von interagierenden Teilsystemen geworden. Zu Goethes Zeiten konnte es dem Bürger gleichgültig sein, ob «hinten, weit, in der Türkei, die Völker aufeinander schlagen». Heute muß uns derlei mit Besorgnis erfüllen, da die politischen Umstände und Entwicklungen auch der fernsten Erdregionen unmittelbar oder mittelbar auch uns betreffen.

In einer Welt von interagierenden Teilsystemen muß man in interagierenden Teilsystemen denken, wenn man Erfolg haben will. Der Frankenwald hat etwas mit Bamberg zu tun, weil Bamberg sein Trinkwasser von dort bezieht. Daher hat man im Frankenwald Talsperren gebaut und Fernwasserversorgungen etabliert. Bamberg ist nun ein relativ harmloser Partner. Frankfurt am Main aber senkt durch seinen Wasserverbrauch den Grundwasserpegel im Hohen Vogelsberg und im hessischen Ried. Was gingen einen Bauern im Hohen Vogelsberg früher die Frankfurter an? Nichts, aber heute viel. Was gingen uns vor vierzig Jahren die Religionsstreitigkeiten innerhalb des Islams an? Scheinbar nichts! Dennoch hat es aber stets solche globalen Zusammenhänge gegeben. Heute lernen wir, daß wir sie mehr und mehr beachten müssen. Ob wir es wollen oder nicht: wir müssen heute in globalen Zusammenhängen denken.

Allem Anschein nach ist aber die «Mechanik» des menschlichen Denkens in der Evolution einmal «erfunden» worden, um Probleme «ad hoc» zu bewältigen. Es ging um das Feuerholz für den nächsten Winter. Es ging um einen Plan, wie man eine Pferdeherde so treiben könnte, daß sie in eine Schlucht stürzte. Es ging um den Bau von Fallen für ein Mammut. Alle diese Probleme waren «ad hoc» und hatten meist keine über sich selbst hinausgehende Bedeutung. Der Bedarf an Feuerholz für eine Steinzeithorde unserer Vorfahren gefährdete nicht den Wald, genausowenig wie ihre Jagdaktivitäten den Wildbestand gefährdeten.

Hier mag es auch immer einmal Ausnahmen gegeben haben. Es gibt Anzeichen dafür, daß bestimmte Tierarten in prähistorischer Zeit stark überjagt und vernichtet worden sind. Aber im großen und ganzen war es für unsere prähistorischen Vorfahren wohl nicht notwendig, in größeren Zusammenhängen zu denken. Der menschliche Geist spielte die Rolle eines Troubleshooters. Er wurde ausnahmsweise eingesetzt, um Situationen zu bewältigen, die mit Sitte und Tradition nicht zu bewältigen waren. Das Problem wurde bewältigt (oder auch nicht), und damit war es vorbei. Die Notwendigkeit, über die Situation hinauszudenken, die Notwendigkeit, die Einbettung eines Problems in den Kontext von anderen Problemen mitzubeachten, trat selten auf. Für uns dagegen ist eben dieser Fall die Regel. Wie steht es nun mit unseren Denkgewohnheiten? Wird unser Denken den Anforderungen eines «Denkens in Systemen» gerecht? Zu welchen Fehlern neigen wir, wenn wir nicht nur Probleme hier und jetzt zu lösen haben, sondern wenn wir Nebenumstände und Fernwirkungen mitberücksichtigen müssen?

Dieses Buch beschäftigt sich mit den Merkmalen unseres Denkens beim Umgang mit komplexen Problemen, die mit Neben- und Fernwirkungen behaftet sind. Ich werde beschreiben, welche Fehler, Sackgassen, Umwege und Umständlichkeiten auftreten, wenn Menschen versuchen, mit komplexen Problemsituationen umzugehen. Es geht aber nicht allein um das Denken. Denken ist immer eingebettet in den Gesamtprozeß des psychischen Geschehens. Es gibt kein Denken ohne Gefühle. Man ärgert sich zum Beispiel, wenn man mit einem Problem nicht fertig wird. Ärger wiederum beeinflußt das Denken. – Denken ist eingebettet in den Kontext der Gefühle und Affekte, beeinflußt diesen Kontext und wird selbst wieder von ihm beeinflußt.

Denken ist auch immer eingebettet in das Wert- und Motivsystem einer Person. Man denkt meist nicht nur einfach so, sondern um bestimmte Ziele zu erreichen, die sich aus dem Wertsystem oder aus der aktuellen Motivation eines Individuums ergeben. Und hier gibt es Konfliktmöglichkeiten: «Ich bin gegen jede Art von Zwangsmaßnahmen! ...Aber wenn nun manche, die mit dem Aids-Virus infiziert sind, sich partout weigern, sich bei ihren sexuellen Kontakten in acht zu nehmen?» – Der Konflikt zwischen hochgeschätzten Werten und den für notwendig erachteten Maßnahmen kann zu den merkwürdigsten Verrenkungen des Denkens führen: «Bomben für den Frieden!» Der ursprüngliche Wert wird in sein Gegenteil verkehrt.

«Ut desint vires, tamen est laudanda voluntas!» («Wenn auch die Kräfte fehlen, so ist doch die Absicht zu loben!») Man könnte einwenden: «Was willst du denn immer mit dem Denken? Darauf kommt es doch gar nicht an! Wesentlich sind die Motive und die Absichten, die hinter dem Denken stehen. Das Denken hat nur eine dienende Funktion. Es hilft bei der Realisierung von Absichten. Wenn du aber den Mißständen unserer Welt auf den Grund gehen willst, mußt du nach den verborgenen Motiven und Absichten fragen!»

Eine solche Auffassung wird auf breite Zustimmung stoßen. Besonders im Bereich der politischen Argumentation ist man geneigt, Absichten und Motive vom Denken und Handeln zu trennen. Jüngst las man in der Zeitung über eine Untersuchung der politischen Auffassungen deutscher Studenten. Da hieß es, daß die Auffassung, die Idee des Kommunismus an sich sei gut, nur mit der Realisierung hapere es leider, bei den Studenten auf breite Zustimmung gestoßen sei. Die «guten Absichten» bleiben in ihren Augen lobenswert, auch wenn die Folgen des Versuchs, diese Absichten in die Realität umzusetzen, eher negativ sind.

(Natürlich geht es hier nicht darum, den Entwurf eines neuen Automotors mit dem Entwurf einer Gesellschaft gleichzusetzen. Letzteres ist – falls es überhaupt möglich sein sollte – ungleich komplizierter! Es geht mir aber darum, auch im letzteren Falle zu fordern, daß neben die gute Absicht auch Wissen und Analyse zu treten haben.)

Wenn wir unsere politische Umgebung betrachten, springt ins Auge, daß wir von «guten Absichten» geradezu umstellt sind. Es kommt aber auf die guten Absichten allein nicht an; sie müssen begleitet sein von dem Vermögen, sie zu realisieren. Das Hegen guter Absichten ist eine äußerst anspruchslose Geistestätigkeit. Mit dem Entwerfen von Plänen zur Realisierung der hehren Ziele sieht es anders aus. Dafür braucht man Intelligenz. Die Hochschätzung der guten Absichten *allein* ist keineswegs angebracht, im Gegenteil!

Meines Erachtens ist die Frage offen, ob «gute Absichten + Dummheit» oder «schlechte Absichten + Intelligenz» mehr Unheil in die Welt gebracht haben. Denn Leute mit guten Absichten haben gewöhnlich nur geringe Hemmungen, die Realisierung ihrer Ziele in Angriff zu nehmen. Auf diese Weise wird Unvermögen, welches sonst verborgen bliebe, gefährlich, und am Ende steht dann der erstaunt-verzweifelte Ausruf: «Das haben wir nicht gewollt!»

Ist es nicht oft gerade das Bewußtsein der «guten Absichten», welches noch die fragwürdigsten Mittel heiligt? Den Leuten mit den «guten Absichten» fehlt auf jeden Fall das schlechte Gewissen, welches ihre Mitmenschen mit den schlechteren Absichten vielleicht doch manchmal ein wenig am Handeln hindert. Es ist oft gesagt, aber selten gehört worden, daß der abstrakte Wunsch, allen Menschen das Paradies zu bereiten, der beste Weg zur Erzeugung einer konkreten Hölle ist. Das hängt mit den «guten Absichten», die auch ohne jede Kompetenz zum Handeln antreiben, eng zusammen. (Denn das Gute muß man natürlich durchsetzen, koste es, was es wolle!)

«Wir wollen eine Ordnung der Dinge, in der alle niedrigen und grausamen Leidenschaften gefesselt werden, alle wohltätigen und großzügigen Leidenschaften durch die Gesetze geweckt werden; in der der Ehrgeiz in dem Wunsche besteht, Ruhm zu erwerben und dem Vaterland zu dienen; in der Vornehmheit nur aus der Gleichheit entsteht; in der der Bürger dem Magistrat, der Magistrat dem Volk und das Volk der Gerechtigkeit unterworfen ist; in der das Vaterland das Wohlergehen jedes Einzelnen sichert und jeder Einzelne mit Stolz die Prosperität und den Ruhm des Vaterlandes genießt; in der alle Seelen wachsen durch den ständigen Austausch republikanischer Gefühle und das Bedürfnis, die Achtung eines großen Volkes zu verdienen; in der die Künste der Schmuck der Freiheit sind, die sie veredelt, der Handel die Quelle des öffentlichen Reichtums ist und nicht nur des riesigen Überflusses einiger Häuser.

Wir wollen in unserem Lande den Egoismus durch die Moral ersetzen, die Ehre durch Rechtschaffenheit, die Gewohnheiten durch Prinzipien, die Höflichkeit durch Pflichten, die Tyrannei der Mode durch die Herrschaft der Vernunft, die Verachtung des Unglücks durch die Verachtung des Lasters, die Unverschämtheit durch den Stolz, die Eitelkeit durch Seelengröße, die Liebe zum Geld durch die Liebe zum Ruhm, die gute Gesellschaft durch die guten Menschen, die Intrige durch den Verdienst, den Schöngeist durch das Genie, den Schein durch die Wahrheit, die Langeweile der Wollust durch den Reiz des Glücks, die Kleinheit der Großen durch die Größe der Menschen, ein leutseliges, leichtfertiges und klägliches Volk durch ein großmütiges, mächtiges und glückliches Volk, d. h., alle Lächerlichkeiten der Monarchie durch alle Tugenden und Wunder der Republik...

...und während wir unser Werk mit unserem Blut ausbreiten, können wir zumindest die Morgenröte des universellen Glücks erstrahlen sehen... Das ist unser Ehrgeiz, das ist unser Ziel.»

Das klingt gut. Liest man aber ein wenig genauer, so mag allerdings so manche Bedenklichkeit auftauchen. Was werden beispielsweise diejenigen zu diesem Dokument sagen, die die Leidtragenden der Ausbreitung dieser Ideen «mit dem Blute» sind? Sehen sie auch die «Morgenröte universellen Glücks»?

Wird der Handel tatsächlich «die Quelle des öffentlichen Reichtums» sein, wenn man die Antriebsfeder des privaten Egoismus (nämlich das Streben für den «Überfluß» des eigenen Hauses) daraus entfernt?

Könnte es nicht sein, daß derjenige, dessen einziger Ehrgeiz tatsächlich aus dem Bedürfnis besteht, «Ruhm zu erwerben und dem Vaterland zu dienen», gegenüber anderen, die dieser Ehrgeiz nicht in so starkem Ausmaß beseelt, das Gefühl bekommt, eben deshalb «vornehmer» zu sein? Denn er tut das, was er soll, andere nicht. Und da «Vornehmheit nur aus der Gleichheit» besteht, sollte er also nicht auf die Idee kommen können, besonders «gleich» zu sein?

«Alle Tiere sind gleich! Manche aber sind besonders gleich!» So beschrieb George Orwell in der «Farm der Tiere» die *zweite* Fassung des revolutionären Codex der revolutionären Tiere. – Orwell hat wohl gut verstanden, was die Folgen solcher Zielsetzungen sein können, wie sie oben als «Prinzipien politischer Moral» formuliert wurden.

Humanität, die in ihrem eigenen Namen zur Inhumanität verkommt! Und der Grund dafür? Hier sollte man sich vielleicht an unseren Physiker und unseren Volkswirtschaftler erinnern, die den Moros eine glückliche Zukunft bescheren wollten. Und wie ging es aus? Man will, und dann macht man, und dann geht es nicht. Wo liegen die Ursachen des Mißerfolgs? Natürlich nicht in einem selbst! Nicht an der eigenen Kurzsichtigkeit und der mangelnden Übersicht scheiterte der gute Plan. Wie sollte er denn? Man hatte doch die besten Absichten! Es liegt an dem *anderen*! Der hat's einem vermurkst! Der hat die blödsinnige Idee mit den Tiefwasserbrunnen gehabt! Man kann offensichtlich ganz leicht im Labor erzeugen, was in der Realität viel fatalere Konsequenzen hat.

Die zitierten «Prinzipien politischer Moral» stammen übrigens von Maximilien Robespierre, in dessen «Regierungszeit» Ende 1793 und zu Beginn des Jahres 1794 die Schreckensherrschaft der Guillotine im revolutionären Frankreich ihren Höhepunkt erreichte. Zufall?

Geschichtsabläufe sind labyrinthisch kompliziert. Jene einfache Denkfigur: «Ich habe die besten Absichten gehabt, dennoch hat nichts geklappt! Also muß ein anderer schuld sein» ist zu einfach und erklärt nicht alles!

Vom Zusammenhang des Denkens mit dem Fühlen und Wollen bei der Lösung komplizierter Probleme handelt dieses Buch. Ich werde über die Ergebnisse von Experimenten berichten, die wir unternommen haben, um die Merkmale menschlichen Planens und Entscheidens in komplexen Situationen festzustellen. Wir haben uns bei diesen Experimenten einer spezifischen Methode bedient. An sich müßte man zur Untersuchung des Planens und Entscheidens in komplexen Situationen natürlich in die Realität schauen. Man müßte in großem Umfang die Planungs- und Handlungsaktivitäten realer Politiker, Verbandsmanager, Firmenchefs untersuchen. Das aber hat seine Schwierigkeiten. Man erhält so natürlich nur Einzelfälle, die man schlecht verallgemeinern kann. Außerdem sind solche Fälle realer Entscheidungen meist nicht gut dokumentiert, und ihr realer Ablauf ist schlecht oder gar nicht rekonstruierbar. Nicht selten sind die Berichte über solche realen Abläufe unabsichtlich verzerrt oder sogar absichtlich verfälscht.

Diese Schwierigkeiten, das Denken in realen Situationen zu untersuchen, überwanden wir auf folgende Weise: Wir verlegten die Realitäten in den Computer. Die Computertechnik bietet die Möglichkeit, komplizierte Realitäten zu *simulieren*. Der Computer kann eine Kleinstadt simulieren oder auch einen Gartenteich mit seiner ganzen Physik und Chemie, seiner Flora und Fauna. Der Computer kann auch komplizierte politische Entscheidungssituationen simulieren. Man hat im Computer ein Werkzeug, um fast beliebig komplexe Situationen nachzuahmen. Dies bietet für die Psychologie die Möglichkeit, Prozesse experimentell zu studieren, die bislang nur in Einzelfällen beobachtbar waren. Mit Hilfe computersimulierter Szenarios kann man das Verhalten von Versuchspersonen, die sich in einer komplizierten politischen Situation befinden, genau beobachten und protokollieren.

Die «großen» Ereignisse dieser Welt, die großen Entscheidungen sind immer einzigartig. Man kann «hinterher» lange darüber räsonieren, was diesen oder jenen zu dieser oder jener Entscheidung gebracht haben mag. Herauszufinden aber, wie es wirklich war, ist strenggenommen unmöglich. Die Verwendung von Computerszenarios bringt hier Abhilfe.

Sicherlich hat eine solche Szenario-Situation immer Spielcharakter. Eine Computerspielsituation ist keine Ernstsituation – so sollte man meinen. Tatsache aber ist, daß unsere Versuchspersonen unsere «Spiele» meist sehr ernst nahmen und mit großer Betroffenheit die Effekte ihrer eigenen Maßnahmen zur Kenntnis nahmen. «Spiele» können sehr ernst genommen werden – wer wüßte das nicht schon von der sonntäglichen Monopoly-Runde am Familientisch.

Aber ich möchte hier nicht vorgreifen. Die Lektüre dieses Buches selbst wird Anregungen genug zum Nachdenken darüber geben, was man nun an den Ergebnissen ernst nehmen sollte und was nicht. Im Hinblick auf die düsteren Parallelen zu tatsächlichen Ereignissen fragt es sich zum Beispiel, ob man es als «makabren Gag» werten sollte, wenn eine Versuchsperson beim Planen von Sanierungsmaßnahmen für eine bankrotte Fabrik in einem Simulationsspiel erwägt, jeden Arbeiter, an dessen Maschine sich Fehler zeigen sollten, «wegen Sabotage» erschießen zu lassen.

Die Verwendung von computersimulierten Realitäten macht es möglich, die Hintergründe von Planungs-, Entscheidungs- und Urteilsprozessen, die sich bislang der direkten Beobachtung entzogen, sichtbar zu machen. Auf diese Weise lassen sich die psychologischen Determinanten solcher Prozesse leichter ausfindig machen als durch die nachträgliche Erforschung solcher Prozesse in der «richtigen» Realität. Wir haben in den letzten Jahren solche «Computerspiele» in größerem Umfang verwendet, um Planungs- und Entscheidungsprozesse von Individuen und von Gruppen zu studieren. In diesem Buch möchte ich einige unserer Ergebnisse vorstellen und interpretieren. Ich meine, daß die Ergebnisse einige psychologische Hintergründe menschlichen Planens und Entscheidens aufhellen.

Im Hinblick auf die vielfältigen Probleme unserer Welt wird oftmals ein «Neues Denken» gefordert. Frederic Vester (1984) fordert ein «vernetztes Denken», welches die vielfältigen Interaktionen der Teilsysteme unserer Welt in Rechnung stellt.

Andere Autoren fordern eine Besinnung auf östliche Weisheit, die es irgendwie erlauben soll, mit den Problemen der Ökologie, der Energiesicherung, des Wettrüstens, des Terrorismus fertig zu werden.

Man wird in diesem Buche viele Beispiele für ein «nichtvernetztes» Denken finden. Und man wird auch finden, daß die Gründe dafür oft recht einfach und ohne alle «östliche Weisheit» zu beheben sind.

Vielleicht hilft, was in diesem Buch vorgetragen wird, einige Probleme mit ein wenig mehr Vernunft zu betrachten.

2. Einige Beispiele

Das beklagenswerte Schicksal von Tanaland

Tanaland ist ein Gebiet irgendwo in Ostafrika. Mitten durch Tanaland fließt der Owanga-Fluß, der sich zum Mukwa-See verbreitert. Am Mukwa-See liegt Lamu, umgeben von Obstplantagen und Gärten und von einer Waldregion. In und um Lamu wohnen die Tupi, ein Stamm, der von Ackerbau und Gartenwirtschaft lebt. Im Norden und im Süden gibt es Steppengebiete. Im Norden, in der Gegend um den kleinen Ort Kiwa, leben die Moros. Die Moros sind Hirtennomaden, die von Rinder- und Schafzucht und von der Jagd leben.

Tanaland existiert nicht wirklich. Wir haben das Land erfunden, es existiert im Computer, der die Landesnatur sowie die Populationen von Menschen und Tieren und ihre Zusammenhänge «simuliert».

Wir gaben 12 Versuchspersonen die Aufgabe, für das Wohlergehen der in Tanaland lebenden Bewohner und für das Wohlergehen der gesamten Region zu sorgen. Den Versuchspersonen gaben wir diktatorische Vollmacht: Sie konnten alle möglichen Eingriffe machen, die (relativ) widerspruchslos durchgeführt wurden. Sie konnten Jagdmaßnahmen anordnen, die Düngung der Felder und Obstplantagen verbessern, sie konnten Bewässerungssysteme anlegen, Staudämme bauen, sie konnten die gesamte Region elektrifizieren und durch den Ankauf von Traktoren mechanisieren, sie konnten Maßnahmen zur Geburtenkontrolle einführen, die medi-

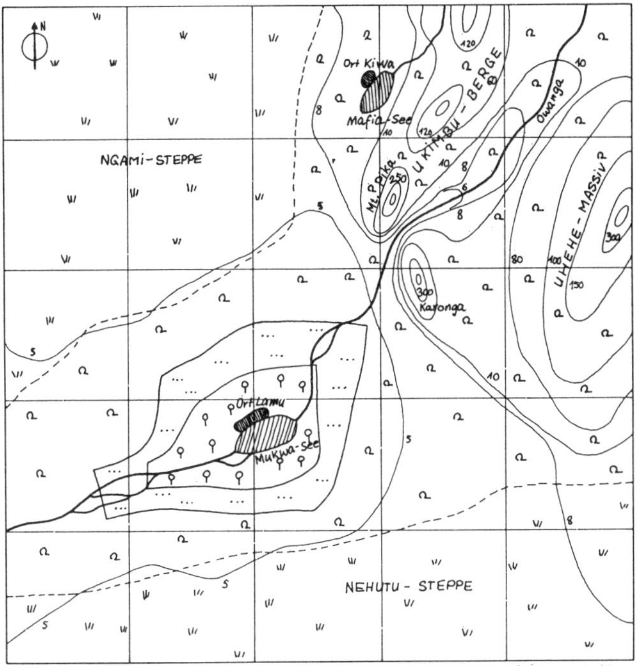

Abb. 1: Tanaland

zinische Versorgung verbessern und vieles andere mehr. Insgesamt hatten die Versuchspersonen sechsmal die Gelegenheit, zu von ihnen frei gewählten Zeitpunkten Informationen zu sammeln, Maßnahmen zu planen und Entscheidungen zu treffen. Sie sollten mit diesen sechs Eingriffspaketen das Schicksal von Tanaland für eine Zeitdauer von zehn Jahren bestimmen. Zu jedem der sechs Eingriffszeitpunkte waren so viele Maßnahmen möglich, wie die Versuchspersonen nur wollten. Natürlich konnten die Versuchspersonen in jeder neuen Eingriffsphase die Ergebnisse, die Erfolge und Mißerfolge der vorausgehenden Phasen berücksichtigen, Entscheidungen rückgängig machen oder modifizieren.

Die Abbildung zeigt das Ergebnis der «Regierungstätigkeit» einer durchschnittlichen Versuchsperson. Man sieht, daß die Bevölkerungszahl der Tupis (der Ackerbauern) zunächst ansteigt. Das ist im wesentlichen darauf zurückzuführen, daß das Nahrungsangebot verbessert und eine gute medizinische Versorgung etabliert wurde. Dadurch stieg die Zahl der Kinder, die der Todesfälle sank. Die Lebenserwartung wurde insgesamt erhöht. Nach den ersten drei Sitzungen glaubten die meisten Versuchspersonen, sie hätten das Problem gelöst. Das Gefühl, durch ihre Maßnahmen nur eine Zeitbombe geschärft zu haben, kam ihnen nicht. Durch die in den späteren Jahren fast notwendigerweise ausbrechenden Hungersnöte wurden sie vollkommen überrascht.

Bei unserer durchschnittlichen Versuchsperson der Abbildung 2 kam es etwa im 88. Monat zu einer nicht mehr auffangbaren Hungerkatastrophe, die allerdings die viehzüchtenden Moros, die auf einer niedrigeren Entwicklungsstufe verblieben waren, längst nicht in dem Ausmaß

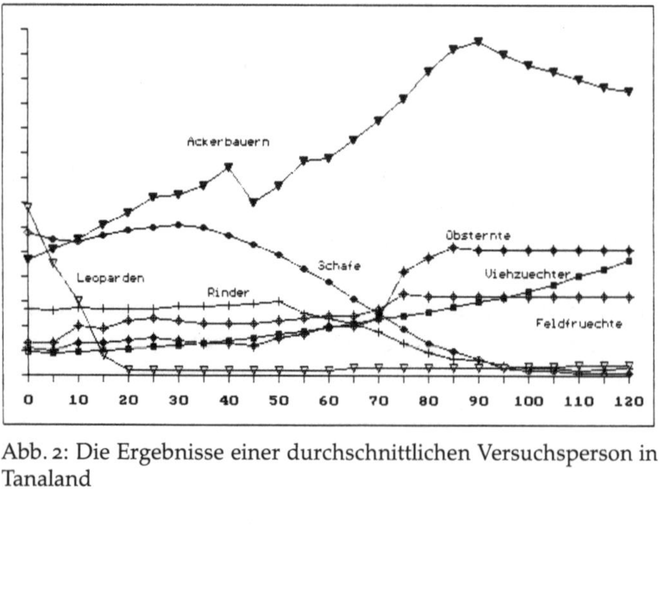

Abb. 2: Die Ergebnisse einer durchschnittlichen Versuchsperson in Tanaland

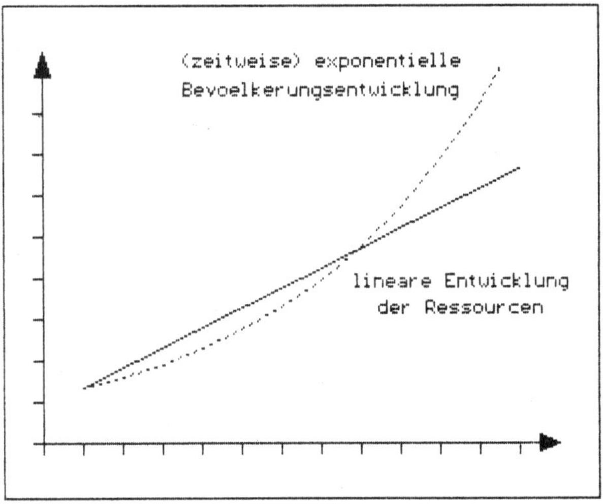

Abb. 3: Die Katastrophenfalle: linearer Zuwachs der Ressourcen und exponentieller Zuwachs der Bevölkerung

traf wie die Tupis, über welche die Segnungen der Kunstdüngung und der medizinischen Versorgung in vollem Umfang «hereingebrochen» waren. Es war das Übliche: anstehende Probleme (hier: der Nahrungsmittelversorgung und der Gesundheitsfürsorge) wurden gelöst, ohne daß dabei die durch die neuen Problemlösungen entstandenen Fernwirkungen und damit die *neuen* Probleme, die durch die Problemlösungen erzeugt wurden, gesehen wurden.

Die Lage entwickelte sich notwendigerweise katastrophal, weil einer linearen und asymptotisch einschwenkenden Steigerung des Nahrungsangebotes eine exponentielle Steigerung der Bevölkerungszahlen gegenüberstand. Die Abb. 3 zeigt die Entwicklung dieser beiden Größen schematisch. Zunächst liegt das Nahrungsangebot aufgrund von Kunstdüngung, tieferem Pflügen mit Motorpflügen und Traktoren deutlich über der Nachfrage. Die Bevölkerungsentwicklung startet langsamer,

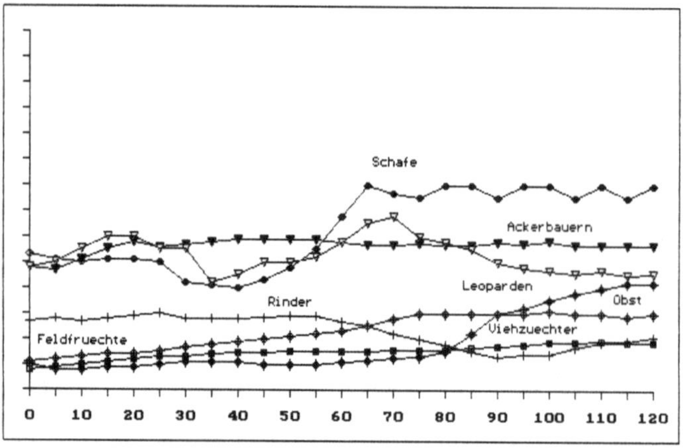

Abb. 4: Die Ergebnisse der einzigen erfolgreichen Versuchsperson in Tanaland

wächst aber viel stärker an als das Nahrungsangebot. Dies führt notwendigerweise in die Katastrophe. (Man könnte eine solche Katastrophe auch «Malthuskatastrophe» nennen. Der britische Nationalökonom Thomas Robert Malthus [1766–1834] meinte, daß eine solche Katastrophe der gesamten Menschheit bereitet sei. Dies gilt heute als falsch, was aber lokale Fälle solcher Entwicklungen nicht ausschließt. Siehe hierzu z. B. Birg 1989.)

Es ging auch anders. Abb. 4 zeigt die Ergebnisse einer anderen Versuchsperson. Man sieht, daß eine Stabilisierung der Verhältnisse in Tanaland durchaus möglich war. Die Versuchsperson erreichte (keineswegs ohne Schwierigkeiten) die Stabilisierung der Bevölkerungszahlen und insgesamt eine Anhebung des Gesamtniveaus des «Lebensstandards» ohne die zunächst sehr stark positive, dann aber negative Dynamik der Entwicklungen, welche die «durchschnittliche» Versuchsperson von Abb. 2 erzeugte. Sowohl die Bevölkerungszahlen als auch die Nahrungsmittelversorgung stabilisierten sich bei der Versuchsperson von Abb. 4 auf einem hohen Niveau.

Was waren die Gründe für Erfolg und Mißerfolg? Sie lagen keineswegs darin, daß etwa die «gute» Versuchsperson über ein Fachwissen verfügte, welches den anderen Versuchspersonen abging. Tanaland enthielt keine Probleme, die nur mit einem spezifischen Fachwissen zu bewältigen waren. Die Gründe für Erfolg und Mißerfolg muß man vielmehr in bestimmten «Denkfiguren» suchen. In einem System, wie es Tanaland darstellt, kann man nicht nur *eine* Sache tun. Man macht immer mehrerlei, ob man will oder nicht. Abb. 5 zeigt ein Beispiel dafür. Die Erträge von Äckern und Gärten sind in Tanaland zunächst auch deshalb gering, weil Mäuse, Ratten und Affen sich in erheblichem Umfang an diesen Erträgen «beteiligen». Naheliegend ist es also, diese «Schädlinge» durch Jagd, Fallen und Gift ordentlich zu dezimieren, um auf diese Weise die Erträge zu steigern. Diese Denkfigur ist in Abb. 5 links dargestellt. Was in Wirklichkeit zusätzlich geschieht, sieht man in Abb. 5 rechts. Die Dezimierung der Kleinsäuger und der kleinen Affen wirkt sich zwar zunächst einmal positiv auf die Acker- und Obstbauerträge aus. Zugleich aber können sich nun Insekten, die auch eine Beute der Kleinsäuger darstellten, ungehemmter vermehren. Und zugleich wird den großen Raubkatzen ein Teil ihrer Beute entzogen, worauf sich diese dem Viehbestand «zuwenden». Es ist also demnach möglich, daß die Dezimierung der Kleinsäuger und der Affen «unter dem Strich» nicht nur nichts nützt, sondern schadet. Die Nichteinrechnung solcher Neben- und Fernwirkung von Maßnahmen war *ein* Grund für den Mißerfolg, den die meisten unserer Versuchspersonen beim Umgang mit Tanaland hatten.

Es gibt aber noch andere Gründe: Abb. 6 zeigt die relative Anzahl der drei Kategorien «Entscheidungen treffen», «über die allgemeine Lage und mögliche Entscheidungen nachdenken» und «Fragen stellen». Wir haben das «laute Denken» der Versuchspersonen während der sechs Versuchssitzungen nach diesen Kategorien ausgezählt. Man sieht, daß sich die relativen Häufigkeiten dieser Ereignisse über die Zeit verändern. In der ersten Sitzung überwiegt sehr deutlich die relative Häufigkeit der «Orientierungseinheiten», nämlich die Häufigkeit des Fragens und die Häufigkeit des Nachdenkens über die Situation und über mögliche Entscheidungen. Insgesamt entfallen etwa 56 Prozent aller Protokollelemente auf diese beiden Kategorien. Etwa 30 Prozent aller Protokollkategorien entfallen auf die unmittelbare Entscheidungstätigkeit. 14 Prozent bleiben für andere Kategorien übrig.

Nach der ersten Sitzung verändert sich aber das Verhaltensspektrum deutlich. Die relative Häufigkeit derjenigen Protokollelemente, die die Analyse der Situation betrafen, wird immer geringer und die relative Anzahl der Protokollelemente, die unmittelbar die Entscheidungen betreffen, wird immer größer. Offensichtlich entwickeln

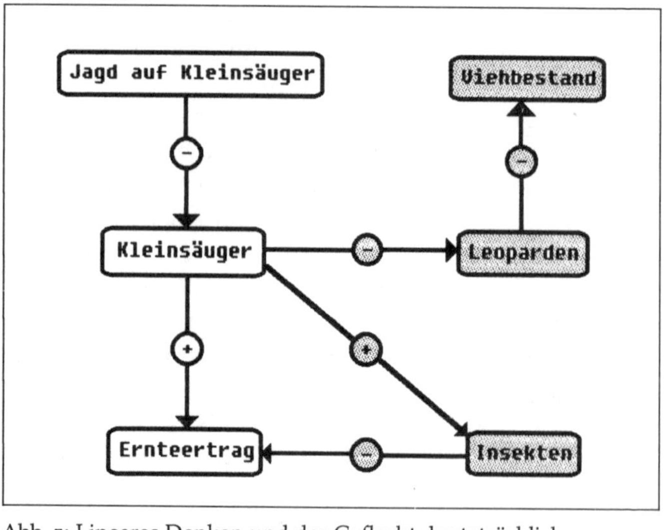

Abb. 5: Lineares Denken und das Geflecht der tatsächlichen Wirkungen

Abb. 6: Entscheidungen, Reflexionen und Fragen: die Entwicklung über die sechs Sitzungen

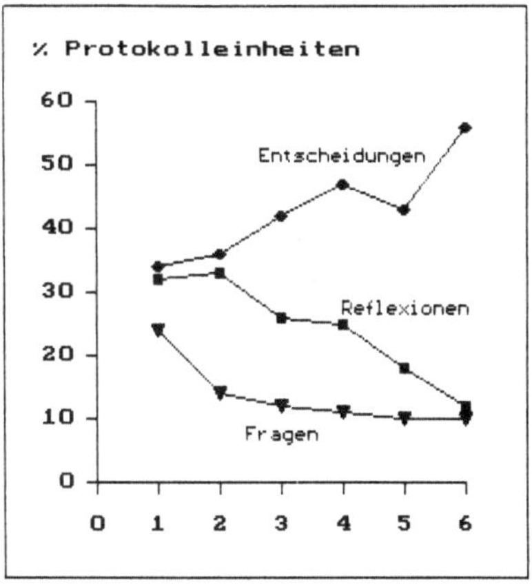

sich die Versuchspersonen in den sechs Sitzungen von zögerlichen «Philosophen» zu entscheidungsfrohen «Tatmenschen». Anscheinend glaubten die Versuchspersonen, durch ihre Nachfragen und durch das Reflektieren über die Situation ein genügend genaues Bild von der Situation bekommen zu haben, welches keiner Korrektur durch weitere Erfahrungssammlung – sei es durch weitere Informationssammlung, sei es durch die analytische Reflexion der Geschehnisse – mehr bedurfte. Sie glaubten, über die Methoden zu verfügen, die für den Umgang mit Tanaland notwendig waren – zu Unrecht!

Insgesamt wurden die Versuchssitzungen auch immer kürzer, wie sich deutlich an der Anzahl der Protokollelemente in den einzelnen Sitzungen zeigt. In Abb. 7 sieht man die durchschnittliche Anzahl der Protokollelemente unserer 12 Versuchspersonen in den 6 Sitzungen. Man sieht, daß in der ersten Sitzung durchschnittlich fast 50 Protokollelemente nötig waren, um das Verhalten der Versuchspersonen zu beschreiben. In der dritten bis fünften Sitzung waren nur noch durchschnittlich etwa 30 Protokollelemente notwendig. Die Versuchspersonen hatten in den ersten Versuchssitzungen ihren Umgangsstil mit Ta-

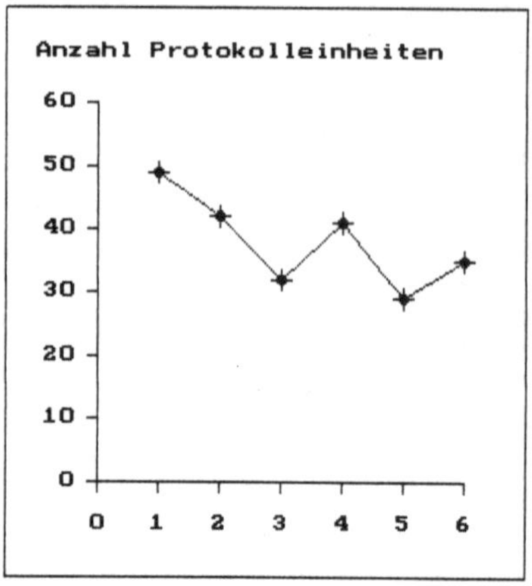

Abb. 7: Die Anzahl von Protokollelementen im Tanaland-Versuch

naland entwickelt und änderten diesen nun nicht mehr sehr. Ihr schließlicher Mißerfolg zeigt aber deutlich, daß mehr Nachdenken und weniger «Machen» durchaus am Platz gewesen wären.

Noch weitere Phänomene bei unseren Tanaland-Versuchspersonen sind bemerkenswert, wenn man nach den Gründen für Erfolg und Mißerfolg Ausschau hält. So gab es Versuchspersonen, bei denen sich die Probleme der Situation gewissermaßen umdefinierten. Diese Versuchspersonen nahmen solche Umdefinitionen nicht bewußt vor. Sie unterliefen ihnen. Eine Versuchsperson beispielsweise hatte beschlossen, große Teile der Nehutu-Steppe zu bewässern. Zu diesem Zweck wurde mit enormem Aufwand ein Kanal vom Owanga-Fluß hinunter in die Nehutu-Steppe gebaut. In der Nehutu-Steppe selbst sollte ein ganzes System von kleineren Bewässerungskanälen für die Verteilung des so herangeführten Wassers sorgen. Es war ein großer Aufwand an Geld, Material und Arbeitskraft erforderlich, um dieses Projekt durchzuführen. Und dieses Projekt machte natürlich Schwierigkeiten. Mal war das Material nicht rechtzeitig zur Stelle, mal konnte der geplante Arbeitsaufwand nicht erbracht werden. Dies alles führte dazu, daß die Versuchsperson von diesem Problem völlig absorbiert wurde. Nachrichten (des Versuchsleiters), daß eine große Hungersnot ausgebrochen sei und viele Einwohner von Lamu bereits an Unterernährung litten oder daran gestorben seien, kommentierte die Versuchsperson mit «Ja, ja, aber wie steht es mit dem Bau des großen Seitenkanals in der Nehutu-Steppe?» – Auf die Hungersnot kam diese Versuchsperson nie mehr zurück.

Natürlich ein Einzelfall! Tatsächlich ein Einzelfall? Die Parallelen zu Ereignissen in der «richtigen» Realität zeigten sich hier so deutlich, daß es uns wichtig erschien, die Bedingungen solcher Entwicklungen zu untersuchen.

Bei einigen Versuchspersonen kam es zu ausgesprochen zynischen Reaktionen auf wiederholte Meldungen über eine Hungersnot bei der (zum Glück nur elektronisch vorhandenen) Bevölkerung. Zunächst lösten solche Meldungen gewöhnlich Betroffenheit aus. Nach vergeblichen Bemühungen aber, mit dem Problem fertig zu werden, kam es zu Äußerungen wie: «Die müssen halt den Gürtel enger schnallen und für ihre Enkel leiden!» – «Sterben muß jeder mal!» – «Da sterben ja wohl hauptsächlich die Alten und Schwachen, und das ist gut für die Bevölkerungsstruktur!»

Natürlich kann man solche Reaktionen in einer Spielsituation für schnodderig-zynische Entgleisungen halten, die so ernst, wie sie klingen, nicht gemeint waren. Wiederum aber schienen uns die Parallelen zu tatsächlichen Ereignissen bedeutsam zu sein: Hilflosigkeit als Auslöser für Zynismus!

Neben Reaktionen der Hilflosigkeit und neben Fluchttendenzen fanden wir Versuchspersonen, die ganz offensichtlich die «Macht» über Tanaland genossen und sich sehr deutlich in die Quasi-Diktator-Rolle hineinzuleben verstanden. Mit in die Ferne gerichtetem Feldherrnblick befahl eine Versuchsperson: «50 Traktoren zum Roden in die südlichen Wälder...!», und man sah fast, wie in der

Vorstellung der Versuchsperson die Staubfahnen der nach Süden vorstoßenden Traktorenkolonnen aufstiegen.

In diesem Tanaland-Versuch, der nur mit 12 Versuchspersonen stattfand und aus diesem Grunde kaum so etwas wie generalisierbare Ergebnisse erbrachte und der den Namen «Experiment» fast nicht verdient, wurde uns klar, wie Denken, Wertsysteme, Emotionen und Stimmungen bei der Handlungsorganisation interagieren. Und uns wurde klar, daß man dies alles zusammen erforschen müßte. Die Parallelen zu realen Ereignissen waren offenkundig:

- Handeln ohne vorherige Situationsanalyse,
- Nichtberücksichtigung von Fern- und Nebenwirkungen,
- Nichtberücksichtigung der Ablaufgestalt von Prozessen,
- Methodismus: man glaubt, über die richtigen Maßnahmen zu verfügen, weil sich keine negativen Effekte zeigen;
- Flucht in die Projektmacherei,
- Entwicklung von zynischen Reaktionen.

Und weil unser Versuch soviel Ähnlichkeit mit der «real existierenden Realität» zeigte, erschien uns die Erforschung der Bedingungen solcher Reaktionen sehr bedeutsam.

Das nicht ganz so beklagenswerte Schicksal von Lohhausen

Lohhausen ist eine kleine Stadt mit etwa 3700 Einwohnern, die irgendwo in einem deutschen Mittelgebirge liegt. Die wirtschaftliche Situation von Lohhausen ist durch die städtische Uhrenfabrik bestimmt. Diese gibt den meisten Bewohnern von Lohhausen Arbeit und Brot.

Darüber hinaus aber finden sich in Lohhausen noch andere Institutionen: natürlich gibt es Einzelhandelsgeschäfte verschiedener Art, es gibt eine Bank, es gibt Arztpraxen, Gasthäuser usw.

Lohhausen existiert genausowenig real wie Tanaland. Wir haben die hauptsächlichen Zusammenhänge dieser erfundenen Kleinstadt durch einen Computer simulieren lassen und bekamen so wieder ein dynamisches Modell zur Untersuchung der Denk- und Planungsmerkmale von Versuchspersonen. Diesmal aber begnügten wir uns nicht mit 12 Versuchspersonen, sondern ernannten im Laufe der Zeit 48 verschiedene Versuchspersonen zu «Bürgermeistern» von Lohhausen.

Unsere Versuchspersonen konnten also etwas «real» tun, was die meisten Menschen allenfalls einmal am Stammtisch durchspielen, nämlich Politik machen. Wie-

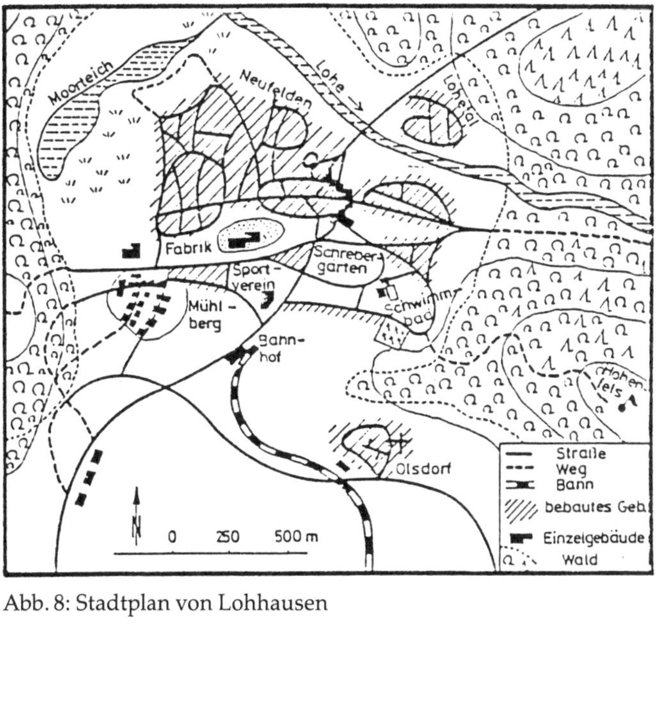

Abb. 8: Stadtplan von Lohhausen

derum unrealistischerweise fast diktatorisch konnten sie die Geschicke dieser kleinen Stadt zehn Jahre lang lenken, ohne daß in der Zwischenzeit etwa die über die Regierungstätigkeit ihrer Bürgermeister erzürnten Lohhausener die Möglichkeit zur Abwahl der Bürgermeister hatten. Da in diesem Falle auch der Hauptgewerbebetrieb der Region, nämlich die Lohhausener Uhrenfabrik, städtisch war, konnte der Bürgermeister mit seinen diktatorischen Vollmachten auch massiv in die ökonomischen Geschicke der Stadt eingreifen. Darüber hinaus waren ihm in viel größerem Maße als einem normalen Bürgermeister Eingriffe zum Beispiel in das Steuersystem von Lohhausen möglich. Es gab also für unsere Versuchspersonen, wie in Tanaland, viel mehr Freiraum als normalerweise in der «richtigen» Realität. Die Versuchspersonen hatten bei weitem mehr Kontroll- und Eingriffsmöglichkeiten, als sie jemals irgend jemandem in der Realität zur Verfügung stünden. Man sollte annehmen, daß auf diese Art und Weise die besten Voraussetzungen für einen guten Erfolg bereitstanden. Dies war aber nicht der Grund dafür, daß wir unseren Versuchspersonen ein solches Ausmaß an Freiheit einräumten. Vielmehr lag uns daran, möglichst viele Verhaltensweisen bei den Versuchspersonen hervorzurufen, um auch solche Tendenzen zu erfassen, die in der «wahren» Realität oft den «Sachzwängen» zum Opfer fallen und daher verborgen bleiben oder nur in Extremsituationen, in denen viele Zwänge wegfallen, auftreten.

Was wurde nun aus Lohhausen? Es ergab sich, daß manche unsrer Versuchspersonen ganz gut mit ihrer Politikerrolle zurechtkamen, andere weniger gut. Man sieht in Abb. 9 die Ergebnisse von zwei Versuchspersonen, die wir hier mit «Konrad» und «Marcus» kennzeichnen. Man sieht in der Abbildung die Verläufe von fünf wichtigen Variablen des gesamten Systems über insgesamt 10 Jahre (oder 120 Monate). Da es uns hier nicht auf die genauen Daten ankommt, haben wir die Maßstäbe weggelassen.

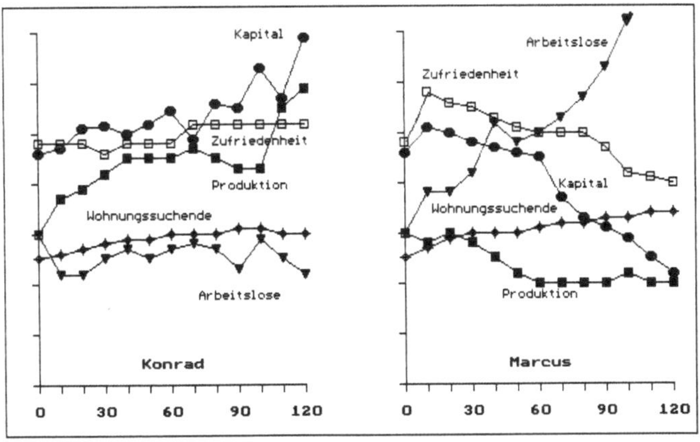

Abb. 9: Die Verläufe von fünf kritischen Variablen in Lohhausen für eine «gute» (Konrad) und eine «schlechte» (Marcus) Versuchsperson

Die Maßstäbe sind aber natürlich für beide Abbildungen gleich.

Man sieht, daß die «elektronischen» Bewohner von Lohhausen mit der Regierungstätigkeit des Bürgermeisters «Konrad» durchaus zufrieden sein konnten. Das Kapital der gesamten Stadt stieg bis zum Ende deutlich an genau wie die Produktion der städtischen Uhrenfabrik. Die Arbeitslosenzahl entfernte sich nie weit vom Nullpunkt. Die Anzahl der Wohnungssuchenden nahm zunächst leicht zu, um dann wieder leicht abzusinken. Auch hier also keine kritische Situation! (Auch der Wohnungsbau und die Vermietung der Wohnungen waren ausschließlich städtisch, also Sache des Bürgermeisters). Entsprechend all diesen Ergebnissen stieg die Zufriedenheit der Bewohner mit der Regierungstätigkeit von Bürgermeister «Konrad» ständig an.

(Es mag sich der eine oder andere Leser fragen, wie man denn in einem solchen computersimulierten Spiel psychologische Größen wie die Zufriedenheit der Bewohner simuliert. Wir haben dies – übrigens fein säuberlich nach Bevölkerungsgruppen getrennt – so gemacht, daß wir die einzelnen Aspekte der Lebenssituation der Bewohner, also etwa den Lebensstandard, die Wohnungssituation, die Zukunftsaussichten auf dem Arbeitsmarkt, Kriminalität [in Lohhausen gab es so etwas allerdings nur in sehr kleinem Maßstab], Freizeitangebot usw. in Zahlen verwandelten [zum Beispiel «1 = sehr gut», «0 = sehr schlecht»] und diese Zahlen, gewichtet nach ihrer jeweiligen Bedeutung, aufaddierten. Die Summe nannten wir dann «Zufriedenheit». – Tatsächlich war die Sache noch ein wenig komplizierter: Wenn bestimmte «Zufriedenheitskomponenten» unter eine bestimmte Grenze fielen, wurden sie besonders stark gewichtet und über einer bestimmten Grenze gar nicht mehr. Wir wollen aber hier nicht die technischen Kleindetails betrachten. Es kam bei der ganzen Rechnerei etwas heraus, was unsere Versuchspersonen durchaus als glaubhaftes Abbild der Zufriedenheit der Bewohner von Lohhausen akzeptierten.)

Mehr Grund zur Unzufriedenheit hatten die Bewohner von Lohhausen mit dem Bürgermeister «Marcus». Wie man sieht, sank bei ihm das Kapital der Stadt ständig ab. Die Arbeitslosenzahl verläßt nach etwa neun Jahren das hier gewählte Koordinatensystem. Die Anzahl der Wohnungssuchenden nahm drastisch zu und die Produktion der Uhrenfabrik genauso drastisch ab. Natürlich waren die Bewohner von Lohhausen entsprechend unzufrieden mit der Regierungstätigkeit ihres Bürgermeisters «Marcus».

Dies sind zwei Beispiele für eine «gute» und eine «schlechte» Versuchsperson. Wir fanden von der einen und der anderen Sorte etwa gleich viele Versuchspersonen und natürlich Übergangsfälle.

Was uns nun hauptsächlich interessiert, ist nicht so sehr der Erfolg oder der Mißerfolg in dieser Situation, sondern die dahinterstehende Psychologie; die Merkmale des

Denkens, des Entscheidens, des Planens, der Hypothesenbildung, also die Merkmale der kognitiven Prozesse unserer Versuchspersonen.

Stellt man die Merkmale der Denk- und Planungsprozesse derjenigen Versuchspersonen, die in dem Lohhausen-Versuch gut abschnitten, den Merkmalen von «schlechten» Versuchspersonen gegenüber, so findet man zwischen den «Konrads» und den «Marcussen» sehr deutliche Unterschiede. Einige dieser Unterschiede wollen wir nun betrachten:

Zunächst einmal zeigt es sich, daß die «guten» Versuchspersonen mehr Entscheidungen erzeugten als die «schlechten» Versuchspersonen. Insgesamt mußten die Versuchspersonen in 8 Versuchssitzungen Entscheidungen treffen. Man sieht in Abb. 10, daß die Entscheidungszahlen bei allen Versuchspersonen im Laufe des Versuchs anstiegen; bei den «guten» Versuchspersonen aber mehr als bei den «schlechten». Irgendwie fielen also den «guten» Versuchspersonen mehr Entscheidungen ein; sie kamen auf mehr Möglichkeiten, die Geschicke von Lohhausen zu beeinflussen.

Aber nicht nur in den Häufigkeiten der Entscheidungen

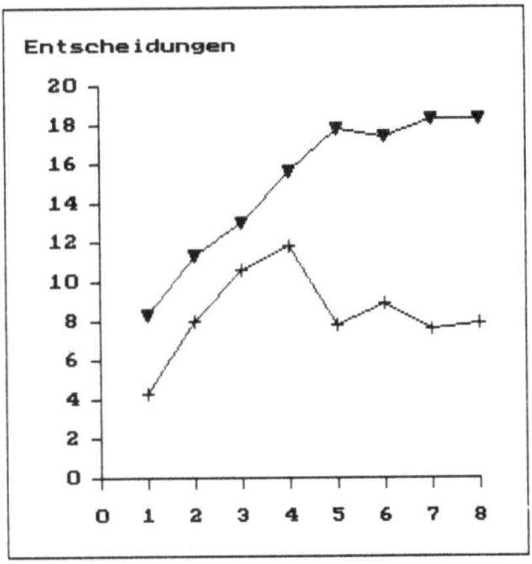

Abb. 10: Die durchschnittliche Anzahl von Entscheidungen pro Sitzung für «gute» (▾–▾–▾) und «schlechte» (+–+–+) Versuchspersonen

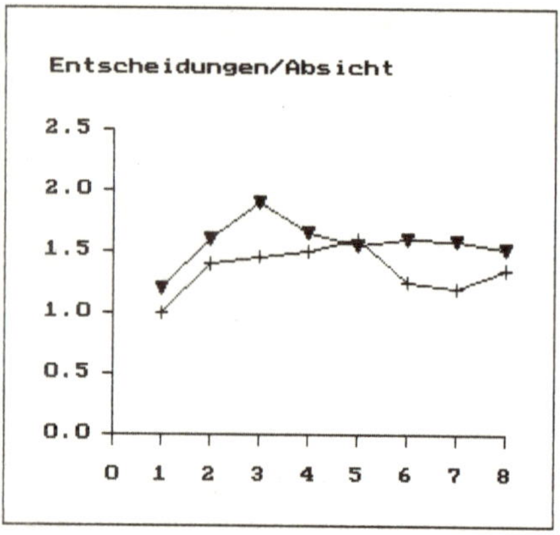

Abb. 11: Durchschnittliche Anzahl von Entscheidungen pro Absicht für die «guten» (▼–▼–▼) und die «schlechten» (+–+–+) Versuchspersonen

unterschieden sich die Versuchspersonen. In einem solchen komplexen, vernetzten, ökonomisch-ökologisch-politischen Gebilde, wie es eine solche Kleinstadt darstellt, kann man – genauso wie in Tanaland – nie allein eine Sache machen. Jede Entscheidung beeinflußt verschiedene Merkmale des gesamten Systems zugleich. Wenn man zum Beispiel die Steuersätze für eine bestimmte Bevölkerungsgruppe anhebt, dann nimmt man damit nicht nur einfach mehr Geld ein. Vielmehr wird man die Leute begreiflicherweise unzufrieden machen; man wird sie unter Umständen auch dazu bringen, daß sie sich nach einem anderen Wohnort umsehen, um ihre finanzielle Belastung geringer zu halten. Der Effekt einer solchen Maßnahme könnte also sogar sein, daß man nicht mehr, sondern weniger Geld einnimmt als vorher. Es ist ganz gut, wenn man sich dieses Merkmal des Umgangs mit einem komplexen System vor Augen führt und Maßnahmen und Entscheidungen nicht nur zur Realisierung von *einem* Ziel trifft, sondern immer mehrere Aspekte des Systems zugleich beachtet.

Wie Abb. 11 zeigt, verstanden dies die «guten» Versuchspersonen besser als die «schlechten» Versuchspersonen. Wir haben ausgezählt, wie viele «Absichten», «Vornahmen», «Zielangaben» hinter den jeweiligen Entscheidungen standen. Es ergab sich dabei, daß die «guten» Versuchspersonen signifikant mehr Entscheidungen pro Absicht realisierten. (Man kann zum Beispiel die Absicht «Einnahmenerhöhung» durch die Entscheidung «Vermehrung der Arbeitsplätze» allein oder durch die Entscheidungskombination «Einrichtung neuer Arbeitsplätze», «Investition in Produktentwicklung», «Werbung» zu erfüllen versuchen. Im ersten Fall haben wir 1 Entscheidung pro Absicht, im letzten Fall 3!) Die «guten» Versuchspersonen handelten also gewissermaßen «komplexer». Sie berücksichtigten mit ihren Entscheidungen jeweils verschiedene Aspekte des gesamten Systems und nicht nur Einzelaspekte. Dies ist sicherlich ein Verhalten, welches generell bei komplizierten, vernetzten Systemen angemessener ist als ein Verhalten, welches in isolierter Weise nur Einzelaspekte betrachtet.

Auch in der Art der Entscheidung unterschieden sich «gute» und «schlechte» Versuchspersonen. Man sieht zum Beispiel in der Abb. 12, daß die «schlechteren» Ver-

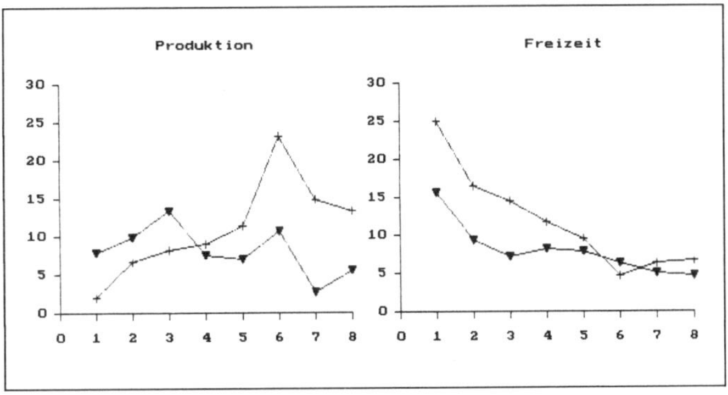

Abb. 12: Beschäftigung mit den Bereichen «Produktionssteigerung» und «Freizeit» bei der Gruppe der «guten» (▾–▾–▾) und der «schlechten» (+–+–+) Versuchspersonen

suchspersonen zunächst einmal viele Entscheidungen den Freizeitmöglichkeiten von Lohhausen widmeten. Erst langsam gingen sie dazu über, ihre Entscheidungen auch den eigentlich wichtigen Aspekten zu widmen, nämlich der Produktion der städtischen Uhrenfabrik, dem Absatz, den Finanzen usw. Die «guten» Versuchspersonen hingegen hatten offensichtlich frühzeitig erkannt, wo die tatsächlichen Probleme von Lohhausen lagen, und beschäftigten sich von *vornherein* damit.

Geht man den Denkprozessen genauer nach, was wir mit Hilfe von komplizierten Protokollanalysen des «lauten Denkens» der Versuchspersonen getan haben, so findet man noch weitergehende Unterschiede zwischen den Versuchspersonen, die mit Lohhausen gut zurechtkamen, und denjenigen, denen dies weniger gut gelang. So zeigte sich etwa, daß «gute» und «schlechte» Versuchspersonen sich nicht unterschieden (zumindest nicht statistisch signifikant) im Hinblick auf die Häufigkeit, in der sie während der Versuchssitzungen Hypothesen über die Zusammenhänge der Variablen von Lohhausen bildeten. Die «guten» und «schlechten» Versuchspersonen stellten also gleich häufig Hypothesen darüber auf, welche Effekte zum Beispiel die höhere Besteuerung hätte oder welche Effekte eine Werbekampagne für den Tourismus in Lohhausen haben würde. «Gute» und «schlechte» Versuchspersonen unterschieden sich aber darin, daß die «guten» Versuchspersonen ihre Hypothesen häufig durch Nachfragen *prüften*, wohingegen die «schlechten» Versuchspersonen dies unterließen. Die «schlechten» Versuchspersonen zeigten also gewissermaßen ein «ballistisches» Verhalten der Hypothesenbildung. Eine Hypothese wird aufgestellt, und damit ist die Realität bekannt. Eine Überprüfung erübrigt sich! Die Versuchspersonen produzierten also statt Hypothesen «Wahrheiten».

Weiter ergab sich, daß die «guten» Versuchspersonen mehr «Warum-Fragen» stellten (im Gegensatz zu «Gibt-es-

Fragen») als die «schlechten» Versuchspersonen. Sie interessierten sich also in höherem Maß für die kausalen Einbettungen von Ereignissen, für das kausale Netzwerk, aus dem Lohhausen ja formal bestand. Dagegen tendierten die «schlechteren» Versuchspersonen dazu, die Ereignisse einfach so hinzunehmen, um sie unverbunden nebeneinander stehenzulassen. Damit im Einklang steht der Befund, daß die «guten» Versuchspersonen bei ihren Analysen mehr «in die Tiefe» gingen als schlechte Versuchspersonen. Wurde also beispielsweise berichtet, daß es viele arbeitslose Jugendliche in Lohhausen gab, so war die Reaktion einer «schlechten» Versuchsperson etwa: «Das ist ja schrecklich! Das hat bestimmt schlechte Auswirkungen auf das Selbstgefühl der Jugendlichen! Da muß man aber etwas tun! Der Leiter des Jugendamtes soll mal einen Bericht vorlegen!» Eine «gute» Versuchsperson dagegen hätte folgendermaßen reagieren können: «So!? Wie viele sind es denn? Warum wandern die nicht auf Ausbildungsplätze in andere Gemeinden ab? Wie viele Ausbildungsplätze gibt es in den verschiedenen Branchen? Welche Berufswünsche haben die Jugendlichen? Ist das unterschiedlich für Männer und Frauen?»

Es paßt gut zu all diesen Befunden, daß sich bei den Versuchspersonen, die eher «schlechte» Bürgermeister waren, bei weitem mehr Themenwechsel während der Versuchssitzungen finden. Die «schlechten» Versuchspersonen hatten die Tendenz, nicht bei einem Thema zu bleiben, sondern während der Versuchssitzungen von einem Thema zum nächsten zu «springen». Sie «vagabundierten» also thematisch durch die Beschäftigungsfelder. Dies lag wohl daran, daß sich ihnen bei dem Versuch, ein bestimmtes Problem zu lösen, so viel Widerstände entgegenstellten, daß sie das Thema sehr bald wie eine heiße Kartoffel fallenließen, um sich dem nächsten Themenbereich zuzuwenden. Charakteristisch für ein solches Verhalten sind «gerutschte» Übergänge, wie sie Stäudel

(1983) nannte. Zum Beispiel: Eine Versuchsperson befaßt sich mit der Jugendarbeitslosigkeit in Lohhausen. Dabei trifft sie auf die Stadtverwaltung als möglichen Lieferanten von Ausbildungsplätzen. Sie erinnert sich plötzlich an eine Klage über die allzu schleppende Arbeit des Meldeamtes bei der Ausstellung von neuen Pässen. Und schon ist sie bei den Prozeduren für die Ausstellung eines Reisepasses, und die Jugendarbeitslosigkeit ist vergessen.

Gleichfalls charakteristisch für die Instabilität im Verhalten der «schlechten» Versuchspersonen ist das hohe Ausmaß an «Ad-Hocismus». Die «schlechten» Versuchspersonen sind nur allzu bereit, sich ablenken zu lassen. Eine sich zufällig ergebende Nachricht über den Mangel an Turngeräten im städtischen Sportclub führt zum Abbruch der Beschäftigung mit dem schwierigen Problem der Absatzerhöhung der städtischen Uhrenfabrik und zur langwierigen Ermittlung der Anzahl von Barren und Recks in der städtischen Sporthalle.

Die Instabilität im Verhalten zeigt sich in bestimmten meßbaren Merkmalen des Verhaltens. Abb. 13 zeigt die Innovations- und Stabilitätsindizes der Entscheidungen der «guten» und «schlechten» Versuchspersonen. Ein Innovationsindex kennzeichnet das Ausmaß, in dem die Entscheidungen einer Sitzung i von der vorausgehenden Sitzung (i-1) abweichen. Wenn eine Versuchsperson in einer bestimmten Sitzung gänzlich andere Entscheidungen fällt als in der Sitzung vorher, so ist ihr Innovationsindex hoch. Wenn sie weitestgehend bei ihrem einmal gewählten Entscheidungsspektrum bleibt, so ist ihr Innovationsindex gering.

Der Stabilitätsindex ist dann hoch, wenn eine Versuchsperson in hohem Maße in einer bestimmten Sitzung das gleiche Entscheidungsspektrum verwendet wie vorher. Der Stabilitätsindex ist gering, wenn sie ein gänzlich andersartiges Entscheidungsspektrum verwendet.

Innovations- und Stabilitätsindex sind nicht einfach in-

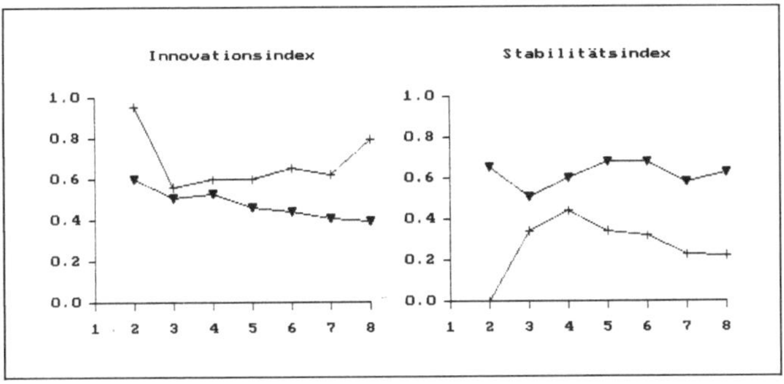

Abb. 13: Innovations- (I) und Stabilitätsindizes (S) der guten (▾–▾–▾) und schlechten (+ – + – +) Versuchspersonen

vers zueinander. Es kann sowohl der Innovations- als auch der Stabilitätsindex hoch sein. Dies ist etwa dann der Fall, wenn eine Versuchsperson in einer bestimmten Sitzung das gleiche Spektrum an Entscheidungen wieder verwendet wie vorher, zusätzlich aber eine große Menge von neuen Entscheidungen trifft.

Man sieht in Abb. 13, daß die Innovationsindizes der «guten» Versuchspersonen generell niedriger sind als die der «schlechten» Versuchspersonen. Zugleich sind die Stabilitätsindizes der «guten» Versuchspersonen höher als die der «schlechten» Versuchspersonen. Dies zeigt, daß die «guten» Versuchspersonen dadurch gekennzeichnet waren, daß sie einmal die *richtigen* Beschäftigungsbereiche gefunden hatten (denn sonst wären sie ja nicht erfolgreich gewesen) und daß sie zum anderen sich diesen Beschäftigungsbereichen *kontinuierlich* widmeten.

Neben dem hilflosen Hin- und Herpendeln zwischen verschiedenen Beschäftigungsbereichen findet sich auch bei den «schlechten» Versuchspersonen das ganze Gegenteil, nämlich ein «Verkapselungsverhalten». Eine Versuchsperson rechnete mühselig die durchschnittlichen Wegelängen eines durchschnittlichen Rentners zu einer durchschnittlichen Telefonzelle in der Stadt aus, um auf der Grundlage solchermaßen erzeugter, sehr exakter Daten die Standorte von neuen Telefonzellen zu planen. So etwas kostet natürlich Zeit, die dann für andere Dinge fehlt. Andererseits ist die Fürsorge für die soziale Einbindung der Alten natürlich sehr lobenswert und stellt dem sozialen und humanitären Engagement der Versuchsperson das beste Zeugnis aus. (Oder etwa nicht?)

Unterschiede zwischen den «guten» und «schlechten» Versuchspersonen finden sich auch im Ausmaß der *Selbstorganisation* während der Versuchssitzungen. Während sich die «guten» Versuchspersonen ziemlich häufig Gedanken über ihr Verhalten machten, kritische Stellungnahmen dazu abgaben und Ansätze zur Selbstmodifikation machten, traten bei den «schlechten» Versuchspersonen allenfalls Rekapitulationen des eigenen Verhaltens auf. Die «guten» Versuchspersonen strukturierten ihr eigenes Verhalten auch in höherem Umfang vor. Es finden sich in ihrem «lauten Denken» häufiger als bei den «schlechten» Versuchspersonen Sequenzen wie: «Erst muß ich mich mit A beschäftigen, dann mit dem Problem B, und dann darf ich nicht vergessen, mich um C zu kümmern.»

Wiederum, wie bei Tanaland, ist es von Interesse, daß sich die Unterschiede zwischen erfolgreichen und erfolglosen Versuchspersonen keineswegs auf die Denk- und Planungsprozesse beschränkten. Vielmehr zeigte es sich auch, daß die «schlechten» Versuchspersonen sehr häufig dazu neigten, ihre «Verantwortung zu delegieren». Ihr letztes Hilfsmittel, wenn ihnen keine Lösung mehr einfallen wollte, war oft: «Da soll sich doch dieser oder jener drum kümmern!»

Wir finden hier wieder die Auswirkungen kognitiver Unzulänglichkeiten auf ganz andere Verhaltensbereiche. Die Unfähigkeit, mit den anstehenden Problemen fertig zu werden, führt dazu, daß Probleme delegiert und verlagert werden. Ein ganz selbstverständlicher, täglich zu beobachtender Prozeß! Nur hat so etwas natürlich Folgen – oder kann Folgen haben. In dem Moment, in dem Mißerfolge auftreten, wird man sich nicht mehr selbst verantwortlich fühlen, sondern man wird andere dafür verantwortlich machen. Und auf diese Art und Weise ist es bestens gewährleistet, daß man der eigentlichen Gründe für schlechte Entscheidungen – falsche Pläne, unberücksichtigte Neben- und Fernwirkungen usw. – gar nicht ansichtig wird.

In größerem Rahmen kann natürlich eine derartige «Delegation» noch ganz andere Folgen haben. Es werden nicht nur die eigentlichen Gründe für Mißerfolg und für das Scheitern von Planungen und Entscheidungen in einer bestimmten Situation nicht aufgefunden, sondern man hat – wenn man ihn brauchen sollte – auch den Sündenbock. Mit der Verlagerung der Verantwortung durch Delegation ist man nicht nur die Verantwortung los, sondern man hat zugleich auch die potentiell Schuldigen.

Die oben angegebene Mängelliste der «schlechten» Bürgermeister von Lohhausen darf nicht als ein homogener Block betrachtet werden. Keineswegs traten alle Mängel bei allen Versuchspersonen auf. Vielmehr verhielten sich die Probanden – gerade die «schlechten» – sehr unterschiedlich. Bei manchen überwog das thematische Vagabundieren. Bei anderen mangelte es nur an der Eindringtiefe in das jeweilige Problem: die Testpersonen operierten hilflos an der Oberfläche. Wieder andere verkapselten sich in Spezialfragen.

Von welchen Faktoren sind die spezifischen Verhaltensweisen der Versuchspersonen abhängig? Die herkömmliche Batterie der psychologischen Testverfahren versagt bei dem Versuch, Verhaltensweisen zu prognostizieren. Zunächst einmal sollte man meinen, daß das Verhalten in solchen Situationen von «Intelligenz» abhängig sei. Denn Planungen komplizierter Art, das Fällen und Durchführen von Entscheidungen stellen ja doch wohl Anforderungen an das, was man alltagspsychologisch mit «Intelligenz» bezeichnet. Es ergibt sich aber kein nennenswerter Zusammenhang zwischen den Intelligenztestwerten und den Leistungen in dem Lohhausenversuch oder sonst einem komplizierten Problemlösungsexperiment. (Tatsächlich ergibt sich, das sei denen gesagt, die es genau wissen wollen, ein niedriger positiver Zusammenhang, der etwa in der Höhe einer Produkt-Moment-Korrelation von 0.1 liegt. Wir möchten annehmen, daß dieser Zusammenhang sogar statistisch signifikant würde, wenn man über eine größere Anzahl von Personen mitteln würde. Dieser Zusammenhang ist allerdings so gering, daß er für jegliche Prognostik oder Diagnostik ohne Wert ist.)

Es liegt nahe, so etwas wie die Fähigkeit, Unbestimmtheit zu ertragen, mit den Verhaltensweisen unserer Versuchspersonen in Verbindung zu bringen. Wenn man schwer lösbare Probleme einfach fallenläßt oder sie durch «Delegation» scheinbar löst; wenn man sich allzu bereitwillig durch neue Informationen von dem gerade behandelten Problem ablenken läßt; wenn man die Probleme löst, die man lösen *kann*, statt diejenigen, die man lösen *soll;* wenn man die Reflexion eigenen Verhaltens und damit die Konfrontation mit der eigenen Unzulänglichkeit scheut, so liegt es nahe, den gemeinsamen Nenner für all diese Verhaltens- und Denkformen in der Tendenz zu suchen, der eigenen Ohnmacht und Hilflosigkeit in einer schwierigen Situation nicht ansichtig zu werden, sich in Bestimmtheit und Sicherheit zu flüchten.

Dieses Thema wird uns später noch beschäftigen.

Tschernobyl in Tanaland

Bislang haben wir Spiele betrachtet. Wir haben analysiert, wie sich Menschen in «Computerwelten» zurechtfanden, die für sie teilweise bekannt, teilweise fremd waren. Man wird nun natürlich fragen, wie es mit der Übertragbarkeit der Ergebnisse solcher «Spielereien» auf das «wirkliche» Leben steht. Was hat das Verhalten von Versuchspersonen, die die Rolle eines Bürgermeisters von Lohhausen oder eines Tanaland-Entwicklungshelfer-Diktators übernehmen mußten, mit ihrem Verhalten in der Realität zu tun? Höchstwahrscheinlich werden unsere Versuchspersonen ja niemals Bürgermeister und (glücklicherweise!) niemals zum Diktator eines Landes der Dritten Welt avancieren. Sind die Verhaltensweisen, die sie in diesen für sie exotischen Szenarios zeigten, Realisierungen *allgemeiner* Verhaltenstendenzen, die man immer vorfinden würde, wenn man Personen in Situationen stellt, die durch Merkmale wie Unbestimmtheit, Komplexität und Intransparenz gekennzeichnet sind? Oder sind die Verhaltensweisen situationsspezifisch und charakteristisch nur für die exotischen Konstellationen, in die wir unsere Versuchspersonen hineinzwangen?

In diesem Abschnitt schildern wir wieder *nur ein Beispiel*. Der Vorteil dieses Beispiels aber ist, daß sich der Fall in der «wirklichen» Realität abgespielt hat und nicht in einem Computerprogramm.

Am 26. April 1986 explodierte der Reaktor 4 des ukrainischen Kernkraftwerks in Tschernobyl, zerstörte dabei seine tausend Tonnen schwere Betondecke, verseuchte große Teile der Umgebung und ganz Europas mit strahlenden Partikeln und verschärfte die Diskussionen über das Für und Wider von «Atomstrom», über Reaktortechnologie im Westen und im Osten, über die Frage, ob sich derlei hier und dort wiederholen könnte. Auf alle diese und noch weitere Aspekte, so wichtig sie sind, wollen

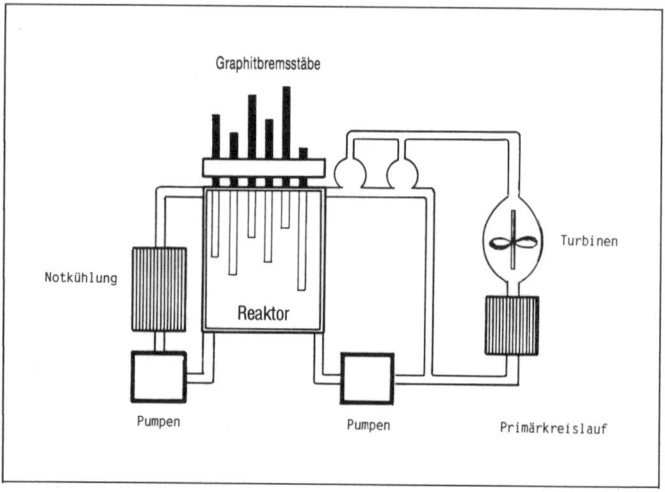

Abb. 14: Schemazeichnung des Tschernobyl-Reaktors

wir *hier nicht* eingehen. Tschernobyl ist für uns aus anderen Gründen interessant. Das Unglück von Tschernobyl ist, wenn man die unmittelbaren Ursachen betrachtet, zu hundert Prozent auf *psychologische* Faktoren zurückzuführen. Nicht die mehr oder minder vollkommene Technologie gab hier den Ausschlag, sondern – tja, soll man es «menschliches Versagen» nennen?

Was ist in Tschernobyl geschehen? Ich möchte die Chronologie des Unglücks hier nicht im einzelnen nachzeichnen, sondern nur auf den Kern des Herganges eingehen, um einige der bei diesem Unfall bedeutsamen psychischen Faktoren sichtbar zu machen. Ich beziehe mich dabei auf einen Bericht von James T. Reason von der Universität Manchester (1987).

Man sieht auf der Abb. 14 den eigentlichen Reaktor im Zentrum. In diesen Reaktor hinein und durch ihn hindurch führen 1600 Röhren, durch die fast kochendes Wasser gepumpt wird, welches aus dem Reaktor als ein Dampf-Wasser-Gemisch austritt. Der Dampf wird vom

Wasser getrennt und treibt dann die angeschlossenen Turbinen. Wasser und Dampf werden in einem geschlossenen Kreislauf dem Reaktor wieder zugeführt. Neben diesem Primärkreislauf existiert ein Notkühlsystem, welches man links im Bild sieht.

Der Reaktor stand zum Zeitpunkt des Unglücks kurz vor seiner jährlichen Wartung. Vor der Wartung wollte man noch ein Experiment durchführen, welches der Verbesserung einer Sicherungseinrichtung dienen sollte. Auf die Details dieses Experiments möchte ich nicht weiter eingehen. Die gesamte Experimentalserie sollte vor den Maifeiertagen beendet sein. Daher begann man am Freitag, dem 25. April 1986, um 13 Uhr den Reaktor «herunterzufahren», um ihn auf 25 Prozent Leistung zu bringen. Unter diesen Bedingungen sollten dann die Versuche durchgeführt werden. Eine Stunde später, um 14 Uhr, koppelte man das Notkühlsystem vom Reaktor ab. Dies war Teil des Testplans und wurde vermutlich deshalb durchgeführt, damit das Notkühlsystem nicht unbeabsichtigterweise während der Testphasen gestartet wurde.

Um 14 Uhr forderte die Kraftwerkkontrolle in Kiew, den Reaktor nicht vom Netz zu nehmen, da eine unvorhergesehene Steigerung der Energienachfrage eingetreten sei. Erst um 23.10 Uhr am selben Tag wurde der Reaktor schließlich vom Netz genommen, und man begann nunmehr die Leistungsreduktion auf 25 Prozent, um das geplante Testprogramm durchzuführen.

Statt der angestrebten 25 Prozent Leistung erreichte man eine halbe Stunde nach Mitternacht *1 Prozent* Leistung. Der Operateur hatte die automatische Steuerung ausgeschaltet und versucht, die Marke von 25 Prozent durch Handsteuerung zu erreichen. Hierbei übersteuerte er offensichtlich. Er stellte das Eigenbremsverhalten des Reaktors nicht genügend in Rechnung, so kam es, daß der Reaktor schließlich statt der angestrebten 25 Prozent nur noch 1 Prozent Leistung aufwies.

Eine solche Tendenz zur Übersteuerung ist charakteristisch für den Umgang von Menschen mit dynamischen Systemen. Wir gehen nicht von der Entwicklung des Systems, also von den Zeit*differenzen* zwischen aufeinanderfolgenden Zeitpunkten aus, sondern von dem zum jeweiligen Zeitpunkt feststellbaren *Zustand*. Man reguliert den *Zustand* und nicht den *Prozeß* und erreicht damit, daß das Eigenverhalten des Systems und die Steuerungseingriffe sich überlagern und die Steuerung überschießend wird. Im Kapitel «Zeitabläufe» werden wir auf weitere Beispiele für ein solches Steuerungsverhalten stoßen.

Ein Zustand geringer Leistung ist bei einem Reaktor des Tschernobyl-Typs gefährlich. Ein Reaktor dieses Typs läuft im unteren Leistungsbereich gewissermaßen «unrund», wie manche Dieselmotoren im Leerlauf. Er arbeitet instabil. Es ergeben sich Unregelmäßigkeiten bei der Kernspaltung; unter Umständen treten lokale Maxima auf, die gefährlich sind, weil sie zu einem plötzlichen «Durchstarten» der Kernspaltung führen können. Diese Gefahren beim Umgang mit dem Reaktor waren den Betreibern durchaus bekannt. Eben aus diesem Grunde war es auch streng verboten, den Reaktor unter 20 Prozent zu «fahren».

Man bemühte sich sodann, den Reaktor aus der gefährlichen Zone der Instabilität wieder herauszubringen, und schaffte es, nach einer halben Stunde den Reaktor auf 7 Prozent Leistung zu stabilisieren. Man beschloß daraufhin, das Experiment fortzusetzen. Dies war wohl der schwerwiegendste Fehler. Spätestens jetzt hätte der gesamte Prozeß abgebrochen werden müssen. Der Beschluß, das Testprogramm bei 7 Prozent Leistung durchzuführen, bedeutete, daß alle nachfolgenden Aktivitäten in der Zone maximaler Instabilität des Reaktors stattfinden würden. Dies wurde von den Operateuren offensichtlich falsch beurteilt. Warum? Wohl kaum deshalb, weil die Operateure auf die Gefahren der Instabilität niemals aufmerksam gemacht worden wären. Es ist eher anzunehmen, daß sich die Operateure aus zwei anderen Gründen entschlossen, das Testprogramm weiter durchzuführen. Der eine Grund war wohl der Zeitdruck, unter dem sie standen oder unter dem sie sich fühlten. Sie wollten mit dieser – ihnen im Grunde lästigen – Durchführung eines Testprogramms für Moskauer Elektroingenieure möglichst schnell fertig werden. Der andere Grund war wohl, daß die Operateure zwar «theoretisch» von den Gefahren einer Reaktor-Instabilität wußten, aber die tatsächlichen Gefahren eines in Sekundenbruchteilen erfolgenden «exponentiellen Durchstartens» des Reaktors nicht in Rechnung stellten, weil sie sich kein anschauliches Bild von dieser Gefahr machen konnten. Theoretisches Wissen braucht keineswegs «Handlungswissen» zu sein.

Ein weiterer Grund für die Verletzung der Sicherheitsvorschriften – ein «Hintergrundgrund» für die mangelnde Berücksichtigung der Gefahren eines schnell erfolgenden «Durchstartens» des Reaktors – dürfte wohl auch darin zu suchen sein, daß das Bedienungspersonal solche Verletzungen der Sicherheitsvorschriften bereits des öfteren praktiziert hatte. Verletzungen der Sicherheitsvorschriften aber werden im lerntheoretischen Sinne gewöhnlich «verstärkt», das heißt: es lohnt sich; man hat etwas davon. Wenn man Sicherheitsvorschriften verletzt, so wird gewöhnlich dadurch das Leben *leichter*. Die unmittelbare Folge der Verletzung von Sicherheitsvorschriften ist zunächst nur, daß man die Behinderungen durch die Sicherheitsvorschriften los ist und freier agieren kann. Sicherheitsvorschriften sind gewöhnlich so ausgelegt, daß man bei ihrer Verletzung keineswegs unmittelbar in die Luft fliegt, sich verletzt oder sonst irgendwie zu Schaden kommt, sondern so, daß das Leben leichter wird. Dies aber kann sich geradezu als Falle erweisen. Die positiven Folgen der Verletzung von Sicherheitsvorschriften führen dazu, daß sich die Tendenz erhöht, sie zu übertreten. Damit aber steigt die Wahrscheinlichkeit, daß tatsächlich etwas passiert. Und wenn dann tatsächlich etwas passiert ist, hat man unter Umständen nie mehr Gelegenheit, daraus Folgerungen für sein zukünftiges Verhalten zu ziehen.

Die Nichtbeachtung von Sicherheitsvorschriften findet man keineswegs nur bei Operateuren von Tschernobyl, Harrisburg, Biblis usw. Spricht man mit Arbeitspsychologen der chemischen Industrie oder mit Unfallforschern, so wird man vernehmen, daß solche Umgehungen der Sicherheitsvorschriften gang und gäbe sind. Dies ist unter den vorstehend geschilderten Aspekten ja auch nicht verwunderlich.

Zurück nach Tschernobyl: Als nächstes schaltete man um 1.03 Uhr, also kurz nach der Stabilisierung des Reaktors auf dem 7-Prozent-Niveau, alle acht Pumpen des Primärkreislaufes ein. Auch dies war verboten. Erlaubt war nur, maximal sechs Pumpen auf einmal zu betreiben. Der Grund für das Einschalten der acht Pumpen war wohl, daß man auf diese Art und Weise die Stabilität des Reaktors absichern wollte. Man erreichte ja auf diese Weise eine zusätzliche Kühlung. Was man dabei nicht berücksichtigte, war, daß durch automatische Rückkopplung diese zusätzliche Kühlung dazu führte, daß ein großer Teil der Graphitbremsstäbe, die dazu dienen, die Geschwindigkeit der Kernspaltung im Reaktor zu steuern, aus dem Reaktor entfernt wurde. Das System reagierte auf die erhöhte Belastung durch selbständige Entfernung eines Teils seiner «Bremsen». Diese Nebenwirkung wurde von den Operateuren offenkundig nicht gesehen. Sie strebten eine Hauptwirkung an, und diese okkupierte ihr Denken dermaßen, daß sie über die Neben- und Fernwirkungen ihres Handelns nicht mehr nachdachten. Abb. 15 zeigt das Geflecht von Hauptwirkungen und Nebenwirkungen schematisch.

Eine weitere Folge des Einschaltens aller acht Pumpen war, wie die Abbildung zeigt, daß der Dampfdruck abfiel.

Es ist ganz selbstverständlich: Wenn Wasser in größerer Geschwindigkeit durch ein Heizsystem gepumpt wird, kann das Wasser nicht so schnell erhitzt werden, es ergibt sich eine *relativ* geringere Dampfausbeute. Die relativ zur Menge des durchgepumpten Wassers geringere Dampfausbeute kann auch absolut geringer sein, und in diesem Falle war sie es. Da man aber die Dampfturbine für das nachfolgende Experiment brauchte, versuchte man gegenzusteuern und erhöhte den Wasserdurchfluß um das Dreifache. Dies hatte nun keineswegs die angestrebte Konsequenz, sondern reduzierte den Dampfdruck noch mehr, hatte also genau den *gegenteiligen* Effekt. Dies wäre an sich nicht unfallträchtig gewesen. Unfallträchtig war, daß noch mehr Graphitbremsstäbe automatisch aus dem Reaktor entfernt wurden. Man stellte – es ist fast überflüssig, das zu berichten – außerdem noch die Vorrichtung aus, die bei fallendem Dampfdruck die automatische Abschaltung des Reaktors bewirkt.

Um 1.22 Uhr verlangte der Schichtführer einen Bericht über die Anzahl von Bremsstäben im Reaktor. Ergebnis:

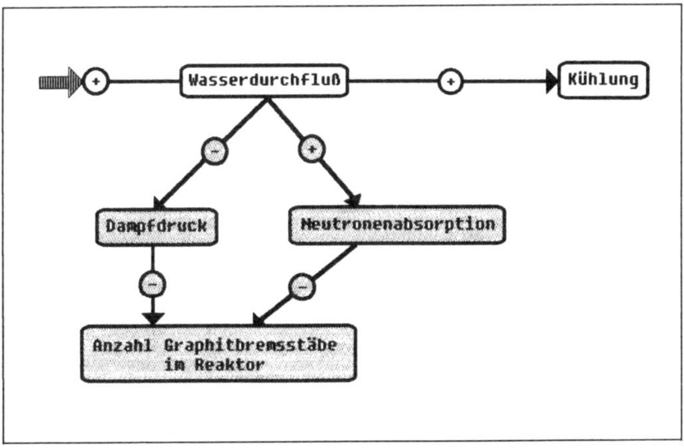

Abb. 15: Haupt- und Nebenwirkungen der Veränderung des Wasserdurchsatzes im Reaktor

Im Reaktor befanden sich nur noch sechs bis acht Bremsstäbe. Diese Anzahl lag weit unter dem geforderten Sicherheitsniveau. Es war strengstens verboten, den Reaktor mit weniger als zwölf Bremsstäben zu fahren.

Wer nun meint, die Anforderung des Berichtes über die Anzahl der Bremsstäbe lasse auf ein gewisses Gefühl für die Gefahr schließen, in der man schwebte, der irrt sich. Es war knapp zwei Minuten vor der Explosion, doch der Schichtführer entschloß sich, den Versuch fortzusetzen. Dies bedeutete, daß man den Reaktor jetzt praktisch ohne Bremsen betrieb.

Um 1.23 Uhr schloß man eines der Dampfrohre, die zu einer der Turbinen führte. Dies war im Sinne des Testprogrammes notwendig. Die Konsequenz aber war, daß man eine weitere automatische Sicherheitsrückkopplung abschaltete. Eine Minute später versuchte man eine Art von Notbremsung; man hatte anscheinend nun doch etwas gemerkt. Man versuchte, die Graphitbremsstäbe in den Reaktor zurückzuschieben. Dies war nicht mehr möglich, da die Rohre, in denen die Graphitstäbe gleiten, durch interne Hitzeentwicklung bereits verbogen waren. Im selben Moment ereigneten sich zwei Explosionen. Der Rest der Geschichte ist bekannt.

Was finden wir hier an Psychologie? Wir finden die Tendenz zur Überdosierung von Maßnahmen unter Zeitdruck. Wir finden die Unfähigkeit zum nichtlinearen Denken in Kausalnetzen statt in Kausalketten, also die Unfähigkeit dazu, Neben- und Fernwirkungen des eigenen Verhaltens richtig in Rechnung zu stellen. Wir finden die Unterschätzung exponentieller Abläufe: die Unfähigkeit zu sehen, daß ein exponentiell ablaufender Prozeß, wenn er erst einmal begonnen hat, mit einer sehr großen Beschleunigung abläuft. All das sind «kognitive» Fehler, Fehler in der Erkenntnistätigkeit.

Diese primären Fehler haben ihren Hintergrund, den die Abb. 16 darstellt. Bei den ukrainischen «Reaktorfah-

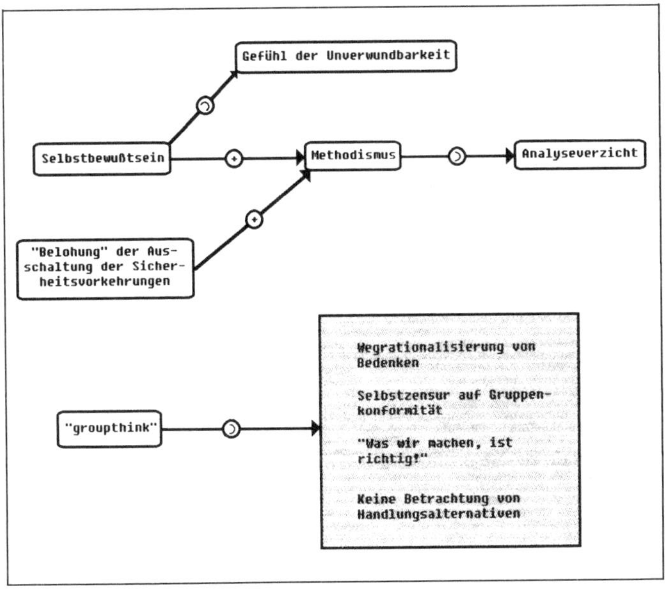

Abb. 16: Die Hintergründe des Tschernobyl-Unglücks

rern» handelte es sich um ein gut eingespieltes Team hochangesehener Fachleute, welches gerade eben einen Preis gewonnen hatte für das hohe Ausmaß, in dem ihr Reaktor «am Netz» war. Wohl gerade die hohe Selbstsicherheit dieses Teams war mitverantwortlich für den Unfall. Man betrieb den Reaktor nicht mehr «analytisch», sondern gewissermaßen «intuitiv». Man glaubte zu wissen, womit man zu rechnen hatte, und man glaubte sich vermutlich auch erhaben über die «lächerlichen» Sicherheitsvorschriften, die für «Babys» beim Umgang mit Reaktoren gemacht waren, nicht aber für ein Team von gestandenen Fachleuten.

Die Tendenz einer Gruppe von Fachleuten, sich selbst zu bestätigen, alles richtig und gut zu machen, Kritik in der Gruppe implizit durch Konformitätsdruck zu unterbinden, hat Janis (1972) als *die* Gefahr des «groupthink» bei politischen Entscheidungsteams geschildert, zum Beispiel beim Team der Kennedy-Berater vor der katastrophal endenden «Schweinebuchtaffäre».

Beigetragen zur Reaktor-Havarie von Tschernobyl hat auch, daß all diese Verletzungen der Sicherheitsvorschriften keineswegs zum ersten Mal («ausnahmsweise») riskiert wurden, sondern – ohne Folgen – schon oft vorher durchexerziert worden waren. Es war «Methode» geworden, Gewohnheit, man machte es eben so, da es immer schon so gemacht worden war.

Im Zusammenhang mit dem Unfall von Tschernobyl und anderen (Fast-)Katastrophen hat man sehr oft von menschlichem Versagen geredet. Nun gibt es für den Begriff «Versagen» sicherlich eine ganze Menge verschiedenartiger Bedeutungen. Und sicherlich hat die Mannschaft des Reaktors 4 von Tschernobyl insofern «versagt», als ihr der Reaktor explodiert ist.

Wenn man aber von Versagen in dem Sinne redet, daß jemand eine Leistung, die er hätte erbringen sollen, nicht erbracht hat, so liegt im Hinblick auf die einzelnen Verhaltensbestandteile, aus denen sich schließlich der Unfall von Tschernobyl ergab, an keiner Stelle ein Versagen vor. Es ist niemand eingeschlafen, obwohl er hätte wach bleiben müssen. Es hat niemand ein Signal übersehen, welches er hätte sehen müssen. Es hat niemand aus Versehen einen falschen Schalter betätigt. Alles, was geschah, haben die Operateure bewußt gemacht und offenbar aus der vollen Überzeugung heraus, richtig zu handeln. Selbstverständlich haben sie Sicherheitsvorkehrungen außer Kraft gesetzt, obwohl dies verboten war. Sie haben hierbei aber nichts übersehen und nichts aus Versehen getan, sondern sie waren offenbar der Meinung, daß die Sicherheitsvorkehrungen für ein eingespieltes und erfahrenes Team viel zu eng ausgelegt waren. Solche Überzeugungen findet man keineswegs nur bei den Betreibern von Atomreaktoren. In jedem beliebigen Industriebetrieb und bei jedem Autofahrer, der seinen Sicherheitsgurt nicht anlegt, findet man diesen schmeichelhaften Glauben.

Wir finden in dem Verhalten der Reaktorfahrer vieles von dem wieder, was wir bei den Versuchspersonen von Tanaland und Lohhausen bereits beobachten konnten: Schwierigkeiten beim Umgang mit der Zeit, Schwierigkeiten bei der Einschätzung exponentieller Entwicklungen, Schwierigkeiten beim Umgang mit Neben- und Fernwirkungen, also die Tendenz zu einem isolierenden Ursache-Wirkungsdenken. Vor dem Hintergrund der Ergebnisse des Tanaland- und des Lohhausen-Experiments erscheint das Verhalten der Operateure von Tschernobyl ganz verständlich. Diese ausgezeichneten AKW-Experten wären ganz normale Versuchspersonen in Tanaland oder Lohhausen gewesen.

3. Die Anforderungen

Bislang haben wir *Fälle* betrachtet: Beispiele dafür, wie sich dieser oder jener oder diese oder jene in diesen oder jenen, realen oder nicht ganz so realen Situationen in dieser oder jener Weise verhielten. In den nachfolgenden Kapiteln wollen wir systematischer vorgehen. Wir wollen analysieren, welche Anforderungen komplizierte Situationen an das Urteilsvermögen und an das Planungs- und Entscheidungsvermögen von Personen stellen. Wir wollen analysieren, wie man sich im Hinblick auf solche Anforderungen verhalten *sollte* und welche Möglichkeiten zum Fehlverhalten sich aus der spezifischen Form von Anforderungen mehr oder minder zwangsläufig ergeben.

Zunächst wollen wir uns in diesem Kapitel mit allgemeinen Merkmalen komplexer Entscheidungssituationen befassen, um einen Überblick darüber zu haben, mit welchen Anforderungen jemand fertig werden muß, um zu vernünftigen Entscheidungen zu kommen.

Die Merkmale komplexer Handlungssituationen

Lohhausen, Tanaland, Tschernobyl – immer ging es um die Bewältigung von Problemen in *komplexen, vernetzten, intransparenten* und *dynamischen* Situationen oder Realitätsausschnitten. Die Systeme bestanden jeweils aus sehr vielen Variablen, die «vernetzt» sind, da sie sich untereinander mehr oder minder stark beeinflussen; dies macht ihre Komplexität aus. Weiterhin sind die Systeme intransparent, zumindest teilweise; man sieht nicht alles, was man sehen will. Und schließlich entwickeln sich die Systeme von selbst weiter; sie weisen Eigendynamik auf.

Hinzu kommt, daß die Akteure (also die Versuchspersonen) keine vollständigen Kenntnisse aller Systemeigenschaften besaßen, ja sogar darüber falsche Annahmen hatten. Komplexität, Intransparenz, Dynamik, Vernetztheit und Unvollständigkeit oder Falschheit der Kenntnisse über das jeweilige System: dies sind die allgemeinen Merkmale der Handlungssituationen beim Umgang mit solchen Systemen. Damit muß man fertig werden. Aus diesen allgemeinen Merkmalen ergeben sich vielerlei spezifische Anforderungen an den Handelnden. In diesem Kapitel wollen wir versuchen, einen Überblick über diese spezifischen Anforderungen zu gewinnen. Zunächst aber wollen wir uns ein wenig gründlicher mit den eben genannten allgemeinen Merkmalen befassen und uns genauer vor Augen führen, was damit gemeint ist.

Komplexität

Alle Beispiele, die wir betrachtet haben, betrafen Realitätsausschnitte, die durch sehr viele Merkmale gekennzeichnet waren. Die Tanaland- oder die Lohhausen-Situation bietet Hunderte von Einzelmerkmalen. Die Anzahl von Rindern, der Hirseertrag, die Säuglingssterblichkeit, die Anzahl von alten Leuten, die Geburtshäufigkeit... Solche Merkmale und ihre Verknüpfungen untereinander kennzeichnen eine bestimmte Situation in Tanaland, und die Gesamtheit dieser Merkmale ist sicherlich recht hoch. Gleiches gilt für Lohhausen: Die Anzahl der Wohnungssuchenden, die Anzahl der Facharbeiter, die Anzahl der alten Leute, die Anzahl der Lehrstellen, der Ertrag der städtischen Fabrik und deren Schulden, die Größe des Managements, die Ressortverteilung des Managements, die Anzahl von Kindergartenplätzen... all dies sind Merkmale, die eine bestimmte Situation in Lohhausen kennzeichnen.

In Tschernobyl war es nicht anders: Die Anzahl von Brennstäben im Reaktor, die Anzahl von Pumpen, die angeschaltet sind, die Temperatur im Reaktor, der Leistungsgrad, der Dampfdruck... all dies waren Merkmale einer bestimmten Situation.

Man hat viele Merkmale zugleich zu beachten, wenn man den Situationen in Lohhausen oder in Tanaland oder in Tschernobyl gerecht werden will. Und man muß nicht nur die Einzelmerkmale beachten und sie in geeigneter Weise behandeln, sondern man muß zusätzlich berücksichtigen, daß die verschiedenen Variablen des Systems nicht unabhängig voneinander existieren, sondern sich wechselseitig beeinflussen. Die Existenz von vielen, voneinander abhängigen Merkmalen in einem Ausschnitt der Realität wollen wir als «Komplexität» bezeichnen. Die Komplexität eines Realitätsausschnittes ist also um so höher, je mehr Merkmale vorhanden sind und je mehr diese voneinander abhängig sind. Der Grad an Komplexität ergibt sich also aus dem Ausmaß, in dem verschiedene Aspekte eines Realitätsausschnittes und ihre Verbindungen beachtet werden müssen, um eine Situation in dem jeweiligen Realitätsausschnitt zu erfassen und Handlungen zu planen. Eine hohe Komplexität stellt hohe Anforderungen an die Fähigkeit eines Akteurs, Informationen zu sammeln, zu integrieren und Handlungen zu planen. Nicht die Existenz vieler Merkmale allein macht die Komplexität aus. Sind die Variablen eines Systems unverknüpft und können sie sich nicht wechselseitig beeinflussen, so ist die Situation nicht komplex. Erst die Vernetztheit, also die zwischen den Variablen des Systems existierenden Verknüpfungen, macht die *gleichzeitige* Beachtung sehr vieler Merkmale notwendig und bringt es mit sich, daß man in solchen Realitätsausschnitten fast nie nur *eine* Sache machen kann. Natürlich hängt der Grundwasservorrat in Tanaland mit dem Hirseertrag zusammen; die Hirseanbaufläche hängt aber auch mit der Niederschlagsmenge zusammen: je größer die Vegetationsfläche, desto höher der Niederschlag. Die Anzahl von Lehrstellen in der Lohhausener Uhrenfabrik hängt zusammen mit der Kleinkriminalität der Jugendlichen und damit mit der Gesamtlebensqualität in Lohhausen und damit mit den Zuwanderungsraten und den Abwanderungsraten.

Ein Eingriff, der einen Teil des Systems betrifft oder betreffen soll, wirkt immer auch auf viele andere Teile des Systems. Dies wird «Vernetztheit» genannt. Vernetztheit bedeutet, daß die Beeinflussung einer Variablen nicht isoliert bleibt, sondern Neben- und Fernwirkungen hat. Die Vielzahl der variablen Merkmale bringt es mit sich, daß man die Existenz solcher möglichen Neben- und Fernwirkungen leicht übersieht.

Man könnte meinen, Komplexität wäre eine objektive Eigenschaft eines Systems. Man könnte sogar meinen, diese Eigenschaft lasse sich messen, zum Beispiel als Produkt aus Merkmalszahl und Verknüpfungszahl. Besteht ein System also aus 10 Variablen und gäbe es zwischen diesen 10 Variablen 5 Verknüpfungen, so wäre die «Komplexität» = 50. Gäbe es zwischen den Variablen aber keine Verknüpfungen, so wäre die Komplexität = 0. Solche Ansätze zur Messung der Komplexität eines Systems gibt es tatsächlich, siehe Thiele (1974). Im einzelnen ist aber eine zufriedenstellende Messung der Komplexität schwierig. Denn man sollte ja außer der Verknüpfung selbst auch noch ihre Art in die Messung einbeziehen. Wir wollen das hier nicht vertiefen, denn von *einer* Komplexität eines Systems kann man sowieso nicht ausgehen. Komplexität ist keine objektive Größe, sondern eine subjektive. Man denke beispielsweise an die alltägliche Handlungssituation des Autofahrens. Für den Anfänger ist sie sehr komplex; eine Vielzahl von Merkmalen will zugleich beachtet werden und macht das Fahren in einer belebten Großstadt zu einem schweißtreibenden Geschäft. Den erfahrenen Autofahrer hingegen läßt die gleiche Situation völlig kalt. Der Unterschied liegt vor allem darin, daß der erfahrene Autofahrer über viele «Superzeichen» verfügt: eine bestimmte Verkehrssituation ist für ihn kein Konglomerat einer Unzahl von Einzelmerkmalen, die einzeln beachtet werden müssen, sondern eine «Gestalt», so wie das Gesicht eines Bekannten nicht eine Vielzahl von Konturen, Flächen, Farbabstufungen usw. ist, sondern eben *ein* bestimmtes Gesicht. Solche «Superzeichen» ergeben sich aus der Erfahrung – wie, das will ich hier nicht ausführen. Superzeichen reduzieren Komplexität; aus vielen Merkmalen wird eines. Komplex ist ein System mithin immer im Hinblick auf einen bestimmten Akteur mit seinem Superzeichenvorrat. Der aber kann individuell sehr verschieden sein. Und deshalb gibt es kein objektive Komplexität.

Dynamik

Tanaland, Lohhausen und Tschernobyl sind *dynamische* Gebilde. Dies bedeutet, daß sie nicht, wie ein Schachspiel, auf die Reaktion des Handelnden einfach nur warten. Sie entwickeln sich weiter, ob der Akteur das nun schätzt oder nicht. Die Realitätsausschnitte sind nicht passiv, sondern – in gewissem Maße – aktiv. Dies erzeugt zum Beispiel *Zeitdruck*: man kann nicht «ewig» warten, bis man sich schließlich zu einem Eingriff entschließt. Zeitdruck bedeutet auch, daß die Informationssammlung und das Planungsverhalten nicht mit einem beliebig «feinen

Korn» betrieben werden können. Man muß sich, etwa beim Planen, mit Ungefährlösungen zufriedengeben. Man muß darauf verzichten, alle Informationen, die man vielleicht bekommen könnte, auch zu sammeln, da die Vollständigkeit der Informationssammlung mit dem Zwang zum Handeln unter Zeitdruck kollidiert.

Die Eigendynamik von Systemen macht weiterhin die Erfassung ihrer Entwicklungs*tendenzen* bedeutsam. Bei einem dynamischen Gebilde darf man sich nicht damit zufriedengeben zu erfassen, was der Fall ist. Die Analyse der augenblicklichen Gegebenheiten reicht keineswegs aus. Man muß zusätzlich versuchen herauszubekommen, wo das Ganze hinwill. Und das scheint Menschen manchmal große Schwierigkeiten zu bereiten, wie wir im Kapitel 6 sehen werden.

Intransparenz

Ein weiteres Merkmal der Situationen, mit denen unsere Versuchspersonen oder die Reaktorfahrer von Tschernobyl konfrontiert worden sind, ist die *Intransparenz* der Situation. Es ist nicht alles sichtbar, was man eigentlich sehen will. Der Tschernobyl-Operateur sieht nicht, wie viele der Graphitbremsstäbe sich tatsächlich noch im Reaktor befinden. Der Bürgermeister von Lohhausen sieht nicht, wie es mit der Zufriedenheit der verschiedenen Bevölkerungsgruppen bestellt ist. Der Entwicklungshelfer in Tanaland weiß nicht genau, wie es mit dem derzeitigen Grundwasserstand eigentlich aussieht. Zusammengefaßt: Viele Merkmale der Situation sind demjenigen, der zu planen hat, der Entscheidungen zu treffen hat, gar nicht oder nicht unmittelbar zugänglich. Er steht also – bildlich gesprochen – vor einer Milchglasscheibe. Er hat Entscheidungen hinsichtlich eines Systems zu fällen, dessen augenblickliche Merkmale er nur zum Teil, nur unklar, schemenhaft, verwaschen sehen kann – oder aber auch gar nicht.

Selbst wenn er vollständige Kenntnisse über die Systemstruktur hat, wird er doch nie ganz genau wissen, welche Situation gerade wirklich vorhanden ist. Die Intransparenz ist eine weitere Quelle der Unbestimmtheit der Planungs- und Entscheidungssituation.

Unkenntnis und falsche Hypothesen

Wenn man mit einer komplexen und dynamischen Situation operieren möchte, muß man nicht nur wissen, was der Fall ist. Man muß nicht nur die Merkmale der augenblicklich gegebenen Situation kennen, sondern man muß auch etwas wissen über die Struktur des Systems. Die augenblickliche Situation mit ihren Merkmalen ist ja nur der jetzige *Zustand* des Systems und seiner Variablen. Man muß nicht nur wissen, was der Fall ist, sondern auch, was in Zukunft der Fall sein wird oder sein könnte, und man muß wissen, wie sich die Situation in Abhängigkeit von bestimmten Eingriffen voraussichtlich verändern wird. Hierzu braucht man *Strukturwissen*, das heißt Wissen über die Art und Weise, wie die Variablen des Systems zusammenhängen, wie sie sich beeinflussen. Im Idealfall wird man dieses Wissen in der Form von mathematischen Funktionen haben: unter Umständen aber nur in einer Form wie: «Steigt x, so steigt (sinkt) y, und sinkt x, so sinkt (steigt) y.» («Steigt die Arbeitslosigkeit, so sinken die Ausgaben der davon betroffenen Haushalte für Güter, die nicht unmittelbar zum täglichen Konsum gehören.»)

Die Gesamtmenge der Annahmen dieser Art im Kopf eines Akteurs, die sich auf die einseitigen oder wechselseitigen, einfachen oder komplizierten Zusammenhänge der

Variablen eines Systems beziehen, nennen wir sein *Realitätsmodell*. Ein Realitätsmodell kann explizit, in bewußter, jederzeit abfragbarer Weise vorhanden sein oder auch implizit, also so, daß der Akteur selbst nicht weiß, daß er eine Annahme über einen bestimmten Zusammenhang im Kopf hat und schon gar nicht, wie diese Annahme aussieht. Solch implizites Wissen kommt häufig vor; man nennt es gewöhnlich «Intuition» oder sagt: «Für solche Dinge habe ich ein Gefühl.»

Ein gutes Beispiel für implizites Wissen ist das Wissen, welches den Musikliebhaber dazu befähigt zu sagen: «Das kenne ich zwar nicht, aber es ist Mozart», ohne daß er sagen könnte, woran er eigentlich genau erkennt, daß es Mozart ist. «Es klingt eben mozarthaft.» – Ich erlebte einmal einen Arzt, der mit großer Sicherheit eine bestimmte Krankheit diagnostizieren konnte, ohne eigentlich zu wissen (besser: *angeben* zu können, denn irgendwie wußte er es ja), wie er das machte. Man ging der Sache nach, und es zeigte sich, daß der Arzt auf ein bestimmtes Schattenprofil des Unterkörpers des Patienten, also auf ein bestimmtes Kontraktionsmuster der Muskulatur achtete, ohne dies zu wissen. Diese Art von «Intuition» findet man wohl sehr oft bei Fachleuten in ihrem bestimmten Bereich.

Nebenbei (das wird uns später noch beschäftigen): explizites, verbalisierbares Wissen braucht kein Handlungswissen zu sein. Wissen kann als «theoretisches» Wissen vorhanden sein, ohne daß derjenige, der über das Wissen verfügt, in der Lage ist, es anzuwenden.

Das Realitätsmodell eines Akteurs kann nun richtig oder falsch, vollständig oder unvollständig sein. Gewöhnlich dürfte es sowohl unvollständig wie auch falsch sein, und man tut gut daran, sich auf diese Möglichkeit einzustellen. Dies aber ist so leicht gesagt, wie schwer getan. Menschen, wenn sie schon nicht Recht haben, behalten es doch gern, und dies besonders in Situationen, in denen ihnen Zweifel und Unsicherheit zusetzen. Einzugestehen, daß man etwas nicht weiß oder daß man etwas Falsches angenommen hatte, als man eine bestimmte Entscheidung traf, mag einem weisen alten Mann leichtfallen, aber die Fähigkeit zu solchen Eingeständnissen ist wohl gerade ein Zeichen der Weisheit, und die meisten Akteure in komplexen Handlungssituationen sind nicht oder noch nicht weise.

Menschen streben nach Sicherheit – das ist eine der (Halb-)Wahrheiten der Psychologie (denn manchmal streben Menschen auch nach Unsicherheit). Und dieses Streben hindert sie, die Möglichkeit der Falschheit ihrer Annahmen oder die Möglichkeit der Unvollständigkeit angemessen in Rechnung zu stellen. Daher ist der Umgang mit unvollständigen und falschen Informationen und Hypothesen eine weitere wichtige Anforderung beim Umgang mit einer komplexen Situation.

(Es kommt sogar vor, daß Menschen falsche Annahmen über ein System mehr lieben als richtige und daß sie sich mit Händen und Füßen dagegen sträuben, erweislich falsche Hypothesen fallenzulassen. Auch das wird uns noch beschäftigen.)

Wenn wir dieses Kapitel anschaulich zusammenfassen wollen, so können wir sagen, daß ein Akteur in einer komplexen Handlungssituation einem Schachspieler gleicht, der mit einem Schachspiel spielen muß, welches sehr viele (etwa: einige Dutzend) Figuren aufweist, die mit Gummifäden aneinanderhängen, so daß es ihm unmöglich ist, nur *eine* Figur zu bewegen. Außerdem bewegen sich seine und des Gegners Figuren auch von allein, nach Regeln, die er nicht genau kennt oder über die er falsche Annahmen hat. Und obendrein befindet sich ein Teil der eigenen und der fremden Figuren im Nebel und ist nicht oder nur ungenau zu erkennen.

Stationen des Planens und Handelns

Im letzten Abschnitt haben wir uns mit den allgemeinen Merkmalen einer Handlungssituation befaßt. Wie wird man nun mit der Aufgabe fertig, in einer komplexen, teilweise unbekannten, teilweise intransparenten, dynamischen Situation zu handeln? Nun: man überlegt sich, was man machen könnte und was die Folgen davon sein könnten und worauf man eigentlich hinauswill und ob man nicht vielleicht auch noch andere Möglichkeiten hat als die, die einem bislang eingefallen sind.

In diesem Abschnitt wollen wir uns damit beschäftigen, die einzelnen Bestandteile solcher «Überlegungen» in komplizierten Situationen herauszupräparieren, um auf diese Weise das Denken und Handeln von Personen systematisch untersuchen zu können.

Was ist im einzelnen notwendig, um sich über ein kompliziertes Problem ein Urteil zu bilden? Welche geistigen Tätigkeiten sind notwendig, um zu einer vernünftigen

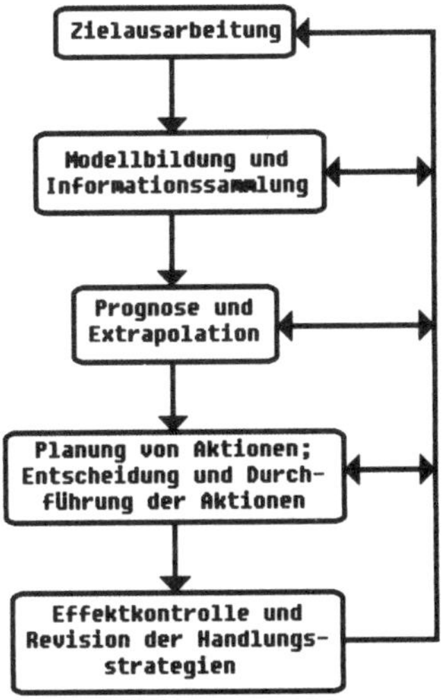

Abb. 17: Stationen der Handlungsorganisation

Entscheidung zu gelangen? Abb. 17 zeigt eine mögliche Aufteilung des gesamten Prozesses.

Sicherlich ist es in einer komplizierten Problemsituation zunächst einmal vernünftig, sich Klarheit über das *Ziel* zu verschaffen, welches angestrebt wird. Denn es ist keineswegs in jeder Situation von vornherein klar, was man eigentlich genau will. Wenn die Forderung erhoben wird, daß eine Trabantenstadt wohnlicher werden sollte, so stellt sich auf den zweiten Blick die Frage, was denn nun eigentlich unter «wohnlicher» verstanden werden soll? Eine bessere Verkehrsanbindung an die Innenstadt? Eine bessere Ausstattung mit Freizeitmöglichkeiten? Bessere Einkaufsmöglichkeiten? Verbesserung der Schul- und Kindergartensituation? Mehr Kontakte zwischen den Einwohnern? All das und noch viel mehr könnte sich hinter dem Begriff «wohnlicher» verbergen. Es ist also von vornherein nicht klar, was eigentlich in dieser Situation angestrebt werden soll. Klar ist, daß man die Situation in der Trabantenstadt «irgendwie» als unwohnlich empfindet. Die Angabe eines Zieles in Form eines Komparativs («wohnlicher», «besser», «verkehrsgünstiger», «benutzerfreundlicher») weist oft genug darauf hin, daß man gar nicht genau weiß, was man eigentlich anstrebt. Und sicherlich ist es vernünftig, für sein Urteilen und Entscheiden klare Ziele zu haben. Man hat dann Richtlinien und Kriterien an der Hand, mit deren Hilfe man die Geeignetheit oder Ungeeignetheit von Maßnahmen besser beurteilen kann. Außer der geringen Konkretheit von Zielen gibt es noch andere «defiziente» Eigenschaften von Zielsituationen, die das Planen und das Finden einer Entscheidung erschweren. Wir gehen darauf im nächsten Kapitel noch im einzelnen ein. Sehen wir zunächst einmal, was sonst noch in Frage kommt, wenn man nach Stationen eines komplexen Planungs- und Entscheidungsprozesses sucht.

In Abb. 17 kommt als nächste Station nach der Zielausarbeitung die Modellbildung und Informationssammlung.

Auch das klingt ganz trivial. Natürlich muß man sich in einer komplexen und unklaren Problemsituation um Informationen bemühen. Man muß versuchen, die Situation selbst klarer zu machen. Das sagt sich wiederum leicht, ist aber oft schwer genug getan. Denn: In vielen Situationen ist es so, daß von uns ein Urteil oder eine Entscheidung verlangt wird – innerhalb einer Zeitfrist, die überhaupt nicht hinreicht, um wirklich alle eigentlich notwendigen Informationen zu beschaffen. Wer von denjenigen, der über das Für und Wider von Kernkraftwerken dieses oder jenes sehr dezidierte Urteil hat, kennt sich in der Materie wirklich genau aus? Diese Frage läßt sich noch verschärfen: Wer kann sich genau auskennen? Hat der «normale» Bürger überhaupt eine Chance, sich über diejenigen Dinge, über die von ihm in Wahlen ein Urteil verlangt wird, ein genaues Bild zu machen? Um sich über Kernkraftwerke, Wiederaufbereitung von nuklearen Brennstoffen, Auf- oder Abrüstung, Asylprobleme, Wirtschaftslenkungsprobleme, die richtigen Maßnahmen zur Bekämpfung von Aids usw. wirklich ein fundiertes Urteil bilden zu können, müßte man eigentlich ununterbrochen lesen und nachdenken und studieren. Dies kann natürlich keiner. Denn irgendwann muß man ja auch noch arbeiten, schlafen und essen. Das Problem der begrenzten Zeit zur Informationssammlung betrifft nicht nur den «normalen» Bürger. Auch der Politiker in einer Entscheidungssituation wird meist nicht die Zeit haben, selbst nur die Informationen zur Kenntnis zu nehmen, die über einen Sachverhalt tatsächlich vorliegen, geschweige denn neue Informationen, die nicht oder nicht direkt verfügbar sind, zu sammeln. Es stellt sich das Problem, wie weit man bei der Sammlung von Informationen überhaupt gehen muß. Gibt es irgendwelche vernünftigen Stoppregeln, die einem sagen: «So, nun weißt du unter diesen Umständen genug!»? Gibt es die Möglichkeit, Informationen unter Umständen nur auf einem sehr groben Auflösungsniveau zu sammeln? Gibt es Regeln, die vernünftige Kriterien für die Wahl des richtigen Auflösungsgrades geben? Wann betrachtet man die Dinge zu fein und zu genau? Wann zu grob?

Mit der reinen «Sammlung» von Information ist es aber nicht getan. Man muß darüber hinaus die Informationen möglichst so integrieren, daß sich eine Art von Gesamtbild, ein «Modell» der Realität, mit der man umgeht, ergibt. Eine ungegliederte Anhäufung von Informationen über diese oder jene Merkmale der Situation vermehrt allenfalls noch die Unübersichtlichkeit und ist keine Entscheidungshilfe. Es muß alles irgendwie zusammenpassen; man braucht keinen Informationshaufen, sondern ein «Bild» von der Sache, damit man Wichtiges von Unwichtigem trennen kann und weiß, was zusammengehört und was nicht. Man braucht das, was wir im letzten Abschnitt als «Strukturwissen» bezeichnet haben, also Ideen darüber, wie die Dinge zusammenhängen. – Über die Mechanismen der Informationsintegration werden wir im Kapitel «Information und Modelle» Genaueres sagen.

In Abb. 17 folgt nun als nächste Station die Phase der Prognose und Extrapolation. Hat man genügend Informationen über eine bestimmte Situation erlangt, so sollte man in der Lage sein, nicht nur den Status quo zu überschauen, sondern auch die Entwicklungstendenzen, die sich aus der gegenwärtigen Situation ergeben, abzuschätzen. Jetzt ist es so, wie aber wird es sich weiterentwickeln? Diese Frage ist für die Planung und die Beurteilung von Maßnahmen oft von größerer Bedeutung als die gegenwärtige Situation. Die Tatsache, daß ich im Moment hundert Mark in meinem Portemonnaie herumtrage, hat eine ganz andere Bedeutung dann, wenn es gestern noch zweihundert und vorgestern noch dreihundert waren, als wenn es gestern noch fünfzig, vorgestern erst zwanzig Mark waren. Ob ein bestimmter Status quo, also beispielsweise eine wirtschaftliche Situation, in einem Aufwärts- oder Abwärtstrend liegt, ist bedeutsamer als der Status quo selbst. Im Kapitel «Zeitabläufe» werden wir einige Befunde betrachten, die ein Licht werfen auf die Fähigkeit von Menschen, sich ein Bild von Entwicklungstendenzen zu machen.

Hat man ein Bild von der gegebenen Situation und weiß man, wie es weitergehen wird, so ist es als nächstes vernünftig, sich, wie in Abb. 17 dargestellt, ein Bild von den möglichen *Maßnahmen* zu machen. Was sollte man tun? Soll man überhaupt etwas tun? Die Beantwortung dieser Frage geschieht oft in sehr trivialer Weise: Man macht es halt so, wie man es schon immer gemacht hat. Das Handeln in ritualisierter Form hat sicherlich seine Vorteile. Man braucht sich nicht bei jeder Situation immer wieder von neuem zu überlegen, was denn nun am besten zu tun sei. Aus diesem Grunde neigen wir wohl zu Ritualen, und dies ist auch oft vernünftig. Durch «Methodismus», wie Carl von Clausewitz (1780–1831) diese Tendenz zum Handeln in vorgeprägten Ritualen nannte, kommt andererseits Konservativismus in unser Handeln. Es gibt in der Psychologie viele Experimente, die zeigen, in welcher Weise Personen dadurch in ihrem Handlungsspielraum eingeengt werden, daß sie gemäß vorgeprägten «Einstellungen» handeln. Im Kapitel «Planen» werden wir uns mit diesem Thema intensiv befassen.

Nach der Planung von Maßnahmen kommt die Entscheidung. Oftmals gibt es mehrere Handlungsalternativen, die auf den ersten Blick gut erscheinen, und es kommt nun darauf an, die beste auszuwählen. Auch dies ist kein einfaches Problem.

Nach der Entscheidung kommt das «Tun». Man muß die geplanten Maßnahmen in die Realität umsetzen. Auch das ist ein schwieriges Geschäft. Es muß beispielsweise verbunden sein mit ständiger *Selbstkontrolle*. Tritt tatsächlich das ein, was ich erwartet habe? Waren die Voraussetzungen meiner Handlungen richtig? Oder muß ich wieder auf eine frühere Phase der Handlungsorganisation zurückgehen? Muß ich erneut Informationen sammeln, da diejenigen, die meinen Maßnahmen zugrunde lagen, offensichtlich falsch waren? Muß ich neue Handlungswege ausarbeiten, weil die gewählten effektlos sind? Muß ich mein gesamtes Modell von der Situation ändern?

Andererseits ist es oft nicht vernünftig, allzu früh einen einmal eingeschlagenen Handlungsweg aufzugeben. Beharrlichkeit und Nachhaltigkeit führen oft doch noch zum Ziel. Den Mittelweg zu wählen zwischen sturem Festhalten an einem einmal eingeschlagenen Handlungsweg und allzu schnellem Aufgeben bei den ersten auftauchenden Schwierigkeiten, ist aber nicht einfach. Im Kapitel «Planen» werden wir uns mit diesem Thema genauer befassen.

So ungefähr könnte man sich die Stationen der Organisation komplexen Handelns vorstellen. Natürlich ist der Weg, der in Abb. 17 schematisch dargestellt ist, gewöhnlich nicht ein einfaches Fortschreiten von Station zu Station. Normales Handeln findet nicht statt, indem man sich zunächst die Ziele klarmacht, dann Informationen sammelt, dann die Zukunft antizipiert, dann Maßnahmen plant, um schließlich zu einer Entscheidung zu kommen und nachher die Angemessenheit des eigenen Handelns zu überprüfen. Vielmehr wird es oft so sein, daß man erst in der Phase der Informationssammlung merkt, daß die Ziele nicht hinreichend klar sind, um tatsächlich gute Kriterien für die Informationssammlung zu liefern. Oft wird man erst bei der Ausarbeitung eines Handlungsweges merken, daß die Informationen, die man für genügend hielt, keineswegs hinreichend sind. Im Tun stellt sich eine gut geplante Maßnahme oft als falsch heraus. Wie in Abb. 17 dargestellt, gibt es von jeder Station zu jeder Station des Handlungsweges Rücksprünge. So kann die tatsächliche Planung eines komplizierten Maßnahmenpaketes aus einem vielfältigen Hin- und Herspringen zwischen diesen verschiedenen Stationen bestehen. Aber die Darstellung der Stationen der Abb. 17 zeichnet ja auch nicht den tatsächlich ablaufenden Prozeß bei tatsächlichen Personen nach, sondern erleichtert uns einfach die Darstellung. Die fünf abgebildeten Stationen sind eine mögliche und, wie ich meine, sinnvolle Aufteilung der verschiedenen Anforderungen, die eine komplizierte Situation an jemanden stellt, der sich über das richtige Verhalten und die richtigen Maßnahmen in dieser Situation ein Bild machen möchte. Die Stationen der Abbildung enthalten die Probleme, die gelöst werden müssen. In den nachfolgenden Kapiteln werden wir genauer beschreiben, wie sie gelöst werden sollten und wie Menschen tatsächlich damit umgehen.

4. Der Umgang mit Zielen

Eine wichtige Station beim Problemlösen und beim Planen des Handelns ist der Umgang mit Zielen. Ziele braucht man; an Zielen orientiert sich das Handeln. Wie soll man über Maßnahmen nachdenken oder sich entscheiden, wenn nicht aufgrund von Zielen? Ziele sind gewissermaßen die Leuchtfeuer für das Handeln; sie geben ihm Richtung. Daher ist die Formulierung und die Umformulierung von Zielen eine zentrale kognitive Tätigkeit.

Auf den Platz des Umgangs mit Zielen im Gesamtkontext der Handlungsorganisation sind wir im letzten Abschnitt des letzten Kapitels schon eingegangen. Nun wollen wir zunächst im einzelnen betrachten, welche Probleme und Schwierigkeiten beim Umgang mit Zielen auftreten können. Im darauffolgenden Abschnitt wollen wir uns damit befassen, was beim Umgang mit Zielen alles schiefgehen und was sich daraus wieder ergeben kann.

Die Anforderungen des Umgangs mit Zielen und ihre Bewältigung

Wie kommt man an Ziele? Dumme Frage: Ziele hat man, denn sonst würde man sich mit einer Angelegenheit ja gar nicht befassen! Niemand kocht, liest, schreibt ein Buch, studiert, setzt sich für oder gegen den Bau eines Atomkraftwerkes ein, ohne irgendeinen Grund dafür zu haben oder auch mehrere. Irgend etwas strebt man mit der jeweiligen Tätigkeit an, oder irgend etwas will man vermeiden, verhindern. Irgend etwas soll in einen «Sollzustand» gebracht werden, oder man will verhindern, daß etwas seinen Sollzustand verläßt.

Im letzten Absatz haben wir beiläufig schon zwei verschiedene Arten von Zielen eingeführt, nämlich «positive» und «negative». Manchmal handelt man, um bestimmte Zustände, die man für erstrebenswert hält, zu erreichen, und manchmal handelt man, um bestimmte Zustände, die einem nicht passen, zu verändern, aus der Welt zu schaffen, zu vermeiden. Ein vorhandener Mangelzustand soll behoben werden: dies wäre ein negatives Ziel. Oder man strebt einen wünschenswerten Zustand an: dies wäre ein positives Ziel.

Die Unterscheidung von positiven und negativen Zielen mag akademisch klingen, sie ist aber wichtig. In dem einen Fall, nämlich beim positiven Ziel, will ich etwas Bestimmtes erreichen. In dem anderen Fall will ich, daß etwas *nicht* mehr der Fall ist. Damit aber ist das, was ich eigentlich *will,* zunächst einmal weniger genau festgelegt als im Fall des positiven Ziels. Vermeidungsziele (also negative Ziele) sind daher oft recht global definiert: «irgendwie» soll es anders werden; auf alle Fälle ist der *jetzige* Zustand unerträglich. Auch positive Ziele können global definiert sein: «Ich brauch *irgendwas* zu essen» zum Beispiel. Aber es liegt in der Logik des «nicht», daß dies bei negativen Zielen häufiger der Fall ist. Ein «Nicht-Ofen» oder ein «Nicht-Stuhl» ist als Objekt weniger genau festgelegt als ein «Ofen» oder ein «Stuhl». Und so ist auch das, was man anstreben sollte, um einen unerwünschten Zustand *nicht* zu haben, zu vermeiden oder zu verhindern, gewöhnlich globaler als das, was man anstrebt, wenn man etwas Bestimmtes haben will.

«Ob es besser wird, wenn es anders wird, weiß ich nicht, daß es aber anders werden muß, wenn es besser werden soll, weiß ich!» – Dieser Ausspruch Lichtenbergs enthält den Hinweis auf die Unbestimmtheit eines negativen Zielzustandes und zugleich eine Mahnung zur Vorsicht beim Umgang mit solchen Zielen.

Nun haben wir negative und positive Ziele und globale und spezifische Ziele unterschieden. Ein globales Ziel ist ein Ziel, welches nur hinsichtlich weniger Kriterien festgelegt ist, unter Umständen nur hinsichtlich eines einzigen. Ein spezifisches Ziel ist hinsichtlich vieler Kriterien festgelegt, kann also sehr genau beschrieben und vorgestellt werden. Global ist etwa beim Schachspiel das Ziel, den gegnerischen König mattzusetzen. Es ist zwar klar entscheidbar, ob eine Situation auf dem Schachbrett eine Mattsituation ist oder nicht, es gibt aber sehr viele verschiedene solcher Situationen, daher läßt das Matt-Kriterium die Zielsituation recht unbestimmt.

Von einem globalen Ziel muß man ein unklares Ziel unterscheiden. Unklare Ziele sind Ziele, bei denen ein Kriterium, aufgrund dessen sicher entschieden werden kann, ob das Ziel erreicht ist oder nicht, fehlt. «Die Bibliothek muß benutzerfreundlicher werden!» «Mein Zimmer soll gemütlicher werden!» «Die Stadt muß fußgängerfreundlicher werden!» In diesen Forderungen stecken unscharfe, unklare Zielkriterien. Die Komparative deuten an, daß man gar nicht genau weiß, wie der angestrebte Zustand nun eigentlich aussehen soll; er soll eben «anders» sein.

Außer Unklarheit (oder – besser: in der Unklarheit) steckt in den Komparativen der obenstehenden Forderungen noch «Polytelie», «Vielzieligkeit». Dieses Merkmal bedeutet, daß die angestrebte Zielsituation nicht nur einem Kriterium entsprechen sollte, sondern mehreren. Eine «benutzerfreundliche» Bibliothek ist nicht eine Bibliothek mit langen Ausleihfristen. Auch wenn ihre Öffnungszeiten auch Berufstätigen eine bequeme Ausleihe gestatten, ist eine Bibliothek noch nicht benutzerfreundlich. Die weiche Polsterung der Sessel in den Lesesälen macht es auch nicht und auch nicht das große Zeitschriftenangebot. Aber all das zusammen nähert sich der Benutzerfreundlichkeit schon deutlich.

Polytelie bedeutet nun nicht nur einfach, daß man eben auf mehr achten muß beim Handeln, daß man gleichzeitig mehreren Kriterien gerecht werden muß. «Vernetztheit» der Variablen eines Systems heißt nämlich auch Vernetztheit der Ziele. Die Verknüpfung der Zielkriterien miteinander kann verschiedene Formen haben. Es kann sein, daß sie miteinander positiv verknüpft sind: Ist das eine der Fall, so auch (meist) das andere. Eine moderne Wohnung läßt sich meist auch gut beheizen.

Es kann auch sein, daß die Zielkriterien miteinander negativ verknüpft sind: Ist das eine der Fall, so das andere (meist) *nicht*. Eine moderne, gut beheizbare Wohnung in guter Lage ist meist *nicht* billig.

Und schließlich ist es möglich, daß die Zielkriterien miteinander überhaupt nicht verknüpft sind; die entsprechenden Variablen sind voneinander unabhängig.

Die Abhängigkeiten können verschiedene Formen haben. Die Variablen können direkt voneinander abhängig sein, indem die eine die andere oder die andere die eine oder beide einander gegenseitig kausal beeinflussen. Sie können aber auch beide von «Drittvariablen» abhängen und unmittelbar keinen Zusammenhang haben. Wenn eine modern möblierte Wohnung meist auch gut heizbar ist, so nicht deshalb, weil die Modernität der Möblierung die Güte der Heizung beeinflußt oder umgekehrt. Beides liegt daran, daß Leute, die das Geld haben, sich eine moderne Einrichtung zu leisten, sich meist auch eine gut isolierte Wohnung leisten können. Beide Variablen sind also hier von einer zentralen Variablen abhängig.

Wenn zwei Zielkriterien miteinander positiv verknüpft sind, so vereinfacht dies meist den Umgang mit dem Ziel. Denn man wird dann, wenn man das eine Kriterium anstrebt, notwendigerweise auch das andere erreichen. Anders ist es, wenn zwei Zielkriterien miteinander negativ verknüpft sind. Denn dann wird man, wenn man das eine Teilziel erreicht hat, notwendigerweise das andere verfehlen (und umgekehrt, wenn die Abhängigkeit eine wechselseitige ist). Strebt man ein billiges Grundstück zum Häuserbau an, so wird höchstwahrscheinlich die Umgebung nicht so schön sein.

Es muß hier wieder betont werden: man kann in komplexen Realitäten nicht nur *eine* Sache machen. Man kann daher auch nicht nur *ein* Ziel anstreben. Strebt man ein Ziel an, so kann es sein, daß man dadurch unversehens andere Mißstände *erzeugt,* also neue Probleme schafft.

Daß man eigentlich mehrere Ziele zugleich verfolgt, merkt man manchmal erst, wenn man das eine erreicht hat und – entsetzt, verblüfft, verärgert – feststellen muß, daß man mit der Beseitigung des einen Mißstandes vielleicht zwei neue in anderen Bereichen erzeugt hat. Es gibt also *implizite* Ziele, die man zunächst gar nicht berücksichtigt, von denen man gar nicht weiß, daß man sie anstrebt. Um ein einfaches Beispiel zu nennen: Jemand, der gesund ist, wird gewöhnlich «Gesundheit» nicht als Ziel seines Handelns oder Hoffens nennen, wenn er danach gefragt wird. Erst für den Kranken wird «Gesundheit» zum expliziten Ziel. Auch der Gesunde wird, wenn man ihn direkt darauf anspricht, die Aufrechterhaltung seiner Gesundheit als wichtig ansehen, aber eben erst, wenn man ihn darauf aufmerksam macht.

Das klingt vielleicht alles sehr trivial. Die Tatsache aber, daß die meisten Menschen nach einem Prinzip der Überwertigkeit (oder Alleinwertigkeit) des aktuellen Motivs handeln, ist für viele Fehlplanungen und Fehlverhaltensweisen verantwortlich, wie wir sehen werden.

Menschen kümmern sich um die Probleme, die sie haben, nicht um die, die sie (noch) nicht haben. Folglich neigen sie dazu, nicht zu bedenken, daß eine Problemlösung im Bereich a eine Problemerzeugung im Bereich b darstellen kann. Wir werden noch sehen, welche Folgen dies nach sich ziehen kann.

Ziele können also sein:

- Anstrebens- oder Vermeidungsziele,
- allgemein oder spezifisch,
- klar oder unklar,
- einfach oder mehrfach,
- implizit oder explizit.

Auf diese Eigenschaften von Zielen muß man sich einstellen. Man muß mit ihnen umgehen können. Wie sollte man mit einem unklaren Ziel umgehen? Und woher soll man wissen, welche impliziten Ziele man mit sich herumträgt? Auf diese Fragen wollen wir nun eingehen:

Hat man ein *Vermeidungsziel,* so sollte man versuchen, das Ziel ins Positive zu wenden. Etwas nicht haben zu wollen, einen vorhandenen Zustand in «irgend etwas» umwandeln zu wollen: das ist zu unspezifisch und als Leitlinie für das Planen und Handeln ganz unzureichend. Ein Vermeidungsziel ist oft – das ergibt sich aus seiner Genese: man will etwas *nicht* haben – zu global.

Hat man ein zu globales Ziel, so sollte man versuchen, es zu spezifizieren. Das, so sollte man meinen, ist ein vernünftiger Ratschlag. Niemand spielt gut Schach, wenn er global nur die Mattsetzung des feindlichen Königs anstrebt. Man muß spezifischere Ziele haben, um eine Basis für das Planen und das Verhalten zu haben. Nun sagt es sich leicht: «Mach dein Ziel konkret!»; es tut sich aber schwer. Bleiben wir beim Schachspiel: Soll man, damit man ein spezifisches Ziel als klaren Richtungsgeber für das Planen von Handlungen hat, schon vor dem ersten Zug festlegen: «Sein König muß auf H-1 stehen, meine Dame auf D-2, gedeckt durch einen Läufer auf G-3. Außerdem … Dann ist er schachmatt!»

Das wäre ein sehr konkretes Ziel; zugleich wäre es dumm, in der Anfangsphase ein solches Ziel festzulegen, und so etwas tut wohl auch niemand. Denn: weiß man, wie sich die Sache entwickelt? Man gestaltet das Spiel ja nicht allein, der Gegner ist auch noch da! Man muß bereit sein, Gelegenheiten zu ergreifen, die sich während des Spiels ergeben. Eine allzu weitgehende Festlegung des Endziels zu einem frühen Zeitpunkt kann stören, da man sich dadurch den freien Blick auf den möglichen Gang der Entwicklungen verstellt. Eine allzu starre Festlegung kann Flexibilität zerstören. Also doch keine Spezifizierung globaler Ziele?

Das würde wieder Konzeptlosigkeit bedeuten und ein Verhalten nach sich ziehen, welches sich lediglich an den Erfordernissen des *Augenblicks* orientiert. Einen Ausweg bietet hier eine bestimmte Form der Zielbildung, die man *Zwischenzielmethode* nennen kann. Man setzt sich Ziele nach dem Kriterium der maximalen *«Effizienz-Divergenz»*. – Zugegeben: das ist ein ziemlich umständlicher Begriff, aber der Erfinder des Begriffs (Rainer Oesterreich) hat ihn nun einmal so festgelegt. Immerhin sagt er, was er bedeutet:

Eine Situation ist durch eine hohe «Effizienz-Divergenz» ausgezeichnet, wenn sie viele *verschiedene* (daher «Divergenz») Möglichkeiten zu Operationen mit hoher *Erfolgswahrscheinlichkeit* (daher «Effizienz») offenläßt. Beim Schachspiel sind solche Situationen zum Beispiel die Beherrschung der mittleren Felder des Schachbretts, Figurenübermacht, eine gut entwickelte Bauernstellung.

Solche Effizienz-Divergenz-Situationen kann man auch dann anstreben, wenn das Endziel nicht spezifizierbar ist. Allerdings haben solche Zwischenzielsituationen auch ihre Gefahren, aber davon später.

Was macht man mit *unklaren* Zielen? Bei globalen, sehr allgemeinen Zielen hat man wenigstens noch ein klares Kriterium, ob eine bestimmte Situation ein Ziel ist oder nicht. Bei unklaren Zielen hat man auch ein solches Kriterium nicht. Unklare Ziele sind oft «verborgene» Mehrfachziele. Was ist ein «gemütliches» Zimmer? Oder eine «benutzerfreundliche» Bibliothek? Oder eine «arbeitnehmerfreundliche» Steuerpolitik? Was ist eigentlich gemeint, wenn es in der Straßenverkehrsordnung heißt, daß sich ein jeder so verhalten soll, daß kein anderer gefährdet wird?

«Benutzerfreundlichkeit», «Gemütlichkeit», «Arbeitnehmerfreundlichkeit», «Friedenssicherung», «gefährdendes Verhalten»: das sind zunächst einmal Begriffe. Wenn man einen Begriff hat, so mag man auch meinen, daß es eine Sache geben müsse, die zu dem Begriff gehört. *Eine* Sache!

Die aufgezählten Begriffe aber bezeichnen allesamt nicht «eine Sache», sondern es sind «Komplexbegriffe», «Vielfaltbegriffe», die eine Menge von verschiedenen Sachverhalten und Vorgängen bedeuten können. Wir haben das für das Beispiel der benutzerfreundlichen Bibliothek schon dargestellt. «Gefährdendes Verhalten» im Straßenverkehr: das kann dies oder das oder jenes sein. – «Friedenssicherung»: damit können *Gegensätze* gemeint sein, wie Aufrüstung und Abrüstung, oder erst ein bißchen Aufrüstung, damit der Gegner merkt, daß man es kann, und dann wieder Abrüstung, damit der Gegner den guten Willen spürt. Je nach Situation und Lage kann all dieses friedenssichernd sein. Daher ist es ziemlich müßig, darüber zu streiten, was denn nun eigentlich die «wahre» Friedenssicherung sei.

Wenn man die Unklarheit, die in solchen Komplexbegriffen steckt, beseitigen will, so muß man sie «dekomponieren»; man muß sie in ihre Teile zerlegen, man muß herausarbeiten, was man eigentlich *im einzelnen* meint, wenn man von Gemütlichkeit, Arbeitnehmerfreundlichkeit usw. spricht. Das bringt Klarheit. Und es bringt Schwierigkeiten! Denn man wird nach einer solchen Dekomposition eines Komplexbegriffes oft erst merken, daß es keineswegs um «eine Sache» geht, sondern um sehr viele verschiedene an verschiedenen Orten und zu verschiedenen Zeiten. Man merkt erst nach einer Dekomposition, daß man es gar nicht mit *einem* Problem zu tun hat, sondern mit einem Bündel von unter Umständen häßlich miteinander verknüpften Problemen, bei denen vielleicht die Lösung des einen die Verschlimmerung des anderen zur Folge hat.

Dadurch, daß man ein Problembündel mit *einer* begrifflichen Marke versieht, macht man sich den Umgang mit dem Problem leichter. Zumindest, wenn man es nicht lösen will! Es läßt sich sehr gut von «Maßnahmen zur Beseitigung der Arbeitslosigkeit» sprechen, die man «dringend fordert», wenn man nicht wirklich etwas tun muß gegen die Arbeitslosigkeit. Der Komplexcharakter des Problems ist durch die sprachlich einfache Markierung zwar nicht verschwunden, wohl aber aus dem Blickfeld geraten. Und das wirkt auf jeden Fall entlastend.

Hat man ein unklares Ziel in ein klares verwandelt, dann hat man oft ein Mehrfachproblem, ein Problem, welches aus einer ganzen Menge von Teilproblemen besteht. Was macht man mit Mehrfachproblemen? Was macht man in einer Situation, in der man sich als «Bürgermeister von Lohhausen» zugleich um die finanzielle Situation der Stadt kümmern muß (die beklagenswert ist), für eine Personalumstrukturierung im Einwohnermeldeamt sorgen sollte (da man sich dort nur noch streitet und um Kompetenzen rangelt), sich um die Ansiedlung neuer Industrien Gedanken machen sollte, eine Entscheidung vorbereiten müßte, ob man nicht die neue Mehrzweckhalle etwas kleiner ausfallen lassen sollte, damit man mit dem Geld...

Mit einer solchen Mehrfachproblemsituation kann man vielerlei anstellen. Eines aber kann man meist nicht, nämlich alle Probleme zugleich lösen. Also muß man die Problemliste irgendwie so behandeln, daß die Probleme handhabbar werden. Dafür gibt es verschiedene Möglichkeiten:

- Man kann die Probleme der Liste auf ihre Abhängigkeiten hin untersuchen. Mitunter gibt es Zentralprobleme und periphere Probleme, die von den Zentralproblemen abhängig sind. Die Beschaffung von Geld ist oft ein solches Zentralproblem. Ohne die Lösung dieses Problems lassen sich die anderen sowieso nicht lösen. Geldmangel wird nun meist als Zentralproblem auffallen. Andere Zentralprobleme sind nicht so sinnfällig. Daß die vielfältigen seelischen und Gesundheitsprobleme einer jungen Frau sich letztlich aus der ehelichen Konfliktsituation ergeben, braucht nicht sehr sinnfällig zu sein, vor allem für die Betroffene nicht. Findet man die Zentralprobleme einer Situation, so ist klar, worum man sich hauptsächlich kümmern muß. Man wird einen Schwerpunkt auf die Lösung der Zentralprobleme legen.
- Gibt es keine oder keine hinreichende Unterscheidung von zentralen und peripheren Problemen, so kann man die Probleme oft nach den Kriterien «Wichtigkeit» und «Dringlichkeit» rangieren. Die Wichtigkeit ergibt sich aus dem Gewicht, mit dem ein Problem an dem Gesamtproblem beteiligt ist. So wird das Problem, eine geeignete Begegnungsstätte für die Münzsammler einer Gemeinde zu schaffen, meist in geringerem Maße zu dem Problem, die Palette der Freizeitmöglichkeiten einer Gemeinde zu vergrößern, beitragen als der Bau von Sportanlagen. – Die Dringlichkeit eines Problems ergibt sich aus dem gesetzten Zeitrahmen. Wenn eine Angelegenheit bis heute 12 Uhr erledigt sein muß, so ist sie dringlicher als eine andere, deren Erledigung bis heute abend warten kann. – Zwischen Wichtigkeit und Dringlichkeit gibt es oft Konflikte. Soll man zu einem gegebenen Zeitpunkt eher etwas Wichtiges tun, was aber nicht so dringlich ist, oder etwas Dringendes, was aber nicht so wichtig ist? Sind einem solche Konflikte erst einmal klar, so sind sie auch meist schon gelöst. Die Gefahren liegen hier darin, daß im Zeitstress einfach der Überblick über die Wichtigkeit und Dringlich-

keit der einzelnen Probleme eines Problembündels verlorengeht und sich ein Verhalten des «Durchwurstelns» ergibt, bei dem meist die dringlichen, aber unter Umständen unwichtigen Probleme siegen und das, was eigentlich wichtig ist, liegenbleibt. Das kennt wohl jeder!

- Schließlich kann man sich Mehrfachprobleme auch durch Delegation erleichtern. Das geht aber nur, wenn die jeweiligen Probleme nicht so mit anderen verzahnt sind, daß sie sich über eine bestimmte Zeitstrecke hinweg isoliert behandeln lassen. – Man sollte außerdem das «Delegieren» von Problemen vom «Abschieben» unterscheiden. Diese Unterscheidung fällt keineswegs immer leicht. Manch einer meint zu delegieren, in Wirklichkeit schiebt er ab. Was ist der Unterschied? Delegieren heißt, daß man zwar Detailarbeiten an andere Institutionen und Personen vergibt, aber über die Einbindung des delegierten Problems in die Gesamtproblemsituation weiter orientiert bleibt. Man behält das delegierte Problem im Auge. Das abgeschobene Problem hingegen ist aus dem Blickfeld des «Delegators» nach dem «Delegationsakt» verschwunden und wird beim Wiederauftauchen allenfalls mit Ärger über die erneute Belastung zur Kenntnis genommen. Wir kommen darauf zurück.

Die Rangierung von Problemen nach den Kriterien der Wichtigkeit und Dringlichkeit oder die Schwerpunktbildung nach den Kriterien der Zentralität sind nicht die einzigen Anforderungen, die polytelische Probleme stellen. Darüber hinaus können sich, wie schon beschrieben, die einzelnen Teilprobleme widersprechen. Erreiche ich das eine, verschlimmere ich das andere, verbessere ich die Situation in der anderen Hinsicht, so verschlechtert sie sich in der einen Hinsicht.

Wenn zwei Probleme einander widersprechen, so gibt es nur wenige Abhilfen:

Man kann die einander widersprechenden Teilprobleme «balancieren». Das heißt: man schließt Kompromisse. Man verzichtet auf die optimale Lösung beider Probleme und löst beide nur in mittelmäßiger Weise.

Man kann auf die Lösung des einen Problems gänzlich verzichten und nur das jeweils andere lösen.

Ziele widersprechen sich nicht einfach so, sondern weil die entsprechenden Variablen in einem System so miteinander verknüpft sind, daß die eine die andere (und die andere die eine) negativ beeinflussen. Eine dritte Möglichkeit, Zielkonflikte zu beseitigen, besteht in der Umgestaltung des ganzen Systems, und zwar so, daß diese negativen Abhängigkeiten innerhalb des Systems verschwinden. Solche Tendenzen findet man häufig bei politischen Überlegungen und Planungsprozessen. Wenn sich bei der Realisierung dieser oder jener politischen Idee schließlich der erwünschte Erfolg nicht einstellt, wenn zum Beispiel die großzügige Realisierung bürgerlicher Freiheiten zu Verantwortungslosigkeit und Egoismus führt statt zu dem angestrebten «mündigen Bürger», wenn die Entfernung der Anreize persönlichen Profitstrebens aus einer Gesellschaft zu Lethargie und Lustlosigkeit führt statt zur «allseitig entwickelten, sozialistischen Persönlichkeit», so liegt es nahe, die «Unreife» des Menschen dafür verantwortlich zu machen. Und ist man erst einmal so weit, so liegt es nahe, den «neuen» Menschen zu fordern, mit dem dann alles viel besser geht. (Man lese, was Koch 1988, S. 234, über den «neuen Menschen» als Lösung aller Probleme schreibt.)

Nun zu den *impliziten* Problemen. Wie wir oben schon ausgeführt haben, sind diese deshalb gefährlich, weil sie im Augenblick keine sind. Sie tauchen erst bei der Lösung von anderen Problemen auf, da sie mit den gelösten Problemen negativ korreliert sind. DDT, heute für viele ein ökologischer Fluch, wurde bei seiner Entwicklung als Segen begrüßt. Endlich ein wirksames Mittel gegen die Vernichtung eines großen Teils der Ernte, insbesondere in der Dritten Welt! Endlich ein wirksames Mittel gegen den

Hunger! Die durch die Verwendung von DDT neu erzeugten Probleme wurden erst allmählich sichtbar.

Man löste im Falle von DDT das eine Problem, und dann tauchten neue auf, welche durch die Problemlösung erst erzeugt wurden. Woran liegt es, daß man die neuen Probleme nicht vorausgesehen hat? Man könnte versucht sein, die Antwort zu geben: «Man hatte eben damals das entsprechende Wissen noch nicht!» Ich glaube, daß das mangelnde Wissen eine Sekundärsache ist. Wesentlicher scheint mir zu sein, daß man sich gar nicht um das entsprechende Wissen bemüht hat. Warum hätte man das auch tun sollen? Zu dem Zeitpunkt, da man sich mit dem einen Problem beschäftigt, denkt man eben an dieses eine Problem und nicht an Probleme, die im Moment gar keine sind. Es ist also nicht ein Problem des Unwissens, sondern ein Problem des Nicht-wissen-Wollens. Nicht-wissen-Wollen nicht aus Boshaftigkeit oder Egoismus heraus, sondern wegen der Einschränkung des Denkens auf das im Moment akute Problem.

Wie vermeidet man das? Einfach dadurch, daß man immer dann, wenn man die Lösung eines Problems in Angriff nimmt, auch an diejenigen Merkmale der Situation denkt, die man *beibehalten* möchte. Einfach? Dies scheint wieder eine derjenigen Forderungen zu sein, die man leicht aufstellen kann und die sehr einleuchtend klingen, wenn man sie vernimmt, die aber schwer zu erfüllen sind.

«Die Anhänger der Entwicklung haben oft eine zu geringe Meinung von Bestehendem!» meinte der älter gewordene Bert Brecht («Meti». Prosa. Werkausgabe 18/525 f).

Wenn man antritt, um irgend etwas zu verändern, dann wird man nur in geringem Maße das betrachten, was man beibehalten sollte. Eine Analyse des Beizubehaltenden ist aber die einzige Chance, implizite Probleme explizit zu machen und so zu verhindern, daß die Lösung des einen Problems zur Folge hat, daß drei neue dafür auftreten. (Es braucht nicht bei dreien zu bleiben. Herakles kämpfte mit der neunköpfigen Hydra, deren todschnaubende Häupter zudem noch in doppelter Anzahl nachwuchsen!)

Nun haben wir Ziele und ihre Eigenschaften und die Anforderungen des Umgangs mit Zielen betrachtet. In den nächsten Abschnitten wollen wir einige Beispiele dafür betrachten, was Leute beim Umgang mit Zielen tatsächlich tun.

Globale Ziele und «Reparaturdienstverhalten»

Das Ziel, welches wir unseren Lohhausener «Bürgermeistern» vorgegeben hatten, war, für das «Wohlergehen der Einwohner» zu sorgen. Dieses Ziel ist für die Handlungsregulation ganz unbrauchbar! Wieso unbrauchbar? Nun: Was heißt «Wohlergehen»? Ziemlich viel und ziemlich viel Verschiedenes und deshalb zunächst überhaupt nichts. Wohlergehen ist ein «Komplexziel», so wie im letzten Abschnitt besprochen. Wohlergehen bedeutet mindestens die Sicherung der materiellen Basis, also genügend Nahrungsmittel – außerdem eine zufriedenstellende Wohnsituation. Dies setzt natürlich genügend Arbeitsmöglichkeiten voraus. Darüber hinaus sind zum Beispiel Fürsorge im Krankheitsfall, Schutz vor Kriminalität, ein breitgefächertes kulturelles Angebot auch noch Komponenten von «Wohlergehen».

Ehe man darangehen kann, für das «Wohlergehen» zu sorgen, muß man die Komponenten des «Wohlergehens» so gut wie möglich identifizieren. Man sollte das unklare Ziel «Wohlergehen» in seine Komponenten zerlegen und sich diese und ihre Zusammenhänge so gut wie möglich vor Augen führen. Und hier liegt für viele offensichtlich die erste Schwierigkeit. Sie führen keine Dekomposition des Komplexziels durch! Sie machen sich nicht klar, daß «Wohlergehen» ein Komplexbegriff ist, der viele verschiedene Komponenten und ihre Bezüge zueinander zusammenfaßt.

Sie nehmen das Ziel «Wohlergehen der Einwohner» und beginnen zu handeln. Besser gesagt: sie wursteln los. Die Nichtaufteilung eines Komplexzieles in Teilziele aber führt fast notwendigerweise zu einem Verhalten, welches man «Reparaturdienstverhalten» nennen könnte. Da die «Bürgermeister» über eine klare Vorstellung dessen, was mit «Wohlergehen» eigentlich gemeint ist, nicht verfügen, wird nach Mißständen *gesucht*. Und die Beseitigung irgendeines gefundenen Mißstandes wird zum aktuellen Ziel.

In dem Lohhausen-Spiel stellte sich zum Beispiel einer der «Bürgermeister» vor einem Supermarkt auf und befragte die einkaufenden Hausfrauen nach ihren Klagen über die öffentlichen Zustände in Lohhausen. Bei einem solchen Verfahren kommt natürlich immer etwas heraus. Die eine Hausfrau beklagte sich über zu viel Hundekot auf den Straßen, die andere über die saumselige Behandlung in einer Behörde, die dritte findet die Altersheimversorgung in Lohhausen unzureichend, die vierte meint, daß man mehr für die Stadtbibliothek tun müßte...

Richtet sich ein «Bürgermeister» nach einer solchen zufällig erhobenen Mängelliste, so entsteht die große Gefahr, daß relativ unwichtige Teilprobleme viel zuviel Gewicht bekommen und die eigentlich wichtigen Probleme entweder überhaupt nicht entdeckt oder falsch gewichtet werden. Es ergibt sich das «Reparaturdienstverhalten»: Man löst eben die Probleme, die gerade anstehen. Dies wird in der Regel dann der Fall sein, wenn bestimmte Mißstände besonders sinnfällig sind, also gewissermaßen «laut schreien». Bei einem Verkehrsunfall sind beispielsweise die Leiden der Leichtverletzten manchmal viel deutlicher als die Leiden der schwer Geschädigten, denn diese schreien nicht mehr und sind daher nicht in der Lage, auf ihre Lage aufmerksam zu machen. So wird denjenigen geholfen, die wenig Hilfe brauchen, und nicht denjenigen, die eigentlich Hilfe benötigen. So ähnlich ist es oft mit den Teilproblemen einer schwierigen Situation.

Die Sequenz «mangelnde Komponentenanalyse» → «Reparaturdienstverhalten» hat ihre Logik. Was soll man in einer unklaren Situation auch sonst tun, wenn man gar nicht genau weiß, was man eigentlich will?

Das Reparaturdienstverhalten kann einmal dazu führen, daß man die *falschen* Probleme löst. Da man die Beziehung der Probleme untereinander nicht kennt (und noch nicht einmal weiß, daß man sie nicht kennt!) und schon gar nicht den Bezug der Teilprobleme zu dem ja unklar verbleibenden Gesamtproblem «Sorge für das Wohlergehen», wird die Auswahl der zu lösenden Probleme nach anderen Kriterien geschehen. Solche Kriterien können etwa sein: die *Sinnfälligkeit* des Mißstandes oder die *Kompetenz* zur Lösung des jeweiligen Problems. Das heißt: man wird diejenigen Probleme auswählen, die irgendwie besonders auffällig erscheinen, oder diejenigen, für die man zufällig Lösungsmethoden zur Hand hat.

Eine unserer Lohhausen-Versuchspersonen wurde zum Beispiel in einer Versuchssitzung unmittelbar mit den Lohnforderungen von Angehörigen der Stadtverwaltung konfrontiert. An sich war das nicht das wichtigste Problem in der Lohhausen-Situation, aber die Verbindung der materiellen Sorgen einer Bevölkerungsgruppe mit deren Nähe als Stadtbedienstete zum «Bürgermeister» brachte die Versuchsperson dazu, alles sonst liegenzulassen, um sich mit den vergleichsweise geringfügigen Problemen dieser Gruppe zu beschäftigen. Das ist ein Beispiel für Schwerpunktbildung nach Sinnfälligkeit.

Eine andere Versuchsperson mit gewissen beruflichen Erfahrungen in der Heimarbeit und der Sozialfürsorge nahm bei der Sichtung der Lohhausener Verhältnisse (fast, möchte man sagen: aufatmend!) zur Kenntnis, daß viele Schüler Schulschwierigkeiten hätten. Hier wußte sie Bescheid! Sie wußte, was man fragen müßte und was man veranlassen könnte. Und so nahm sie andere Probleme gar nicht mehr zur Kenntnis, sondern beschäftigte sich nur noch intensiv mit den Schulproblemen, dann mit den Schulproblemen einer bestimmten Klasse und schließlich mit einer spezifischen Person, dem vierzehnjährigen Peter. – Das ist ein Beispiel für die Wahl eines Problems nach Maßgabe der Verfügbarkeit über die Methoden. Man löst nicht die Probleme, die man lösen soll, sondern die, die man lösen kann.

Eine weitere Folge des Reparaturdienstverhaltens kann sein, daß Mängel und Mißstände, die im Augenblick noch gar keine sind, sondern sich erst entwickeln können, gänzlich unentdeckt bleiben. Handelt man nach einer mehr oder minder zufällig erhobenen Mängelliste, so bleibt man notwendigerweise der Gegenwart verhaftet. Die «impliziten» Probleme, die die Lösung der heute anstehenden Probleme morgen gebären kann, bleiben unsichtbar.

Weiterhin bleiben unsichtbar die Probleme, die sich erst langsam entwickeln und nur in winzigen Indizien andeuten. Beim Umgang mit einem dynamischen System muß man aber auch die Zukunft in die Planung einbeziehen, sonst wird man von den dann plötzlich auflaufenden Problemen überrascht. Auch dies wieder ein Satz, der sich leicht dahinschreibt und trivial klingt. Wir werden aber auf die geringen Fähigkeiten und Neigungen von Menschen, mit Zeit umzugehen, in diesem Buch noch öfter stoßen. Ein gutes Beispiel für die Tendenz, die kleinen Anfänge wichtiger Entwicklungen zu übersehen, ist die Geschichte der Aids-Epidemie. Wir kommen darauf im Abschnitt «Seerosen, Reiskörner und Aids» zurück.

Eine unklar bleibende Zielsituation, eine, die nicht in

konkretere Teilziele zerlegt wird, birgt neben dem soeben skizzierten, meist wohl ineffektiven Handeln nach dem Reparaturdienstprinzip und seinen Implikationen die Gefahr in sich, daß das einmal gewählte Ziel sich mit der Zeit verselbständigt. Erinnern wir uns an jenen Tanaland-Diktator, der emsig bemüht war, die Nehutusteppe zu bewässern. Wie kann es dazu gekommen sein? Denkbar ist folgende Genese: Irgendwann klagt einmal irgendein Einwohner von Tanaland über zuwenig Regen, und unsere Versuchsperson beginnt damit, Abhilfe zu schaffen. Nun ist der Aufbau eines komplizierten Bewässerungssystems sicherlich eine *anfordernde* Aufgabe. Sie hat ihre Schwierigkeiten in sich. Und wenn man sich erst einmal hineinbegeben hat in die Lösung einer solchen Aufgabe, so entwickelt sie ihre eigene Dynamik. Die menschliche Seele ist so konstruiert, daß sie Anforderungen *an sich* unter bestimmten Umständen reizvoll findet. Jeder Spielsalon beweist, daß Menschen dafür, daß ihnen Anforderungen gestellt werden, sogar bereit sind, Geld auszugeben. Allerdings müssen die Anforderungen bestimmte Bedingungen erfüllen. Es darf der Erfolg weder zu gewiß, noch zu ungewiß sein. Wenn der Erfolg zu gewiß ist, macht die ganze Geschichte keinen Spaß. Und wenn der Erfolg überhaupt nicht eintritt, so ist das Ganze zu frustrierend. Situationen aber, die ungefähr eine mittlere Erfolgsrate haben, werden von Menschen als sehr spannend und sehr interessant empfunden: sie beschäftigen sich gern lange und intensiv mit solchen Aufgaben. Wenn nun der Bau eines Bewässerungssystems dadurch gekennzeichnet ist, daß man auf dem Wege zur vollständigen Lösung des Problems manchmal Erfolge, manchmal Mißerfolge hat, so wird diese Aufgabe ihr eigenes Gewicht bekommen. Der eigentliche Zweck der Aufgabe, nämlich für eine bessere Bewässerung der Weideflächen zu sorgen, kann hinter dem Anreizwert, den die Aufgabe in sich hat, völlig zurücktreten, ja völlig in Vergessenheit geraten.

Der amerikanische Forscher Mihaly Csikszentmihalyi von der Universität Chicago (1985) beschrieb die fesselnde Wirkung einer Aufgabe, die immer neue Anforderungen eines mittleren Schwierigkeitsgrads stellt, als «Flow-Erlebnis». Chirurgen, Schachspieler, Bergsteiger, Segelflieger und viele andere Personen, die eine einerseits schwierige, andererseits aber auch erfolgreiche Tätigkeit ausüben, sind prädestiniert dafür, in eine solche Flow-Situation hineinzugeraten. Eine Flow-Situation besteht aus einer Folge von Spannungserzeugung und -lösung, von Furcht vor Mißerfolg, Triumph über die Umstände und erneuter Furcht vor möglichem Versagen – darauf wieder folgendem Triumph usw. Fast jeder Mensch kennt solche «Flow-Erlebnisse». Die mangelnde Konkretisierung und Elaborierung eines Ziels können dazu führen, daß ein zufällig gefundenes Ziel den Problemlöser in eine solche Flow-Situation hineindrängt, aus der er dann nicht mehr herausfindet (oder vielleicht auch gar nicht mehr herausfinden will).

Im Bereich der Wissenschaft, in dem das Kriterium der unmittelbaren Brauchbarkeit von Ergebnissen als Kriterium für Erfolg oder Mißerfolg oftmals nicht vorhanden ist (und nicht vorhanden sein darf), spielen solche «Zielentartungen» eine nicht geringe Rolle. Nicht wenige Wissenschaftler, die zunächst einmal nur ein Computerprogramm für die Auswertung eines Experiments schreiben wollten, fanden sich nach Jahren als inzwischen wohlausgebildete Informatiker und Computerspezialisten wieder. Und ihnen wurde (außer in sehr stillen Stunden) wohl kaum noch klar, daß sie ihr eigentliches Ziel längst aus dem Auge verloren haben und von der Faszination, den Schwierigkeiten und den Triumphen des Umgangs mit dem Computer völlig gefangengenommen worden sind. Ein *Zwischen*ziel ist zum *End*ziel entartet. Der zum Programmierer entartete Sozialwissenschaftler ist nur *ein* Beispiel für Zielentartung. In den Wissenschaften findet man viele andere Formen: Zettelkastenfanatiker, Apparatefexe, Methodizisten.

Horkheimer (nach Zihlmann 1980) meint diesen Entartungsprozeß, wenn er schreibt: «Die Wissenschaftler huldigen einem ‹Konkretismus› bei einer Art von Verstand, den an der Uhr die Räder interessieren und nicht die Zeit, die sie mißt. Alle werden sozusagen zu Mechanikern. In der Theorie hängen sie ihre ganze Liebe an das, womit man als einem Zweifellosen schalten kann, sie wähnen ihre Sicherheit in dem zu finden, was ihnen absolut gewiß dünkt und womit man vor jeder Widerlegung geschützt ist. Sie verlieben sich in säuberliche Mittel, Methoden, Techniken und schätzen krankhaft gering, oder vergessen, was sie sich nicht mehr zutrauen und was doch im Grunde jeder sich einmal von Erkenntnis versprochen hat.»

Horkheimer vergißt auch nicht, einige Hypothesen über die Bedingungen solcher Zielentartungen beizutragen: nämlich die Suche nach *Sicherheit* und das mangelnde Zutrauen in die eigenen Fähigkeiten («was sie sich nicht mehr zutrauen»). Beide Faktoren können natürlich miteinander verbunden sein: es sucht derjenige besonders nach Sicherheit, der sich nichts mehr zutraut.

In Abb. 18 haben wir die verschiedenen Erscheinungen, die mit der mangelnden Ausarbeitung eines zu globalen Zieles zusammenhängen können, noch einmal zusammengefaßt, um ihre Logik zu verdeutlichen. Die mangelnde Dekomposition eines Komplexzieles führt zunächst zu Unsicherheit! Man weiß «irgendwie» gar nicht, was man eigentlich soll. Daher begibt man sich dann auf die Suche nach Problemen. Hat man welche gefunden, so steht als nächstes die Überlegung an, welches der Probleme man denn nun als erstes angehen sollte? Man muß Schwerpunkte bilden. Hat man für die Schwerpunktbildung keine Kriterien, die sich auf die Struktur des Systems beziehen, so wählt man eben die auffälligsten. Oder die, für die man Lösungsmethoden kennt!

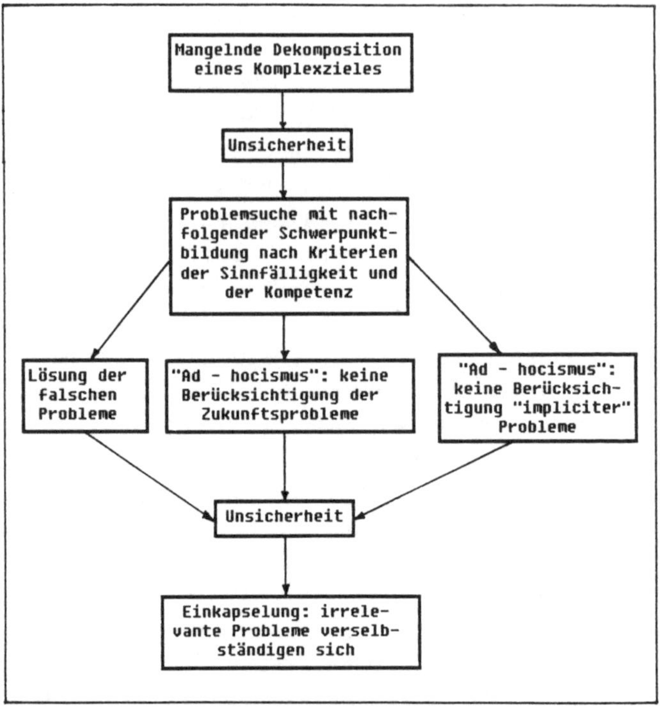

Abb. 18: Folgen mangelnder Zielkonkretisierung

Das führt dann fast notwendigerweise zur Lösung der falschen Probleme und auf jeden Fall zum «Ad-hocismus»; zum Lösen nur der gegenwärtig vorhandenen Probleme.

Das wiederum merkt man; die Unsicherheit verstärkt sich. Wie rettet man sich daraus? Indem man sich in einem Problembereich einkapselt; möglichst in einem solchen, der einerseits Anforderungen stellt und andererseits Erfolgserlebnisse bietet.

So könnten die Folgen aussehen, die sich aus einer mangelnden Dekomposition von Komplexzielen ergeben.

Was kann der Grund für eine mangelnde Zielausarbeitung sein, die ja das Auslösemoment für alles folgende ist? Wir möchten annehmen, daß die mangelnde Kenntnis der Realität, also ein fehlendes oder zu grobes oder ungenaues Realitätsmodell *eine* Voraussetzung für die mangelnde Zielausarbeitung darstellt. Denn ein genaues und spezifisches Realitätsmodell impliziert ein Wissen über die möglichen Zusammenhänge innerhalb eines Realitätsausschnitts. Damit weiß man, welche Variablen vorkommen und welche nicht. Und man weiß, was im Moment wichtig ist und was in Zukunft wichtig werden kann.

Würde man einem Fernsehspezialisten den Auftrag geben, den «Makrokontraktor» eines Fernsehapparates schärfer einzustellen, so würde er einen vermutlich dumm angucken. Denn ein solches Bauteil kennt er nicht. (Nebenbei: ich kenne es auch nicht, und ich hoffe, daß es so etwas nicht doch gibt!) Jemandem aber, der von Fernsehgeräten keine Ahnung hat, mag man durchaus weismachen können, daß sein Apparat nicht gut funktioniert, weil der «Makrokontraktor» falsch eingestellt ist. – Wenn man nun auf einen kreativen Fernsehtechniker stößt, der außerdem über Grundkenntnisse der Komponenten von Fremdwörtern verfügt, so mag dieser auf die Idee kommen, daß mit «Makrokontraktor» vielleicht das Steuersystem der Braunschen Röhre gemeint sein könnte. Er wird versuchen, den ihm unbekannten Begriff auf die ihm bekannten Bauteile eines Fernsehapparats zu beziehen. Gelingt ihm dies, so weiß er, was er zu tun hat. Gelingt es ihm nicht, so wird er nicht zögern, den Auftrag als unsinnig abzulehnen.

Unser Lohhausener Bürgermeister versäumte genau diese Beziehungsstiftung zwischen dem Begriff «Wohlergehen» und den Komponenten des Systems «Lohhausen». Mangelnde Zielausarbeitung führt zu einem Verhalten nach dem Reparaturdienstprinzip. Dieses impliziert einerseits die Gefahr, die falschen Probleme zu lösen, und andererseits die wohl unausweichliche Folge, daß Langfristprobleme übersehen werden. Die Folge des Reparaturdienstverhaltens kann die Verselbständigung und Entartung eines Teil– oder Zwischenzieles sein. Die Bedingungen hierfür sind vor allem das mangelnde Zutrauen in die eigene Fähigkeit zum Handeln (deshalb zieht man sich in jeweils gut beherrschte Ecken des Handlungsbereiches zurück) und die Suche nach Sicherheit (die sich aus dem geringen Zutrauen in die eigenen Fähigkeiten ergeben mag).

Für jeden, der in einem komplexen, dynamischen System handelt, ist es notwendig, sich zumindest vorläufige Vorstellungen über die Teilziele, die er anstreben möchte, zu machen. Denn das gibt ihm Klarheit darüber, was er wann zu tun hat. Es ist sicherlich nicht sinnvoll, in großem Umfang Finanzen für die Verbesserung des Freizeitangebots auszugeben, wenn zum Beispiel die Gesundheitsfürsorge im argen liegt. Reparaturdienstverhalten, wie es oben skizziert wurde, wird aber genau diesen Fehler machen. Das Aufgreifen von irgendwelchen sinnfälligen oder erledigbaren Mißständen wird zu einem ungezielten Verhalten führen, welches mal mit diesem Mißstand, mal mit jenem kämpft.

Nachdem wir soviel *gegen* das «Reparaturdienstverhalten» gesagt haben, zum Schluß dieses Abschnittes noch ein paar Worte *dafür*: Als Ultima ratio ist nämlich ein Reparaturdienstverhalten sicherlich nicht gänzlich unvernünftig; ehe man überhaupt nichts tut, ist es besser, sich um die Mißstände zu kümmern, die sinnfällig sind. Der amerikanische Wirtschaftswissenschaftler Lindblom propagiert sogar ein solches «muddling-through» für viele Situationen (s. Lindblom 1964). Auch wenn Popper (1958) für eine «pragmatische» Politik spricht, die sich nicht an hehren Idealen orientiert, sondern an den Notwendigkeiten der Situation, propagiert er eine Art Reparaturdienstverhalten. Wichtig ist hier die richtige Lagebeurteilung:

Wenn man Ziele in möglichst konkreter Weise aufstellen kann, so soll man es tun, wenn aber nicht, so ist Durchwursteln immer noch besser als Nichtstun.

Am besten wäre es aber, wenn man wirklich über eine klare Einsicht in die augenblickliche Wichtigkeit verschiedener Komponenten des «Wohlergehens» verfügen würde, um auf diese Art und Weise im richtigen Moment die richtigen Teilziele aufzugreifen – und um im richtigen Moment auch in der Lage zu sein, von einem Ziel auf das andere überzugehen, also Schwerpunkte zu wechseln. Denn so wichtig zum Beispiel die Gesundheitsfürsorge ist, so ist es doch vermutlich übertrieben, in jedem Haus eine Unfallrettungsstation einzurichten. Von einem gewissen Ausmaß der Realisierung der Gesundheitsfürsorge an sollte man dazu übergehen, sich anderen Zielen zuzuwenden.

Freiheit, Gleichheit, Brüderlichkeit und die «freiwillige Wehrpflicht»

In einer komplexen Situation ist es fast immer notwendig, sich nicht nur um ein Merkmal der Situation zu kümmern, also *ein* Ziel anzustreben, sondern man muß *viele* Ziele *gleichzeitig* verfolgen. Wenn man aber mit einem komplizierten, vernetzten System umgeht, so sind die Teilziele kaum je ganz unabhängig voneinander. Es ist vielmehr oft der Fall, daß Teilziele in einem kontradiktorischen Verhältnis zueinander stehen.

Betrachten wir die Trabantenstadt einer Großstadt, in der die Einwohner über die «schlechten Wohnverhältnisse» klagen. Eine Analyse könnte zutage fördern, daß einerseits eine schlechte Verkehrsanbindung zur City besteht, andererseits schlechte Einkaufsmöglichkeiten. Die Verbesserung der Verkehrsanbindung an die City wäre hier ein mögliches Teilzeil; die Verbesserung der lokalen Einkaufsmöglichkeiten ein anderes. Beide Ziele sind aber nicht unabhängig voneinander zu behandeln. Verbessert man die Verkehrssituation, so werden die Einwohner der Trabantenstadt es unter Umständen vorziehen, direkt in der City einzukaufen, wo das Angebot eben doch reichhaltiger ist als in der Trabantenstadt. Dies wiederum führt zu Geschäftsaufgaben und Pleiten des lokalen Einzelhandels. Die Erreichung des einen Teilziels gefährdet also das andere. Bleibt aber die miserable Verkehrssituation bestehen, so wird vielen Bewohnern der Trabantenstadt gar nichts anderes übrigbleiben, als am Wohnort auch einzukaufen. Dies wiederum wird gewöhnlich zu einer Verbesserung der Einkaufssituation führen: Es werden sich mehr Geschäfte ansiedeln.

In einer solchen Situation muß man abwägen. Unter Umständen muß man auf das eine Teilziel ganz verzichten, weil das andere wichtiger ist. Auf jeden Fall muß man überlegen, in welchem Ausmaß man das eine Teilziel realisieren soll und in welchem das andere.

Widersprüchliche Teilziele sind wohl in komplizierten Situationen die Regel. In ökonomischen Systemen besteht sehr oft ein kontradiktorisches Verhältnis zwischen Nutzen und Kosten. Eine Sache, die nicht viel kostet, nützt auch nicht viel; und will man einen großen Nutzen erreichen, so muß man viel investieren. Da betriebswirtschaftlich gewöhnlich ein Teilziel «Kostenminimierung» und ein anderes «Nutzenmaximierung» existiert, haben wir hier sicherlich einen Zielkonflikt. Dieser ist aber noch relativ harmlos, da er gewöhnlich erkannt wird. Gefährlicher sind Situationen, in denen das kontradiktorische Verhältnis von Teilzielen nicht offen zutage tritt. Für die meisten Menschen, die naiv an eine Planungsaufgabe herangehen, wird zum Beispiel das kontradiktorische Verhältnis der beiden Teilziele «bessere Verkehrsanbindung» und «bessere Einkaufsmöglichkeiten» gar nicht unmittelbar sichtbar sein. Genausowenig war es wohl den Zeitgenossen der Französischen Revolution klar, daß die beiden Teilziele «Freiheit» und «Gleichheit» nur schwer miteinander in Einklang zu bringen sind.

Wenn man unter «Freiheit» ganz einfach einen Zustand versteht, in dem sehr wenige äußere Zwänge für das Handeln des einzelnen existieren, und wenn man unter «Gleichheit» das Recht auf den gleichen Zugang zu den materiellen und nichtmateriellen Ressourcen einer Gesellschaft versteht, dann wird «Freiheit» sehr schnell zu großer Ungleichheit führen, da es denjenigen, die aus irgendwelchen Gründen für bestimmte Handlungen besser ausgerüstet sind als andere, also etwa intelligenter sind, besser gelingen wird, sich den entsprechenden Zugang zu verschaffen, während anderen das schlechter gelingt. Mehr Freiheit wird also einerseits zu mehr Ungleichheit führen, andererseits zur Freiheit der Wenigen und zur Unfreiheit der Vielen.

Andersherum wird der Versuch, ein hohes Maß an Gleichheit in einem politischen System zu realisieren, dazu führen, daß ein hohes Maß an Behinderungen etabliert werden muß. Und das wiederum ist nicht Freiheit.

Schwierig zu bewältigen sind Zielkonflikte vor allem dann, wenn eines der konfligierenden Ziele ein «implizites» ist, also als Ziel gar nicht bewußt ist. Um auf unser Trabantenstadt-Beispiel zurückzugreifen: wenn zum Beispiel ein sehr gutes Einkaufsangebot innerhalb der Trabantenstadt besteht, so wird niemand sich über die Einkaufssituation beklagen, weil niemand darunter leidet. Wenn nun aber zugleich eine schlechte Verkehrsanbindung zur City existiert, so werden im Hinblick darauf Klagen laut werden. Und dann baut man die besseren Verkehrsverbindungen, und die befriedigende Einkaufssituation hört auf zu existieren.

Es gibt bei Menschen als Regulationsprinzip für das Handeln das Prinzip des «Übergewichts» des jeweilig aktuellen Motivs: Man leidet unter den Mißständen, die man hat, nicht unter denjenigen, die man nicht hat. Jemand, der starke Kopfschmerzen hat und davon gequält wird, wird vermutlich gern zu einem Mittel greifen, welches die Kopfschmerzen beseitigt, selbst wenn als Nebenwirkungen Bauchschmerzen angekündigt werden. Die Kopfschmerzen sind real, die Bauchschmerzen abstrakte Zukunft – und werden vermutlich, solange sie nicht vorhanden sind, gern in Kauf genommen werden. Wenn sie aber einmal da sind, wird sich alles umkehren. Um die quälenden Bauchschmerzen loszuwerden, wird man bald zu einem Mittel greifen, welches eben diese beseitigt, aber Kopfschmerzen produziert.

Ich erinnere mich in diesem Zusammenhang an eine Diskussion innerhalb der Fachschaft Psychologie der Christian-Albrechts-Universität Kiel irgendwann im Jahre 1969, in der, wie damals üblich, eine massive Vermehrung der Universitätsstellen und eine Erhöhung der Studentenzahlen in Psychologie gefordert wurden. Die (sehr schüchtern) von einem Kommilitonen vorgebrachte Frage, ob es denn auch sicher sei, daß für all die neuen Diplompsychologen dann auch Arbeitsplätze vorhanden seien, wurde mit der lauten Zurechtweisung beantwortet, daß das keine Frage sei. Zunächst einmal gehe es um die Schaffung von Studienplätzen; die Frage nach dem Bedarf an ausgebildeten Psychologen sei keine; darum brauche man sich nicht zu kümmern! Es komme darauf an, jedem die Möglichkeit zu verschaffen, das zu studieren, was er will!

Nun existierte damals keine Psychologen-Arbeitslosigkeit. Etwa zehn Jahre später erlebte ich wiederum auf einer studentischen Vollversammlung die massive Forderung, der Lehrkörper der Universität möge sich doch gefälligst darum kümmern, daß für die Diplomanden in Psychologie auch Stellen geschaffen würden. Irgendwo und irgendwie, auf alle Fälle Arbeitsstellen. Inzwischen gab es nämlich eine relativ starke Psychologen-Arbeitslosigkeit. Nun litt man keineswegs an dem Mißstand von zu wenigen Studienplätzen, zu geringen Möglichkeiten, Praktika abzuleisten, zu kleinen Hörsälen für zu viele Studenten, sondern eher daran, daß die großen Mengen produzierter Diplompsychologen nicht die entsprechenden Arbeitsmöglichkeiten finden.

Nicht erkannte kontradiktorische Verhältnisse zwischen Teilzielen führen zu einem Handeln, welches notwendigerweise das eine Problem durch das andere ersetzt. Es ergibt sich ein Zwickmühlenzustand. Man löst Problem X, erzeugt dadurch Problem Y. – Und wenn nur die Zeiten zwischen den einzelnen Problemlösungen lang genug sind, so daß man vergessen kann, daß das zweite Problem ein Produkt der ersten Problemlösung war, wie im Falle der Diplompsychologen-Arbeitslosigkeit, so wird sicherlich jemand kommen, der für die jeweils aktuellen Probleme die alten Lösungen vorschlägt, ohne daß ihm noch bewußt ist, daß dies Probleme erzeugen wird, die genauso gewichtig sind wie die, die beseitigt worden sind.

Dasselbe wird geschehen, wenn die jeweiligen Probleme so bedrängend sind, daß man *alles* tun würde, um sie loszuwerden. Auch daraus kann sich ein Dauerzustand ergeben, der aus einem Hin- und Herkippen zwischen zwei Problemzuständen besteht. Diese Zwickmühle macht die Bekämpfung von Suchtzuständen so schwer. Im Katerzustand schwört der Säufer: «Nie mehr!» Am Abend wird dann das Bedürfnis nach Alkohol so groß, daß er doch wieder trinkt; am nächsten Morgen...

Wenn Menschen solche Zwickmühlen erkennen, gibt es verschiedene Möglichkeiten, wie sie damit umgehen. Eine Möglichkeit ist die *Zielinversion*. Man gibt ein Teilziel ganz auf oder strebt sogar das Gegenteil des ursprünglich angestrebten Zustandes an. Ein markantes Beispiel dafür findet man im Tanaland-Experiment. Nachdem eine Versuchsperson zunächst einmal die materiellen Verhältnisse und das Ausmaß an medizinischer Versorgung in Tanaland entschieden verbessert hatte, traten Hungersnöte auf. Dies war auf die in Abbildung 3 gezeigte «Katastrophenfalle» zurückzuführen: die materiellen Verhältnisse hatten sich annähernd linear verbessert, die Bevölkerungszahl hatte begonnen, exponentiell zu steigen.

Zugleich waren die hungernden Bewohner von Tanaland stark mit der Arbeit an allen möglichen Projekten belastet, mußten Dämme bauen, Bewässerungskanäle ausheben usw. Reaktion der Versuchsperson auf den Bericht über die schwierige Nahrungssituation: «Die müssen halt den Gürtel enger schnallen und für ihre Enkel leiden!» Das von der Versuchsperson selbst produzierte Jammertal wurde als notwendige Durchgangsphase auf dem Wege zur zukünftigen Glückseligkeit deklariert.

Eine andere Versuchsperson ging in dieser Hinsicht noch etwas weiter: In die gleiche Katastrophenfalle geraten, kommentierte sie eine Hungersnot folgendermaßen: «Da sterben ja wohl hauptsächlich die Alten und Schwachen. Das ist gut für die Bevölkerungsstruktur!» – Hier wurde die Hungersnot also nicht nur zur notwendigen Durchgangsphase deklariert, sondern zu einem geradezu wünschenswerten Mittel zur Verbesserung der Bevölkerungsstruktur «umfunktioniert».

Wird einem die Gegensätzlichkeit der angestrebten oder erreichten Teilziele bewußt, so gibt es auch noch eine andere Möglichkeit, damit fertig zu werden, außer der Zielinversion. Man kann die Gegensätze «begrifflich integrieren», oder – etwas weniger vornehm ausgedrückt – die Gegensätze verbal zukleistern.

In einem unserer Planspiele mußten Teams von je drei Versuchspersonen die Innen- und Außenpolitik von drei Ländern – einem großen, rohstoffreichen Entwicklungsland und zwei kleineren, industriereichen, aber rohstoffarmen Staaten bestimmen. Jeweils eine Person in jedem

Team spielte die Rolle des Staatspräsidenten oder eine äquivalente Rolle. Ein zweiter spielte die Rolle eines Vertreters der «Leitungskader» oder der «Unternehmer» (je nach Staatsform), ein dritter die Rolle des «Arbeitnehmervertreters» oder des Vertreters des «einfachen Volkes».

Die drei Teams «spielten» ihre Rolle vor dem Hintergrund einer «Welt», in der die industriellen Verhältnisse, die demographischen Strukturen, die klimatischen und ökologischen Verhältnisse durch den Computer simuliert wurden.

In einem dieser Versuche kam eine Versuchsperson in eine Lage, in der sie sich zum einen außenpolitisch bedroht fühlte und zum anderen mit den Problemen einer großen Arbeitslosigkeit fertig werden mußte. Das Mittel, welches ihr zur Lösung beider Probleme einfiel, war: «Ich führe eine allgemeine Wehrpflicht ein!»

In dem Moment, in dem dieser Einfall kam, fiel der Versuchsperson jedoch auch ein, daß sie noch wenige Stunden vorher ihren Mitregierenden laut verkündet hatte, daß man möglichst nichts zur Stärkung des Militärs tun dürfe, schon gar nicht zwangsweise. Damit war der Zielkonflikt da. Was tat die Versuchsperson? Sie führte die *freiwillige* Wehr*pflicht* ein, mit dem Kommentar: «Das müssen die einsehen!» (Der Vorfall wurde mir von einem der seinerzeitigen Versuchsleiter, Tim Tisdale, berichtet.)

Die Motivation, die hinter solchen verbalen Zusammenführungen des Unvereinbaren stehen mag, scheint mir klar: Man will das eine, ohne das andere lassen zu wollen. Und *verbal* paßt ja auch beides zusammen. Vielleicht merkt man bei der Formulierung auch gar nicht mehr, daß es sich um Unvereinbares handelt.

Solche Verbalintegrationen des Unvereinbaren können, das sei nebenbei angemerkt, auf die Dauer dazu führen, daß sich die Bedeutung der Begriffe verändert. Wir wollen einmal kurz am Beispiel der «freiwilligen Wehrpflicht» vorführen, wie so etwas gehen kann; die Suche nach historischen oder aktuellen Parallelen überlassen wir dem Leser. Wer nicht einsehen will, daß er sich der «freiwilligen Wehrpflicht» zu beugen hat, der hat eben den richtigen Begriff von Freiwilligkeit nicht. «Wahre» Freiwilligkeit kann natürlich nur auf dem Boden der grundlegenden Einsicht in die Notwendigkeit der Wehrpflicht gedeihen. Wer diese Einsicht nicht hat, hat auch gar nicht die Grundlage zur freiwilligen Entscheidung und muß zunächst einmal gezwungen werden. – So kann man Begriffen, wie hier dem Begriff «Freiwilligkeit», ihre ursprüngliche Bedeutung mit der Zeit gänzlich nehmen, ja sogar in ihr Gegenteil verkehren. Man lese dazu George Orwells Roman «Neunzehnhundertvierundachtzig» mit seiner bitteren Satire auf «New Speak».

Eine andere Form der Bewältigung von Zielkonflikten ist vielleicht noch gefährlicher. Sie besteht darin, daß man eine «Verschwörungstheorie» entwickelt. Nicht man selbst hat erzeugt, was schiefgegangen ist, sondern jemand anders (der Böses wollte). Den Ansatz dazu sieht man bereits in dem Beispiel, welches in der Einleitung geschildert wurde. Der Physiker, der dem Volkswirt nach der Katastrophe vorwarf, für den Bau der Tiefwasserbrunnen verantwortlich gewesen zu sein, hatte die Macht im Hintergrund, die sein Bemühen um positive Verhältnisse torpediert hatte, schnell bei der Hand. Es war sein Simulationsspielkollege, der Volkswirt. Nun wurde diesem nicht böser Willen, wohl aber Uneinsichtigkeit vorgeworfen. In anderen Fällen kann das anders aussehen. In unseren Simulationsspielen liegt es nahe, den experimentellen Hintergrund oder den Programmierer für das Desaster verantwortlich zu machen: «Ihr habt das ja alles so gestaltet, daß niemand mit der Aufgabe fertig werden kann. Ihr wollt ja nur untersuchen, wie lange ich mich hier von euch frustrieren lasse!» Solche und ähnliche Reaktionen bekommt man bei Mißerfolg nicht selten zu hören.

Eine Versuchsperson in dem Lohhausen-Experiment, die politisch links eingestellt war, wollte in dem Simulationsspiel sozialistische Verhältnisse einführen. Zu diesem Zwecke führte sie in der städtischen Uhrenfabrik von Lohhausen zunächst einmal eine Arbeiterselbstverwaltung ein und feuerte das gesamte Management. Diese ziemlich abrupte und massive Umstellung führte zunächst einmal zu einem ökonomischen Einbruch. Diesen konnte sich die Versuchsperson gar nicht erklären und führte ihn prompt auf den «bösen Willen» und die «Sabotagetätigkeit» der Arbeiter (!) zurück. Sie meinte dann, alles würde besser, wenn man jeden Arbeiter, der bei der Sabotage ertappt würde, sofort erschießen könnte. (Derlei Maßnahmen hatten wir allerdings in dem Simulationsspiel nicht vorgesehen.)

Später charakterisierte die Versuchsperson ihren Einfall mit der Dezimierung der Arbeiterschaft als «makabren Gag». Immerhin sind hier die Ähnlichkeiten zu realen Vorgängen so deutlich, daß man den psychischen Mechanismen, die zu solchen Einfällen führen, recht genau nachgehen sollte.

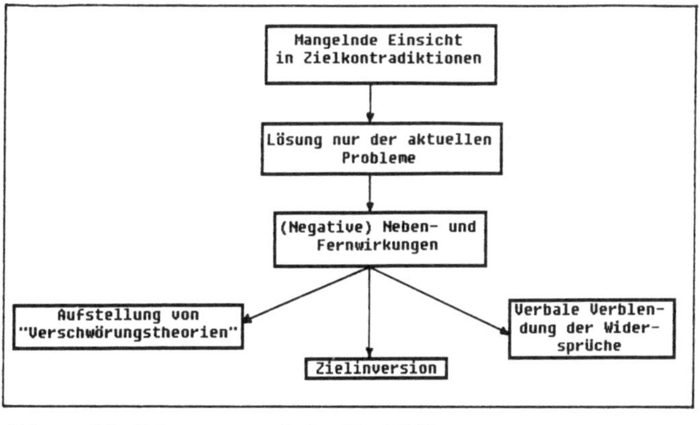

Abb. 19: Die Folgen mangelnder Einsicht in Zielkontradiktionen

Meines Erachtens spielt hier der Selbstschutz, der Schutz der eigenen Kompetenzmeinung, eine zentrale Rolle. Es ist schwer, sich selbst einzugestehen, daß man es selbst war, der mehr oder minder indirekt die negativen Folgen erzeugt hat, und zwar mit den besten Absichten. Daß man mit den besten Absichten handelnd schlimme Folgen produzieren kann, bedeutet ja, daß man nur über ungenügende Einsichten in die herrschenden Verhältnisse verfügt. Ungenügende Einsichten bedeuten nun auch geringe Handlungsfähigkeit und müßten mit der Einsicht einhergehen, daß man nur wenig tun kann und sehr vorsichtig agieren muß. Dieser Einsicht und den damit verbundenen Schuldgefühlen verschließt man sich gern – und so kommt es zu solchen Verschwörungstheorien.

Abb. 19 faßt die Ergebnisse dieses Abschnitts noch einmal zusammen: Uneinsicht in die (implizit) vorhandenen Zielkontradiktionen führt zu einem Handeln, welches einerseits positive Wirkungen, andererseits – kurz- oder langfristig – auch negative Wirkungen erzeugt. Aber damit kann man fertig werden: Die Zielinversion macht aus dem Ungewünschten das Gewünschte, die verbale Verblendung der Widersprüche vereinigt das Unvereinbare, und die Aufstellung einer Verschwörungstheorie macht aus dem Effekt eigenen Tuns ein Verschulden fremder Mächte!

5. Information und Modelle

Realität, Modelle und Information

Der Gartenteich stinkt! Also: Fische herausfangen, Wasser ablassen. Der Bodengrund stinkt auch! Also: Bodengrund ausheben und mit der Schubkarre wegfahren. Neuen Kies in den Bodengrund, Wasserpflanzen wieder einsetzen, Teich mit Wasser füllen, Fische wieder einsetzen. Bilanz: Ein harter Arbeitstag und zwei tote Fische. Der Teich stinkt nicht mehr!

Zwei Monate später: Der Gartenteich stinkt!...

Die soeben skizzierte Handlungs- und Ereignissequenz war auf die Beseitigung eines Mißstandes gerichtet. Aber eben *nur* darauf! Deshalb blieb das Handeln letztlich erfolglos und in der Bilanz negativ. All die Mühe und Arbeit haben nichts gebracht! Woran lag das? Nun: Der üble Geruch des Teiches rührte einfach daher, daß der Teich – mehr tief als breit – sein Wasser in nicht genügendem Maße umwälzte. Darum wurden die tieferen Wasserschichten des Teiches nur ungenügend mit Sauerstoff versorgt; im Teichgrund vermehrten sich anaerobe, übelriechende Bakterien. Die richtige Maßnahme wäre gewesen, den Teich mit einer kleinen Pumpe zu versehen, die für eine Wasserumwälzung sorgt.

Man darf nicht nur die Mißstände beachten, die man beseitigen will, sondern man sollte schon im Falle eines übelriechenden Gartenteiches die verschiedenen Komponenten, aus denen eben dieser Gartenteich besteht, mitberücksichtigen und zusätzlich auch ganz besonders die Art und Weise, wie diese Komponenten zusammenhängen. Man sollte den Teich als ein «Wirkungsgefüge» oder als «System» ansehen. Das Wasser des Teiches hat Einfluß auf die Fische, die Fische beeinflussen mit ihren Exkrementen den Zustand des Teichgrundes, dessen Zustand wiederum für die Wasserpflanzen wichtig ist. Die Wasserpflanzen beeinflussen den Sauerstoffgehalt des Wassers. Das Ausmaß und die Verteilung des Sauerstoffes im Wasser determiniert sowohl den Zustand der Fauna des Teichgrundes wie auch das Wohlergehen der Fische.

Eigentlich ziemlich klar! Fast trivial und selbstverständlich?

Leider keineswegs! Wenn man die Geschichte der Technisierung und Industrialisierung betrachtet oder die Entwicklungshilfe, die Stadt- und Regionalplanung, so wird einem jeder, der die Geschichte eines der genannten Gebiete etwas überschaut, sofort zahlreiche Beispiele dafür nennen können, in denen der «Systemcharakter» des jeweiligen Systems keineswegs berücksichtigt wurde.

In Ägypten gibt es zuwenig elektrische Energie, also baut man den Assuan-Staudamm, um Energie zu gewinnen. Mit dem Strom hat man Energie, kann Industrien ansiedeln und damit Arbeitsplätze schaffen. Was sonst?

Daß der Bau des Assuan-Staudamms alle möglichen Nebenwirkungen hat, sieht man zunächst nicht. Der Nil unterhalb des Damms führt keinen Schlamm mehr mit sich und überschwemmt die Felder nicht mehr. Damit fällt die Düngung aus, und man braucht mehr Kunstdünger. Das erhöht die landwirtschaftlichen Produktionskosten und verschlimmert die Verschmutzung der Gewässer. Das klare Wasser unterhalb des Damms beschleunigt die Ufererosion. Außerdem trägt es weniger Nährstoffe mit sich. Damit fehlen wiederum Nahrungsstoffe für die Sardinen vor dem Nildelta; es gibt weniger Sardinen (s. Vester 1976, S. 12).

All das war nicht beachtet worden bei der Bauplanung. Solche Beispiele kann man beliebig vermehren; wir wollen das aber hier nicht tun; darüber ist genügend geschrieben worden (s. Gruhl 1975, Global 2000, Vester 1976, 1980 und viele andere).

Was ist ein System? Im einfachsten Fall ist ein System ein Geflecht von miteinander verknüpften Variablen. Abb. 20 zeigt ein Beispiel. Man sieht hier die Abhängigkeitsbeziehungen, die zwischen den einzelnen Variablen eines Gartenteiches bestehen können. Die mit «+» gekennzeichneten Pfeile kennzeichnen «positive» Wirkbeziehungen, die man als «je mehr... desto mehr... und je weniger... desto weniger...»-Beziehungen interpretieren kann. Die mit «−» gekennzeichneten Beziehungen sind «je mehr... desto weniger... und je weniger... desto mehr...»-Beziehungen. Die in Kreisen endenden Beziehungen indizieren «Begrenzungen»; die entsprechende Variable kann nur so weit wachsen, wie es der Größe der Einflußvariablen entspricht. Im einzelnen wollen wir dieses System nicht betrachten; die Abb. 20 macht aber unmittelbar klar, daß man im Grunde nichts in diesem System beeinflussen kann, ohne nicht alles andere auch zu beeinflussen.

Es ist gewöhnlich vernünftig, bei der Behandlung eines Mißstandes nicht nur diesen selbst zu betrachten, sondern zusätzlich das System, in welches er eingebettet ist. Sonst gerät man leicht in die Gefahr, nur die Symptome zu kurieren und nicht die eigentlichen Wurzeln des Übels. Auch gerät man in die Gefahr, unangenehme Neben- und Fernwirkungen der eigenen Eingriffe zu übersehen und infolgedessen durch bestimmte Maßnahmen auf die Dauer mehr Schaden als Nutzen zu stiften.

Ein System ist eine Menge von Variablen, die durch ein Netzwerk von kausalen Abhängigkeiten miteinander verbunden sind. Die Variablen eines Systems können auch von sich selbst abhängig sein. Die Population der Fische

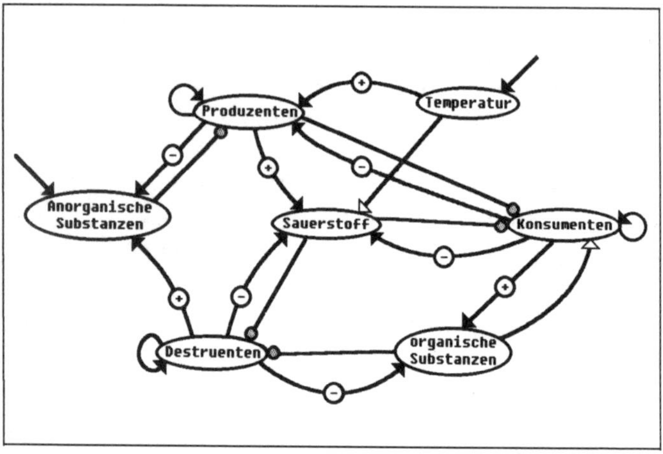

Abb. 20: Ein Teich als System (nach Rosenfeld 1988). Man sieht die positiven und negativen Abhängigkeiten der einzelnen Systemvariablen, Abhängigkeiten von Variablen außerhalb des Systems, Begrenzungen

in einem Gartenteich beispielsweise ist über die Geburten- und über die Sterberaten von sich selbst abhängig.

Die Betrachtung eines Mißstandes als eingebettet in ein System erlaubt das Erkennen von positiven Rückkopplungen, negativen Rückkopplungen, «Abpufferungen», «kritischen» Variablen, «Indikatorvariablen».

Positive Rückkopplungen in einem System sind Beziehungen, in denen eine Variable sich direkt oder indirekt selbst so beeinflußt, daß ihre Vergrößerung zu ihrer weiteren Vergrößerung führt und ihre Verkleinerung zur weiteren Verkleinerung. Tier- und Pflanzenpopulationen sind in einem gewissen Ausmaß positiv rückgekoppelt: Je größer eine Population ist, in desto größerem Umfang vermehrt sie sich. Positive Rückkopplungen sind gewöhnlich gefährlich für die Stabilität eines Systems. Ein System mit vielen positiven Rückkopplungen gerät leicht «aus den Fugen».

Eine Variable mit *negativer Rückkopplung* hat die Tendenz, einen bestimmten Zustand aufrechtzuerhalten. Sie befindet sich in einem «stabilen» Gleichgewicht und tendiert dazu, ihren Gleichgewichtszustand nach Störungen wieder anzunehmen. In einem ökologischen System sind «Räuber-Beute-Beziehungen» zwischen zwei Tierpopulationen negativ rückgekoppelt. Das Anwachsen der Beute-Population führt zu einem Anwachsen der Räuber-Population; dies führt wiederum zu einer Senkung der Beute-Population.

Die Senkung der Beute-Population führt wiederum zu einer Senkung der Räuber-Population; diese Zusammenhänge können so austariert sein, daß Räuber- und Beute-Populationen sich auf eine weitgehend stabile Mittellage einpendeln.

In der Technik sind negativ rückgekoppelte Systeme häufig, wenn man an stabilen Zuständen interessiert ist, zum Beispiel an der stabilen Kühle des Kühlschrankes oder an der stabilen Wärme der Zimmertemperatur. Kühlschränke und Heizungsthermostate sind technische Beispiele für negative Rückkopplungen.

Negativ rückgekoppelte Variablen «puffern» ein System; es verträgt eine ganze Menge an Eingriffen, ohne daß es aus den Fugen gerät. Solche Pufferungen sind aber in natürlichen Systemen gewöhnlich nur in begrenztem Umfang möglich. Die Rückkopplungen verbrauchen Material oder Energie, und aus diesem Grunde können sie bei der Erschöpfung des einen oder des anderen zusammenbrechen. Dies ist beispielsweise der Fall bei einem Brunnen: Entnimmt man einem Brunnen Wasser, so strömt aus der Umgebung Wasser in den Brunnen nach. Der Wasserstand im Brunnen erscheint stabil. Auf diese Weise kann der Eindruck entstehen, daß es sich bei der Variablen – in diesem Falle also dem Brunnenwasserstand – um eine «unerschöpfliche» Ressource handelt. Irgendwann aber wird das Grundwasser erschöpft sein, und es wird kein

Wasser mehr nachströmen können. Ist dieser Zustand einmal erreicht, so ist das System vielleicht auf lange Zeit oder auf ewige Zeiten zerstört. Genau diese «Falle» machte den beiden in der «Einleitung» beschriebenen Versuchspersonen – und vielen anderen Versuchspersonen – beim Umgang mit dem «Moro»-System das Leben schwer.

«Kritische» Variablen eines Systems sind solche Variablen, die mit vielen anderen Variablen des Systems in Verbindung stehen, und zwar zum einen dadurch, daß sie von vielen Variablen beeinflußt werden, und zum anderen dadurch, daß sie ihrerseits viele Variablen beeinflussen. (Wir übernehmen den Ausdruck «kritische» Variable von Vester [1976, S. 61], der allerdings von «kritischen Elementen» spricht.)

«Kritische Variablen» sind die zentralen Variablen eines Systems; beeinflußt man sie, so beeinflußt man in hohem Maße den Zustand des gesamten Systems.

«Indikatorvariablen» sind solche Variablen, die von vielen anderen Variablen des Systems abhängen, selbst aber das System nur in geringem Maße beeinflussen. Sie sind wichtig, wenn man den Zustand eines Systems feststellen möchte, da sie den Gesamtzustand des Systems anzeigen.

Es ist ganz offensichtlich, daß es von großem Vorteil ist, einen Mißstand nicht isoliert zu betrachten, sondern eingebettet in sein System, also eingebettet in das Gefüge von positiven oder negativen Rückkopplungen, Abpufferungen; eingebettet in die Abhängigkeiten von kritischen Variablen und eingebettet in ein System von Indikatorvariablen, die unter Umständen schon frühzeitig Gefahren für den Gleichgewichtszustand erkennen lassen.

Kennt man das System, in welches eine Variable eingebettet ist, so weiß man auch, welche Informationen man sammeln muß, um die Basis für das eigene Handeln zu schaffen.

Nun ist es nicht nur wichtig, die kausalen Beziehungen zu kennen, die zwischen den einzelnen Variablen eines Systems herrschen. Darüber hinaus sind noch andere Wissensbestände notwendig oder nützlich: Es kann zum Beispiel wichtig sein zu wissen, in welche Oberbegriffs-Unterbegriffshierarchien eine bestimmte Variable eingebettet ist. Und schließlich kann es wichtig sein, zu wissen, zu welcher Teil-Ganzes-Hierarchie eine bestimmte Variable gehört, von welcher «Ganzheit» sie ein Teil ist und aus welchen Teilen sie wiederum besteht.

Die Wichtigkeit solcher Wissensbestände demonstriert folgendes Beispiel: Eine Versuchsperson in dem Lohhausen-Experiment sah sich vor die Notwendigkeit gestellt, etwas für die Produktion in der städtischen Uhrenfabrik zu tun. Sie hatte nun (es handelte sich um eine Germanistikstudentin) keinerlei Ahnung von Uhrenproduktion und stand zunächst etwas hilflos vor dem Problem, diese zu erhöhen. Sie wußte gar nicht so recht, wo sie dies Problem anpacken sollte. Dann jedoch fiel ihr ein: «Moment! – Uhrenfabrikation ist doch eine Art von Produktion. – Ich produziere auch Dinge; zum Beispiel drehe ich meine Zigaretten selbst! Was mach ich denn da? – Ich brauche Rohmaterial, nämlich Zigarettenpapierchen und Tabak, außerdem brauche ich noch Spucke. – Die Rohmaterialien werden in einer bestimmten Reihenfolge – also nach einem bestimmten Plan – zusammengefügt und dazu braucht man Energie – nicht viel im Falle der Selbstgedrehten –, aber das kann unter anderen Umständen ja anders sein! – Also besteht ein Produktionsprozeß aus der Umwandlung von Rohstoffen unter Energieaufwand nach einem bestimmten Plan in ein Fertigprodukt! – Also: Welches sind die Rohstoffe der Uhrenfabrikation? Nach welchem Plan werden sie bearbeitet und zusammengefügt? Welches sind die Fähigkeiten, die die Hersteller der Uhren haben müssen? Und welche Energie wird hier in welchem Umfang benötigt?» –

Die *Analogisierung* der Uhrenfabrikation mit dem Zigarettendrehen erzeugte bei der Versuchsperson ein Schema der Uhrenfabrikation. Sie gewann so den Hintergrund für weitere Fragen über den Fabrikationsprozeß von Uhren und gewann auf diese Weise schnell einen Überblick über den Bereich, mit dem sie umgehen sollte.

Eine solche Analogisierung ist nur durch eine abstrakte Betrachtung möglich. Man muß erkennen, daß Uhrenfabrikation eben eine Spezialform eines Produktionsprozesses ist. Dieser ist ein Syntheseprozeß, in welchem verschiedene Materialien nach einem Plan unter Energieaufwand zusammengeführt werden.

A posteriori mag eine solche Analogisierung sehr primitiv und ganz selbstverständlich erscheinen; viele Versuchspersonen kommen aber auf Derartiges nicht und verharren hilflos in der konkreten Situation. Die Voraussetzung für den Übergang von der Uhrenfabrikation zum Zigarettendrehen – und damit die Voraussetzung für die Gewinnung eines Ausgangspunktes zum Fragenstellen – ist die abstrakte Betrachtung der Uhrenfabrikation als Produktionsprozeß. Für eine solche abstrakte Betrachtung sind die Konkret-Abstrakt-Einbettungen, also die Unterbegriff-Oberbegriffsbeziehungen wichtig. Sie geben an, auf welche Art und Weise man aus dem einen Bereich in den anderen Bereich übergehen kann.

Weiß man nichts anderes über Wölfe, als daß Wölfe Raubtiere sind, und weiß man viel über Katzen, unter anderem auch, daß auch Katzen Raubtiere sind, so hat man eine Quelle für die Aufstellung von Hypothesen über Wölfe. Diese Quelle mag Sinn («Wölfe fangen Mäuse!») und Unsinn («Wölfe verharren lange regungslos vor Mauselöchern!») produzieren, aber falsche Hypothesen kann man korrigieren; daher sind selbst falsche Hypothesen Wurzeln für richtiges Wissen und besser als gar keine Hypothesen.

Auch das Wissen über die *Bestandteile* eines Sachverhalts kann wichtige Einblicke in die Struktur eines Systems ermöglichen. Die Betrachtung der verschiedenen «Komponenten», aus denen ein Fisch zusammengesetzt ist, enthüllt seine Beziehungen zu seiner Umgebung. Er hat ein Atmungssystem, also braucht er Sauerstoff. Diesen Sauerstoff kann er nur aus dem Wasser gewinnen. – Der Fisch hat ein Verdauungssystem, also scheidet er Exkremente ab. Was geschieht mit diesen Exkrementen im Wasser und auf dem Grunde des Teiches? Die Beantwortung dieser Frage kann Einblicke bieten in die Beziehungen, die zwischen den Lebewesen eines Teiches und dem Wasser, dem Teichrand und dem Bodengrund herrschen. Die unbekannten Beziehungen zwischen den Variablen eines Systems sind oft ermittelbar, wenn man sich nach den Bestandteilen eines Systemelements fragt und sich überlegt, in welcher Beziehung diese Bestandteile wiederum zu der Umgebung stehen.

Betrachtet man ein System nicht mehr auf der Ebene seiner zunächst sinnfälligen Elemente, sondern auf der Ebene der Bestandteile dieser Elemente, so erhöht man den *Auflösungsgrad* der Betrachtung. Dies kann man prinzipiell bis zur atomaren oder bis zur subatomaren Stufe vorantreiben. Es stellt sich die Frage nach dem *richtigen* Auflösungsgrad.

Soll man einen Gartenteich betrachten als bestehend aus einzelnen Tieren, einzelnen Goldfischen, einzelnen Gelbrandkäfern, einzelnen Seerosen...? Oder soll man ihn betrachten als bestehend aus Tierpopulationen («Konsumenten» in Abb. 20), Pflanzenpopulationen («Produzenten» in Abb. 20), Wasser und Bodengrund? Oder soll man einen Gartenteich betrachten als zusammengesetzt aus der Menge des im Wasser gelösten Sauerstoffes, den Nährstoffen im Wasser, dem Atmungssystem und dem Verdauungssystem der Fische? Oder soll man ihn als eine «Wolke» von Elementarteilchen ansehen?

Die Frage nach dem richtigen Auflösungsgrad läßt sich

nicht unbedingt a priori beantworten. Es kann sein, daß man während des Umgangs mit einem System den Auflösungsgrad wechseln muß. Generell ist der Auflösungsgrad so zu wählen, daß man die Abhängigkeiten der jeweiligen «Zielvariable», also derjenigen Variablen, die man beeinflussen will, klarmacht. Die Komponenten, aus denen diese Beziehungen im einzelnen bestehen, braucht man nicht genau zu kennen. Was heißt das?

Will man die Radstellung eines Autos beeinflussen, so muß man wissen, in welcher Weise der Lenkradeinschlag mit dem Radeinschlag zusammenhängt. Daß diese kausale Beziehung in Wirklichkeit über eine ganze Menge von Zwischengliedern verläuft und keineswegs der Lenkradeinschlag unmittelbar den Radeinschlag beeinflußt, braucht man zumindest so lange, wie das ganze System intakt ist, nicht zu wissen. Für das Autofahren wäre eine entsprechende Betrachtung ein zu hoher Auflösungsgrad: Wissensballast. Keineswegs ein zu hoher Auflösungsgrad wäre die Unterscheidung der verschiedenen Komponenten eines Lenksystems für den Kraftfahrzeugmechaniker. Auch für diesen aber wäre die Betrachtung der Kristallgitterstruktur des Stahls der Lenksäule ein zu hoher Auflösungsgrad.

Folgende Komponenten gehören also zur Kenntnis, die jemand haben sollte, der mit dem entsprechenden System handelnd umgehen möchte:

1. Der Handelnde muß wissen, von welchen anderen Variablen die Zielvariable, die er beeinflussen möchte, kausal abhängt. Er braucht also eine Kenntnis des Systems in der Form eines «Wirkungsgefüges», also eines Gefüges der kausalen Abhängigkeiten der Variablen des Systems.
2. Der Handelnde muß wissen, in welcher Art und Weise die einzelnen Bestandteile eines Systems in Oberbegriffs/Unterbegriffshierarchien eingebettet sind. Dies

muß er wissen, um gegebenenfalls die unbekannte Struktur des Systems durch Analogieschlüsse ergänzen zu können.

3. Der Handelnde muß wissen, in welche Bestandteile die Elemente eines Systems zerlegbar sind und in welche Ganzheiten sie gegebenenfalls eingebettet sind. Dies muß er wissen, um Hypothesen über bislang unbekannte Beziehungen zwischen den Variablen eines Systems aufstellen zu können.

Wie kommt man an Wissen über die Struktur eines Systems? Eine wichtige Methode ist der Analogieschluß, auf den wir schon eingegangen sind. Eine andere Methode, vermutlich die üblichere, ist die Beobachtung des Verlaufs der Werte von Variablen in der Zeit. Wenn man in einem bestimmten Ökotop beobachten kann, daß zunächst die Tierpopulation A anwächst, gefolgt von einem Anwachsen der Tierpopulation B, und wenn man dann beobachten kann, daß die Population A abnimmt und in der Folge auch die Population B, dann kann man vermuten, daß die Tiere vom Typ B sich von den Tieren vom Typ A ernähren und beide Populationen ein «Räuber-Beute-System» bilden.

Die Beobachtung von (unter Umständen zeitlich versetzten) Kovariationen ist eine Methode des Erwerbs von Strukturwissen und besteht aus der einfachen Sammlung von Daten und ihrer Integration über die Zeit. Dies macht den Umgang mit Zeitabläufen so wichtig! Im Kapitel «Zeitabläufe» werden wir daher darauf besonders eingehen.

Daten muß man natürlich auch noch aus anderen Gründen sammeln als nur, um Strukturwissen über ein System zu erwerben. Selbst wenn man eine vollständige Kenntnis der Struktur eines Systems hat, braucht man Daten über den gegenwärtigen Zustand eines Systems. Man braucht sie zur Prognose, und man braucht sie, um die

Wirkungen von Eingriffen in das System abschätzen zu können. Die Sammlung von Information über den jeweiligen Systemzustand ist also zum einen wichtig, um Wissen über die Systemstruktur zu erwerben, zum anderen ist sie wichtig, um den künftigen Zustand des Systems voraussagen zu können und um abschätzen zu können, welche Wirkungen Eingriffe haben werden; sie ist also wichtig für das Planen von Maßnahmen.

Um die Bildung von Modellen und um Informationssammlung geht es in diesem Kapitel. Wir werden zunächst in dem Abschnitt «Eins nach dem anderen!» die Notwendigkeit der Modellbildung demonstrieren. In dem Abschnitt «Juden, Jesuiten und Freimaurer...» werden wir auf eine bestimmte Form der Modellbildung eingehen. Der Abschnitt «Primzahlen und Fremdenverkehr oder Moltke und der Waldbrand» betrifft den generalisierenden Umgang mit Daten, dessen Notwendigkeit und Grenzen. Der Abschnitt «Von des Gedankens Blässe angekränkelt...» betrifft bestimmte Tendenzen zur exzessiven Informationssammlung und zur Verweigerung der Informationsaufnahme.

«Eins nach dem anderen!»

Kehren wir einmal zum Anfang dieses Buches zurück! In der Einleitung war die Rede von den beiden akademischen Herrn, die die Moros in ernsthafte Schwierigkeiten brachten. Abb. 21 zeigt das Land der Moros. Den Moros ging es – so war es beschrieben worden – nicht besonders gut. Sie litten an vielerlei Krankheiten, die Säuglingssterblichkeit war hoch, die Rinder unterernährt, und außerdem leiden sie an der durch die Tsetsefliege übertragenen Rinderschlafkrankheit. Die Moros müssen hart arbeiten. Die Rinder müssen versorgt werden, Hirse muß ausgesät und das Unkraut auf den Hirsefeldern gehackt werden, die

Hirse muß geerntet und gemahlen werden, es muß Holz und getrockneter Rinderdung als Brennmaterial gesammelt werden. Ein hartes und eintöniges Leben!

Mit dem System, welches das Land der Moros in der Sahelzone simuliert, haben wir eine große Menge an Untersuchungen gemacht. Die Ergebnisse gehen meist in mehr oder minder ausgeprägter Weise in *eine* Richtung. Die Versuchspersonen beginnen oft mit dem Kampf gegen die Tsetsefliege. Dies führt dazu, daß die Rinder sich vermehren. Dies wiederum führt dazu, daß der auch zu Anfang schon recht beachtliche Wassermangel im Lande der Moros sich verstärkt, genauso wie das Ausmaß der Klagen der Moros über denselben. Die meisten Versuchspersonen gehen aus diesem Grunde spätestens jetzt daran, durch das Bohren von Brunnen dem Wassermangel abzuhelfen. (Vielleicht war die Reihenfolge auch umgekehrt, und die Versuchsperson hat zuerst die Brunnen

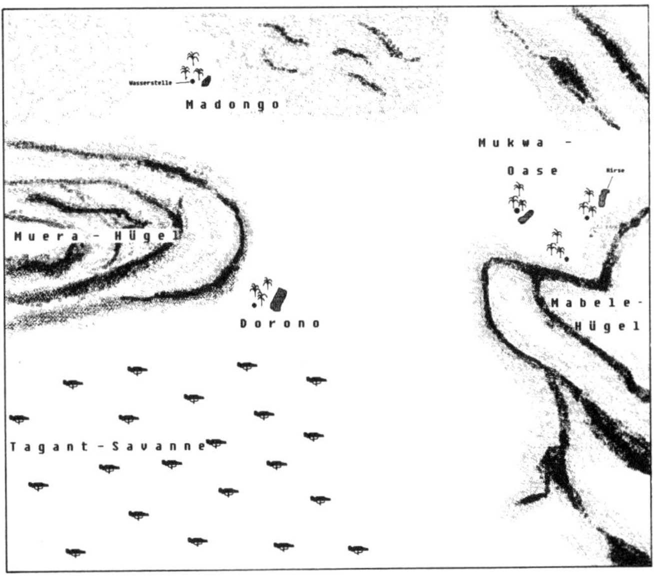

Abb. 21: Das Land der Moros

bohren lassen, um dann, als das erwartete Wachstum der Rinderherden ausblieb, die Tsetsefliege zu bekämpfen.)

Mitunter werden die Brunnen zusätzlich mit Pumpen versehen, um die Fördermenge zu vergrößern. Das hilft dem Wassermangel ab; die Rinder haben genügend Wasser, die Vegetationsfläche wächst an, die Äcker können besser bewässert werden, es wächst mehr Hirse. So ist das Problem der Nahrungsversorgung gelöst, man kann sogar mit Gewinn Rinder und Hirse verkaufen und auf diese Art und Weise die eingesetzten Geldmittel zurückholen; meist kann man sogar dazuverdienen. Es hat sich rentiert!

So ist es spätestens jetzt auch an der Zeit, den Moros selbst etwas von dem erwirtschafteten Segen zugute kommen zu lassen. Das erste, woran die meisten Versuchspersonen denken, ist die medizinische Versorgung. Man kann die Moros in Hygienemaßnahmen ausbilden, und man kann auch, so man das Geld hat, eine Art von fliegendem Doktordienst einrichten, der in Notfällen schnell helfen kann. Ein Krankenhaus wäre ein bißchen zuviel für die Moros – eine opulente Sanitätsstation aber, mit entsprechendem Personal, erscheint nicht unangebracht! Bald sieht man die Folgen: die Moros sterben nun nicht mehr an kleinen Infektionen, an Wundstarrkrampf, an Schlangenbissen. Die Säuglingssterblichkeit sinkt gewaltig ab, und die gesamte Lebenserwartung steigt. Das wirkt sich natürlich aus: die Bevölkerung wird deutlich größer. In einem gewissen Umfang ist das wünschenswert – die Regierung hätte gern mehr Menschen in den dünn besiedelten Grenzregionen, aber allzu viele sollen es auch nicht werden! Bald wird es den Versuchspersonen mulmig bei der zu beobachtenden Bevölkerungsexplosion, und sie versuchen gegenzuhalten. Dies gelingt nur langsam, da die Moros von ihren alten Gewohnheiten nur schwer abzubringen sind und nur mit Mühe von der

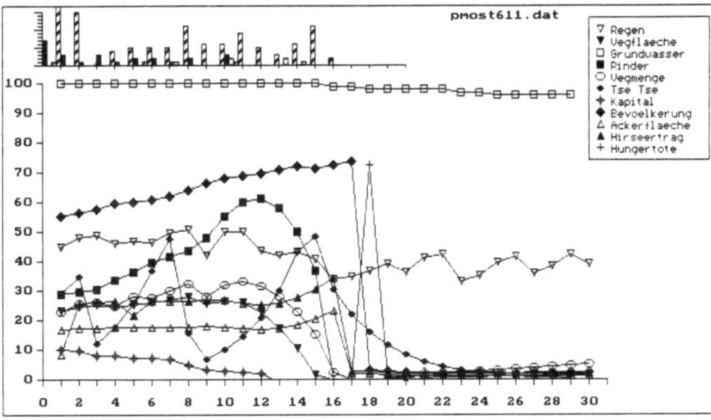

Abb. 22: Beispiel für eine «Rinderkatastrophe»

Notwendigkeit von geburtenverhütenden Maßnahmen überzeugt werden können, vor allem, da sie ja gar nicht einsehen, daß das alles notwendig ist: Es geht ihnen doch gut! Immerhin: diese Maßnahmen greifen in einem gewissen Umfang; die Bevölkerung steigt nicht mehr ganz so stark an wie vorher. Für die Fortsetzung der Geschichte gibt es nun eine Reihe von Möglichkeiten, die letzten Endes aber fast immer auf das gleiche hinauslaufen:

1. Die «*Rinderkatastrophe*»: Die Anzahl der Rinder steigt immer mehr; schließlich übersteigt die Anzahl von Rindern die Zahl, die auf der vorhandenen Vegetationsfläche ernährt werden kann. Auch der Bau weiterer Brunnen hilft jetzt nichts mehr; Felsen kann man bewässern, solange man will; es wächst darauf kein Gras. Die hungernden Rinder fressen nun nicht mehr nur das Gras, sondern sie reißen zusätzlich die Wurzeln aus dem Boden. Dies führt zu massiven ökologischen Schäden; die Vegetationsfläche vermindert sich – und zwar sehr schnell und «positiv» rückgekoppelt. Denn je geringer die Vegetationsfläche wird, um so größer der Hunger der verbleibenden Rinderherden und um so größer die ökologischen Schäden an der Grasnarbe.

Auf den in einem solchen Fall richtigen, aber rabiaten und auf den ersten Blick «übertrieben» wirkenden Eingriff, fast die gesamte Rinderherde zu schlachten oder zu verkaufen, um auf diese Art und Weise die Vegetationsfläche zu retten, kommt in einer solchen Situation kaum eine Versuchsperson; eine solche Maßnahme erscheint so lange übertrieben und unangemessen brutal, wie sie noch nützen würde.

So verschwinden nach dem Gras die Rinder, die Moros leiden Hunger und müssen durch Zukauf von Lebensmitteln von außen ernährt werden. Da man mit den Rindern auch einen der beiden Exportartikel verliert, geht das natürlich ins Geld, und wenn man nun keine Hilfe von außen bekommt, ist die Hungerkatastrophe gewiß!

Abb. 22 zeigt eine solche Katastrophe für die Versuchsperson mit dem Codenamen pmost611. Man sieht hier, daß die Rinderzahl (schwarze Quadrate) wesentlich ansteigt, ohne daß die Vegetationsfläche (auf der Spitze stehende, schwarze Dreiecke) mitansteigt. Im Jahre 12 ist der Wendepunkt erreicht, Rinder und Grasfläche verschwinden beide, «positiv rückgekoppelt». Die geringe Ackerfläche reicht bei weitem für die Ernährung der Moros nicht aus, und so gibt es im Jahre 18 eine Hungersnot, der praktisch die gesamte Bevölkerung zum Opfer fällt.

Die kleinen Säulen am oberen Bildrand zeigen das Eingriffs- und Frageverhalten der Versuchspersonen. Zu jedem «Jahr» gehören vier Säulen. Die erste zeigt die Anzahl der «technologischen Eingriffe» (z. B. Brunnenbohren); die zweite die Anzahl der «ökonomischen Eingriffe» (z. B. Ankauf und Verkauf); die dritte die Anzahl der Eingriffe, die die Bevölkerung betreffen (z. B. medizinische Versorgung); die vierte die Anzahl der Fragen.

Man muß bei dem Ergebnis bedenken, daß *ohne* die wohlgemeinten Eingriffe der Versuchsperson die Moros zwar mit einem niedrigen Lebensstandard, aber doch ohne Hungersnöte lange in der Region hätten leben können!

Nebenbei: Wenn der Leser Simulations«spiele» mit (zum Glück nur elektronischen) Hungertoten frivol finden sollte, so mag er bedenken, daß die Realität in der Sahelzone und in Äthiopien bei weitem «frivoler» ist. Da sind nämlich die Opfer der entsprechenden Maßnahmen real! (Man lese den Artikel des «Hamburger Abendblatts» in der Einleitung auf Seite 12 noch einmal, um sich das vor Augen zu führen!)

Würde man Versuchspersonen lediglich mit den abstrakt-mathematischen Strukturen konfrontieren, die solchen Simulationsprogrammen natürlich zugrunde liegen, so würden sie bestimmte Verhaltensweisen, die an die semantischen Einkleidungen der Variablen gebunden sind, auch nicht zeigen. Bei der Versuchsperson pmosc606 der Abb. 24 lag die Verweigerung von Bekämpfungsmaßnahmen gegen die Tsetsefliege und die fehlende Bereitschaft, Brunnen zu bohren, in ihrer «Ideologie» begründet, auf keinen Fall etwas zu tun, was die «Ökologie» der Region der Moros beeinträchtigen könnte. Bei einem abstrakten mathematischen System hätte die Versuchsperson solche Skrupel nicht gehabt! Daß ihre «proökologischen» Intentionen «antiökologische» Folgen hatten, hat der Versuchsperson auch zu denken gegeben; ein Mißerfolg in einer abstrakt-mathematischen Aufgabe hätte allenfalls den Effekt gehabt, daß sich die Versuchsperson auf ihre geringe mathematische Begabung oder sonst irgend etwas besonnen hätte.

2. Die *Grundwasserkatastrophe:* Es gibt durchaus Versuchspersonen, die mit den Rindern vorsichtig umgehen und die Rinderherde auf einem Bestand halten, der der Vegetationsfläche angemessen ist. Wenn man es nun auch noch schafft, die Bevölkerung auf einem bestimmten Stand zu halten, sie nicht allzu stark anwachsen zu lassen, was bei den Moros doch den Wunsch nach mehr Rindern entstehen lassen würde, kann sich auf diese Weise ein stabiler Zustand für eine geraume Zeit ergeben. Die neuge-

bohrten Brunnen versorgen Rinder und Hirsefelder mit genügend Wasser, und die gesamte Lage sieht bestens aus und erscheint sehr stabil.

Irgendwann aber geben die Brunnen weniger Wasser her. Nun kann man natürlich weder die Bewässerung der Hirsefelder einstellen noch die Rinder nicht mehr tränken, also müssen neue Brunnen gebohrt werden. Dies fällt um so leichter, als zunächst die Abnahme der von den vorhandenen Brunnen gelieferten Wassermenge relativ gering ist und außerdem vielleicht in ein Jahr fällt, in dem es sowieso ein wenig weniger geregnet hat als in den Jahren vorher. So vermutet man eine lokale Schwankung und kann den Indiziencharakter des Wasserschwundes leicht übersehen. Denn das Indiz ist schwach und kann leicht auf lokale Besonderheiten des Klimas, des Wasserverbrauchs (vielleicht gab es ein paar Rinder mehr in diesem Jahr!) oder andere Umstände zurückgeführt werden.

Auch hier kommt dann schnell eine positive Rückkopplung in Gang: der in Wirklichkeit schon stark abgesunkene Grundwasserbestand sinkt durch die neugebohrten Brunnen weiter rapide ab, bald ist er fast gänzlich erschöpft; die Brunnen geben kaum mehr Wasser her, das Resultat ist dem der Rinderkatastrophe vergleichbar: Die Vegetationsfläche sinkt ab, die Rinder zerstören die Grasnarbe usw. Auch hier geschieht in den Augen der Versuchspersonen die Katastrophe ziemlich plötzlich, da die Indizien einer über Jahre hin schleichenden Abnahme der Wassermenge nicht bemerkt oder nicht ernst genommen wurden. (Die Algenpest in der Nordsee im Frühjahr 1988 kam für viele Zeitgenossen ja auch aus dem heiteren Himmel!)

Der Bau neuer Brunnen bei abnehmender Leistung der schon vorhandenen kommt der Etablierung eines positiven Rückkopplungskreises gleich: je weniger Wasser, desto mehr neue Brunnen, desto weniger Wasser. Und die Abnahme des Grundwassers erzeugt einen zweiten positiven Rückkopplungsprozeß: je weniger Wasser, desto weniger Vegetation, desto größer der Hunger der Rinderherden, desto stärker die Vernichtung der Grasnarbe… Am Ende stehen die Moros wieder mit leeren Händen und Mägen da: ihre Rinderherden, die Basis ihrer Ernährung, sind vernichtet.

Abb. 23 zeigt eine solche Entwicklung gewissermaßen in den Startlöchern. Die Versuchsperson hat einen gewaltigen «Boom» erzeugt: Im Jahre 19 verläßt die Größe der Rinderherde das Koordinatensystem nach oben. Die Bevölkerung steigt stark, und es ist Kapital in Menge vorhanden. Allerdings beginnt etwa vom Jahre 22 an die Größe der Rinderherde abzunehmen; das Grundwasser sinkt seit dem 13. Jahr; seit dem 20. Jahr stagniert die Vegetationsfläche, der Hirseertrag steigt zu langsam, als daß man damit die gesamte Bevölkerung ernähren könnte. Den Rest der Geschichte kann man sich ausrechnen. – Die Versuchsperson aber wird die Simulationssituation in dem Gefühl verlassen haben, für die Rolle des Entwicklungshilfe-Politikers geradezu prädestiniert zu sein, denn bei Abschluß des Versuchs im Jahre 30 geht es den Moros ja

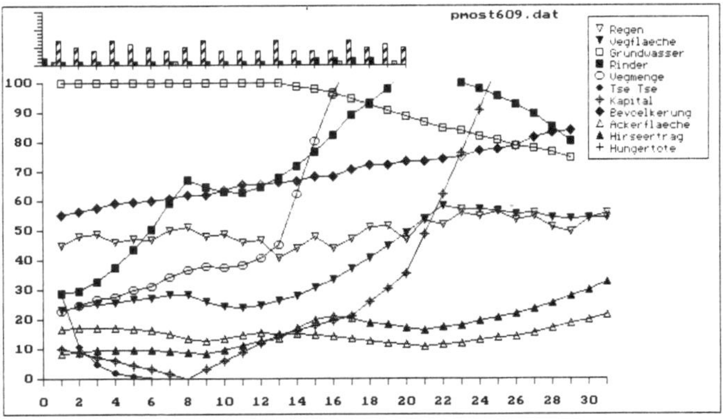

Abb. 23: Beispiel für eine «Grundwasserkatastrophe in den Startlöchern»

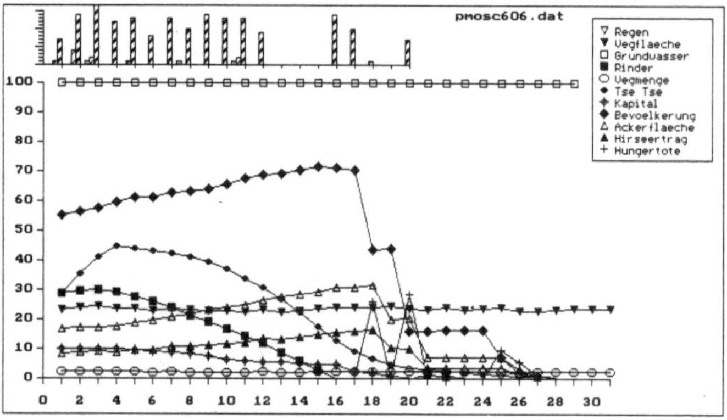

Abb. 24: Eine «Bevölkerungskatastrophe»

(noch) blendend! (Und den Schwund der Rinderzahl kann man ja leicht abfangen. Ein bißchen weniger verkaufen, wir haben sowieso genügend Geld! Und ein paar neue Brunnen zur Erhöhung der Vegetationsfläche können ja auch nichts schaden!)

3. Die *Bevölkerungskatastrophe:* Es gibt Versuchspersonen, die sowohl die Rinderherden konstant halten, als auch mit den Brunnen vorsichtig umgehen, jedoch eine starke Zunahme der Bevölkerung erreichen, die man auch nicht, wenn man es schließlich wünscht, schnell einfach «abstellen» kann, wenn sie zu bedrohlich wird. Die in ihrer Zahl gewaltig angewachsenen Moros fordern nun natürlich gebieterisch nach genügend Nahrungsmitteln. Was tun? Man muß die Schlachtraten bei den Rindern vergrößern; man muß vielleicht auf den Export von Rindern und Hirse verzichten; man muß die Hirseanbaufläche oder die Rinderherden vergrößern. Beides führt zu erhöhtem Wasserbedarf. Die Vergrößerung der Rinderherden ist am bedenklichsten. Sie führt oftmals doch noch entweder zu einer Grundwasserkatastrophe oder zu einer Rinderkatastrophe.

Abb. 24 zeigt ein Beispiel für eine solche Bevölkerungskatastrophe fast in «Reinkultur». Die Versuchsperson hat von vornherein darauf verzichtet, für die Rinderherden etwas zu tun. Die Tsetsefliegen leben offensichtlich unbehelligt (ihre Zahl sinkt aber mit der sinkenden Zahl der Rinder). Die Tatsache, daß die Vegetationsfläche nicht ansteigt, zeigt, daß die Versuchsperson für die Zusatzbewässerung der Weiden auch keine Sorge trägt. Dagegen steigt die Ackerfläche etwas an; der Anstieg ist aber unwesentlich, da er nur der steigenden Bevölkerungszahl entspricht. Das einzige, was die Versuchsperson intensiv betreibt, ist die Sicherstellung einer guten medizinischen Versorgung der Bevölkerung. Ohne Begleitmaßnahmen aber ist diese verhängnisvoll; die anwachsende Bevölkerung richtet fast von Anfang an ihre eigenen Ressourcen zugrunde und erleidet schließlich in den Jahren 18, 20, 25 und 26 verheerende Hungerkatastrophen – Effekte wohlgemeinter Maßnahmen!

Im Grunde geht bei all den Beispielen, die wir für die verschiedenen Katastrophenarten bei den Moros vorgeführt haben, nur eines schief: Den Versuchspersonen ist es nicht klar, daß sie mit einem *System* umgehen, bei dem zwar nicht alles mit allem, aber vieles mit vielem zusammenhängt. Sie betrachten ihre Aufgabe als eine Serie von verschiedenartigen Problemen, die eben «eins nach dem anderen» gelöst werden müssen. Sie beachten nicht die Fern- und die Nebenwirkungen bestimmter Maßnahmen. Sie operieren mit dem gesamten System, als wäre es eine Ansammlung unabhängiger Teilsysteme. Sie betrachten das System eben nicht als *System*, sondern als einen «Haufen» voneinander unabhängiger Minisysteme. Und ein solcher Umgang mit Systemen bringt Schwierigkeiten: Wenn man sich um die Probleme, die man nicht hat, nicht kümmert, dann hat man sie bald!

Wenn man Exportgüter braucht, um die finanzielle Situation der Moros zu verbessern, so muß man eben mehr Rinder züchten. Und um mehr Rinder zu haben, muß man die Vegetationsfläche vergrößern, und zu diesem Zweck muß man Brunnen bohren. Damit ist das Problem gelöst! (Daß man sich mit dieser Problemlösung einige andere *schafft*, ist vielen Versuchspersonen nicht klar.)

Wenn man die medizinische Versorgung für die Bevölkerung verbessert, so steigt die Bevölkerungszahl, was ja in einem gewissen Ausmaß erwünscht war. Außerdem geht es den Moros ganz einfach besser! Daß auf Dauer die größere Bevölkerung mehr Nahrung braucht und auf diese Art und Weise mit den Rindern, der Grasnarbe und dem Grundwasser zusammenhängt, ist vielen Versuchspersonen bei der Planung der medizinischen Versorgung nicht klar.

Den meisten Versuchspersonen fehlt ein umfassendes Bild des Systems als Ganzes mit allen Wechselwirkungen. Von den meisten Versuchspersonen wird selbst das Brunnenbohren als eine Tätigkeit angesehen, die nur positive Ergebnisse bringt. Daß das Brunnenwasser von irgendwoher kommen muß und daß das entsprechende Reservoir leerlaufen kann, ist den Versuchspersonen meist nicht klar, wenn sie den Auftrag geben, Brunnen zu bohren.

Immerhin ist das Moro-«Spiel» noch so durchsichtig, daß den meisten Versuchspersonen in dem Moment, in dem ihnen ihre selbstproduzierten Katastrophen sinnfällig werden, sehr einsichtig wird, daß sie sich falsch verhalten haben. Als pädagogisches Mittel ist daher das Moro-«Spiel» sehr brauchbar. Auf den zweiten Blick ist jedem klar, daß das Wasser, welches aus den Brunnen herausfließt, irgendwo herkommen muß und daß das Reservoir, aus dem das Brunnenwasser kommt, nachgefüllt werden müßte, damit alles beim alten bleibt.

Was sind die Gründe dafür, daß die Versuchspersonen statt mit einem System mit einem «Systemhaufen», welcher aus vielen, voneinander unabhängigen Minisystemen besteht, umgehen?

Ein Grund für die isolierende Behandlung der Teilprobleme mag die im Kapitel «Der Umgang mit Zielen» erwähnte «Überwertigkeit des aktuellen Motivs» sein. Man *hat* ein Problem, nämlich den Wassermangel bei den Rindern. Dieses muß gelöst werden! Andere Probleme hat man im Augenblick nicht – warum also daran denken – besser: warum daran denken, daß man daran denken sollte?

Ein weiterer Grund liegt wohl in der informationellen Überlastung der Versuchspersonen. Die Versuchspersonen bekommen eine Menge Informationen und müssen allein für die Lösung ihrer aktuellen Probleme viele Informationen sammeln und vieles bedenken. Und da scheint ganz einfach die Zeit nicht auszureichen, um Probleme zu bedenken, die im Moment nicht akut sind.

«Juden, Jesuiten und Freimaurer...»

Mit einem System so umzugehen, als wäre es eine Anhäufung unverbundener Einzelsysteme, ist sicherlich auf der einen Seite diejenige Form des Umgangs mit Systemen, die am meisten kognitive Energie spart. Auf der anderen Seite ist es natürlich auch diejenige Methode, bei der die Nichtberücksichtigung von Fern- und Nebenwirkungen, also das Mißlingen, vorprogrammiert ist. Wenn man überhaupt keine Idee davon hat, in welcher Weise die einzelnen Variablen eines Systems einander wechselweise beeinflussen, so kann man natürlich auch diese Beeinflussungen nicht in Rechnung stellen. Der letzte Abschnitt («Eins nach dem anderen!») demonstrierte dies deutlich.

Auf jeden Fall ist es besser, wenn man weiß, wie die einzelnen Variablen eines Systems zusammenhängen.

Abb. 25 demonstriert eine solche Zusammenhangshypothese. Sie wurde von einer Versuchsperson des Lohhausen-Versuches produziert. Wie man sieht, umfaßt diese Zusammenhangshypothese eine große Menge von wichtigen Variablen des Lohhausen-Systems. Die Hypothese betrifft die Produktivität der Uhrenfabrik, deren Einnahmen, die Arbeitslosigkeit, die Zufriedenheit der Einwohner, das Ausmaß der Pflege der öffentlichen Anlagen, die Schulleistung der Kinder, das Ausmaß, in dem Eltern Hausarbeitshilfe leisten, den Krankenstand der Einwohner von Lohhausen...

Interessant ist die Form dieser Hypothese. Das Gesamtgeflecht der Beeinflussungen wird bei dieser Hypothese von der Versuchsperson auf einen einzelnen Punkt reduziert. Im Zentrum des Geflechtes der Beeinflussungen steht die «Zufriedenheit» der Bewohner von Lohhausen. Diese beeinflußt alles und ist die einzige Variable des Systems mit zentraler Stellung. Wenn die Einwohner zufrieden sind, so sind sie auch wenig krank. Das bedeutet, daß sie viel arbeiten. Das bedeutet, daß die Arbeitsproduktivität und die Qualität der Arbeit gut sind. Das bedeutet, daß

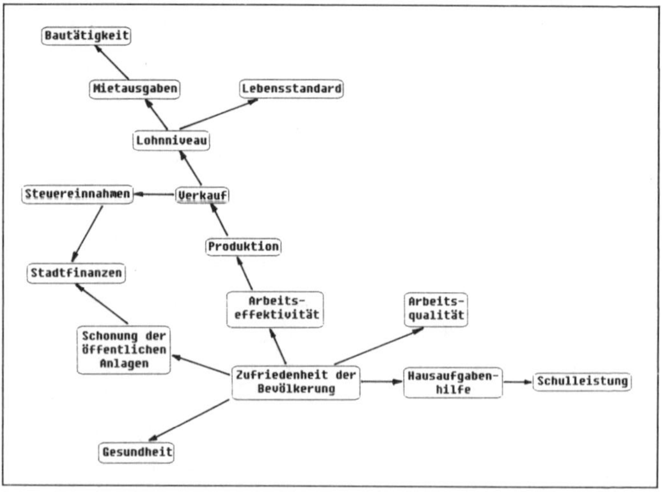

Abb. 25: Eine «reduktive» Hypothese
im Lohhausen-Versuch

die Lohhausener Uhrenfabrik viele ihrer Produkte verkaufen kann, und das bedeutet wiederum, daß die Uhrenfabrik viele Einnahmen hat. Dies bedeutet, daß die Uhrenfabrik mehr Arbeitsplätze schaffen kann. Und das wieder heißt, daß die Arbeitslosigkeit verschwindet. Außerdem bedeutet es, daß die Fabrik höhere Löhne zahlen kann. Und das heißt wiederum, daß sich die Beschäftigten der Uhrenfabrik bessere Wohnungen leisten können. Dies bedeutet eine Ankurbelung des Baumarktes!

Die zufriedenen Eltern sind bereit, ihren Kleinen in ausgeprägtem Maße bei den Schularbeiten zu helfen. Dadurch werden die Schulleistungen der Kinder besser. Dadurch steigen die Fähigkeiten der arbeitenden Bevölkerung und die Güte der hergestellten Produkte.

Zufriedene Einwohner schonen ihre öffentlichen Anlagen und haben es nicht nötig, ihre Kompetenzen durch das Zerschlagen von Parkbänken unter Beweis zu stellen. Dies schont wiederum den Stadtsäckel!

All die genannten Beziehungen mögen im einzelnen richtig sein. Im ganzen aber ist eine solche Hypothese falsch und gefährlich! Wichtig bei dieser Hypothese ist ihre zentralistische Organisation. Eine solche «reduktive Hypothese», die alles Geschehen auf *eine* Variable reduziert, ist natürlich in gewisser Weise – und das ist wünschenswert – holistisch. Sie umfaßt das gesamte System. Sie umfaßt es aber in bestimmter Weise, nämlich so, daß kognitive Energie gespart wird. Denn worum muß man sich bei einem System, welches so organisiert ist, wie in Abb. 25 dargestellt, kümmern? Nur um eines! Nämlich um die Zufriedenheit der Einwohner. Das löst den Rest der Probleme von selbst.

Solche reduktiven Hypothesen haben also große Vorteile. Sie machen den Umgang mit dem System einfach und sind dennoch ganzheitlich in dem Sinne, daß sie gewissermaßen das gesamte System in sich enthalten.

Die Hypothese ist im einzelnen auch gar nicht falsch.

Sie ist nur insgesamt falsch, weil in gefährlicher Weise unvollständig. Sie umfaßt nicht die vielfältigen Rückkopplungen und die Tatsache, daß es sich bei dem System «Lohhausen», wie bei vielen anderen Systemen, nicht um ein sternförmiges Geflecht von Abhängigkeiten handelt, sondern um eines, welches man vielleicht mit einer Sprungfedermatratze vergleichen könnte. Und die Nichtberücksichtigung dieser Tatsache ist nicht nur falsch, sondern auch gefährlich. Zieht man an der einen Stelle, so bewegt sich mehr oder minder alles – und drückt man an einer anderen, so gilt dasselbe. Es gibt nicht unbedingt nur einen Zentralpunkt; im Grunde ist, wenn nicht alles, so doch vieles zentral.

Auf den zweiten Blick sollte einem dies eigentlich auch klarwerden. Denn daß zum Beispiel die Zufriedenheit der Eltern von den Schulleistungen ihrer Kinder abhängig ist und die Zufriedenheit der Kinder wohl im großen und ganzen ebenfalls und somit die Abhängigkeit «Zufriedenheit» – «Ausmaß der Hausarbeitshilfe» – «Schulleistungen» in Wirklichkeit eine positive Rückkopplung darstellt, ist auf den zweiten Blick klar. Auch daß möglicherweise negative Rückkopplungen vorhanden sind, wird auf den zweiten Blick klar. Die «Zufriedenheit» der Einwohner könnte die Attraktivität des Ortes als Wohn- und Arbeitsort steigern. Dies könnte dazu führen, daß mehr Personen vom umliegenden Land und anderen Orten zuziehen. Das könnte die Belastung der öffentlichen Einrichtungen erhöhen und sich somit auf die Stadtfinanzen negativ auswirken. Damit wiederum könnten die öffentlichen Verhältnisse in Lohhausen negativ beeinflußt werden, was wiederum negative Auswirkungen auf die Zufriedenheit der Einwohner hat.

Die Zufriedenheit der Einwohner ist also in Wirklichkeit eingekapselt in ein ganzes Netz von positiven und negativen Rückkopplungen, und zu wissen, was damit auf die Dauer geschieht, ist gar nicht so ganz einfach.

Die reduktive Hypothesenbildung, deren Ergebnis in Abb. 25 dargestellt ist, führt zu einer Vermeidung solcher komplizierten Betrachtungen. Und aus diesem Grunde sind wohl solche reduktiven Hypothesen auch außerhalb Lohhausens außerordentlich beliebt. Daß einzig und allein die schändliche Tätigkeit der «Juden, Jesuiten und Freimaurer», die dem «unbesiegten deutschen Heer den Dolch in den Rücken gestoßen hätten», für die Niederlage Deutschlands im Ersten Weltkrieg verantwortlich war, ist eines der Beispiele für eine solche reduktive Hypothesenbildung, auf die Grausigeres zurückzuführen ist. Man betrachte zum Beispiel die Materialien der Nürnberger Ausstellung von 1988/89 (s. «Siehe, der Stein schreit aus der Mauer. Geschichte und Kultur der Juden in Bayern», Teil II: «Antisemitismus und Nationalsozialismus», Katalog S. 435 ff).

Andere Beispiele findet man zuhauf. Jeder absonderliche Hagelschlag im Sommer wurde in den fünfziger Jahren auf die Atombombenversuche zurückgeführt, die damals noch häufiger waren als heute. Wenn die Seehunde in der Nordsee sterben, so kann daran nur der ökologisch schlechte Zustand der Nordsee schuld sein. (Die Tatsache, daß ausgerechnet diejenigen Seehunde zuerst starben, die in weniger belasteten Gebieten leben, hat auf die öffentliche Hypothesenbildung wenig Einfluß. Man lese hierzu zum Beispiel den Artikel «Der Rummel um die Robben» von Hans Schuh in der «Zeit» vom 8.7.88.)

In irgendeinem längst vergessenen Fernsehstück, welches ich einmal sah, wurde dargestellt, wie der Held der Geschichte abends mit der Straßenbahn nach Haus fuhr. In einer Kurve verlor ein ihm gegenüberstehender, leicht besoffener Herr das Gleichgewicht, rempelte den Helden unserer Geschichte an, entschuldigte sich und lallte: «Alles Umwelt!», was er dann mehrfach wiederholte, auch zum Beispiel als er merkte, daß er eine Station zu weit gefahren war.

Auch die Welt der politischen Geschehnisse erhält eine ungeahnte Ordnung, wenn man sich erst einmal dazu durchgerungen hat, alles als Werk jeweils entweder des KGB oder der CIA oder der Kommunisten oder der Kapitalisten oder der ... zu sehen. Einem Artikel über Trivialliteratur im «Spiegel» im Herbst 1988 läßt sich entnehmen, daß einschlägig bewanderte Wissenschaftler auch diesen Zweig der Literatur als «Instrument in den Händen der Herrschenden» sehen. «Alles Gesellschaft!»

Wenn manch einer, der sich aus diesem oder jenem Grunde dazu aufgerufen fühlt, einmal den Stand unserer Welt oder doch zumindest den Zustand unserer Gesellschaft zu untersuchen, dann zu dem Schluß kommt, wir lebten in einer «Autogesellschaft», einer «Dienstleistungsgesellschaft», einer «Informationsgesellschaft», einer «Atomgesellschaft» oder einer «Freizeitgesellschaft», so sind dies natürlich ebenfalls «reduktive» Hypothesenbildungen, die Strukturextrapolationen nahelegen.

Die Tatsache, daß solche reduktiven Hypothesen Welterklärungen aus einem Guß bieten, erklärt vielleicht nicht nur ihre Beliebtheit, sondern auch ihre Stabilität. Wenn man einmal weiß, was die Welt im Innersten zusammenhält, so gibt man ein solches Wissen ungern auf, um wieder in die unübersichtlichen Gefilde eines nichthierarchisch gegliederten Netzes wechselweiser Abhängigkeiten zu geraten. Unübersichtlichkeit schafft Unbestimmtheit, Unbestimmtheit schafft Angst. Dies mag einer der Gründe dafür sein, daß man an solchen reduktiven Hypothesen hängt. Mittel, um einmal aufgestellte Hypothesen gegen Falsifikationen zu verteidigen und gegen jede Erfahrung aufrechtzuerhalten, gibt es viele. In dem Abschnitt «23 ist eine gute Zahl!» werden wir auf ein herausragendes Mittel dieser Art, nämlich auf die «immunisierende Marginalkonditionalisierung», noch eingehen.

Ein hervorragendes Mittel, Hypothesen ad infinitum aufrechtzuerhalten, ist die «hypothesengerechte» Informationsauswahl. Informationen, die nicht der jeweiligen Hypothese entsprechen, werden einfach nicht zur Kenntnis genommen. Unsere «Zufriedenheitsversuchsperson» von Abb. 25 untersuchte, nachdem sie ihre Hypothese aufgestellt hatte, den Zustand der Lohhausener Uhrenfabrik und die Bedingungen der geringen Produktivität derselben. Entsprechend ihrer Zentralhypothese bestand diese Untersuchung im wesentlichen darin, daß sie die Arbeiter und Angestellten der verschiedenen Abteilungen nach ihrer Zufriedenheit befragte. Als einer der so befragten Arbeiter («simuliert» durch den Versuchsleiter) auf den schlechten Maschinenzustand hinwies, der tatsächlich der augenblickliche Grund für die geringe Produktivität war, meinte die Versuchsperson: «Ja, ja, aber sind denn Ihre Kollegen auch so unzufrieden wie Sie?» Auf den Maschinenzustand kam sie nie mehr zurück!

Wir lieben die Hypothesen, die wir einmal aufgestellt haben, weil sie uns (vermeintlich) Gewalt über die Dinge geben. Deshalb vermeiden wir es möglichst, sie der rauhen Luft der realen Erfahrung auszusetzen und sammeln lieber nur Information, die mit den Hypothesen im Einklang ist (s. Gadenne & Oswald, 1986). Im Extremfall ergibt sich daraus eine dogmatische Verschanzung eines Hypothesengerüsts, welches keineswegs eine «Widerspiegelung» der Realität ist.

Primzahlen und Fremdenverkehr oder Moltke und der Waldbrand

Im Jahr 1640 schrieb der französische Jurist und Hobbymathematiker (in der Tat war er einer der bedeutendsten Mathematiker des 17. Jahrhunderts!) Pierre de Fermat seinem Mathematikerkollegen Marin Mersenne einen Brief, in dem er ihm mitteilte, er habe ein Berechnungsverfahren gefunden, mit dessen Hilfe sich Primzahlen herstellen ließen. Dies Berechnungsverfahren führt zu Zahlen, die heute als Fermat-Zahlen bekannt sind.

Die n-te Fermat-Zahl F_n ergibt sich als

$$F_n = 2^{2^n} + 1.$$

Es ist also: $F_0 = 3$, $F_1 = 5$, $F_2 = 17$, $F_3 = 257$. Alle diese Zahlen sind Primzahlen!

Hätte Fermat allerdings ein wenig weitergerechnet, so wäre ihm sehr bald aufgefallen, daß keineswegs alle Fermat-Zahlen prim sind. Schon $F_5 = 4294967297$ ist keine Primzahl, wie der Schweizer Mathematiker Leonhard Euler 1732 zeigen konnte. (Mit Zahlen solcher Größenordnung rechnet es sich natürlich schwer!)

Die Ironie bei der Sache ist, daß ein von Fermat selbst entwickeltes Verfahren zur Prüfung, ob eine Zahl prim ist oder nicht, ihm dieses Ergebnis hätte zeigen und die Falschheit seiner Hypothese von dem Primcharakter aller Fermat-Zahlen demonstrieren können.

Fermat hatte nämlich herausgefunden, daß der Ausdruck

$$a^{p-1} - 1$$

durch p ohne Rest teilbar ist, wenn p eine Primzahl ist und $a < p$. (Dies ist der sogenannte «kleine» Fermatsche Satz. So ist $2^2 - 1$ durch 3 teilbar, $2^4 - 1$ durch 5, $2^6 - 1$ durch 7 usw.)

F_5 nun ist kein Teiler von

$$2^{F5-1} - 1,$$

also auch keine Primzahl. (Der Leser versuche nicht, den Primcharakter dieser Zahl «von Hand» zu ermitteln, denn dazu bedarf es besonderer Verfahren, die zum Teil sehr aufwendig sind.)

Fermat ist hier einem sehr üblichen «Fehler» (es ist oft ein sehr notwendiger Fehler!) bei der Bildung von Hypothesen erlegen, nämlich der Übergeneralisierung. Man findet ein Beispiel 1, und dieses hat bestimmte Eigenschaften. Dann findet man einen Fall 2, dieser hat die gleichen Eigenschaften. Und dann findet man einen Fall 3 und einen Fall 4, die wieder diese Eigenschaften aufweisen – also schließt man, daß *alle* überhaupt denkbaren Fälle dieses Typs die entsprechende Eigenschaft aufweisen.

Die Bildung von abstrakten Konzepten durch Generalisierung ist eine notwendige Geistestätigkeit. Wir könnten uns auf die Vielzahl der verschiedenen Sachverhalte unserer Umgebung überhaupt nicht einstellen, wenn wir sie nicht zu Äquivalenzklassen zusammenfassen würden. Wenn wir bei jedem Ding, welches uns begegnet, immer wieder untersuchen würden, ob es nun tatsächlich ein Stuhl ist, weil es so ähnlich aussieht wie andere Exemplare, denen wir schon einmal als Stuhl begegnet sind, würden wir bei unseren täglichen Verrichtungen nicht sehr weit kommen. Wir brauchen ein abstraktes Konzept «Stuhl», welches so allgemein ist, daß wir, ohne viel nachzudenken, auch mit einem Objekt, welches wir noch nie gesehen haben, als Stuhl operieren können.

Die Fähigkeit, aufgrund von wenigen Beispielen eines bestimmten Typs die diesen Beispielen gemeinsamen Merkmale herauszudestillieren und daraus ein abstraktes Konzept zu machen, ist sehr hilfreich, und wir wären ohne sie in der Vielfalt der Erscheinungen verloren. Wir brauchen abstrakte Konzepte, aufgrund welcher wir bei einem Stuhl von der Farbe des Bezuges, von dem Material, aus dem er gefertigt ist, von dem Material der Stuhlbeine usw. usw. absehen und die «Stuhligkeit» eines Gebildes nur noch danach beurteilen, ob es vier Beine, eine Sitzfläche und eine Rückenlehne in den entsprechenden Proportionen und Relationen hat.

Unsere Vorstellungswelt ist gewöhnlich nicht sonderlich farbig. Unsere Gedanken sind blasse Schemen, und selbst die Vorstellung von etwas so Sinnfälligem wie einer Rose kann es mit der *Wahrnehmung* einer Rose im Hinblick auf Farbigkeit und Konturiertheit nicht aufnehmen. Dies mag man bedauern, es hat aber entschiedene Vorteile. Diese hohlen und schemenhaften Gebilde repräsentieren nämlich Äquivalenzklassen. Aufgrund ihres Schemencharakters sind wir in der Lage, sehr verschiedene Rosen als (mehr oder minder) äquivalent anzusehen und verschiedene Lampen, verschiedene Bleistifte, verschiedene Teetassen desgleichen.

Wenige Beispiele reichen oft aus, um uns mit einem abstrakten Bild eines Sachverhaltes zu versehen. Vier Beispiele reichten Fermat aus, um der Meinung zu sein, er hätte ein *allgemeines* Verfahren für die Erzeugung von Primzahlen entdeckt.

So notwendig und wichtig die Bildung von Äquivalenzklassen durch Abstraktion «unwesentlicher» Merkmale und Heraushebung der «wesentlichen» Merkmale ist, so groß sind andererseits auch die Gefahren, die in dieser geistigen Operation verborgen liegen. Aus der notwendigen Generalisierung wird leicht eine «Übergeneralisierung». Und gewöhnlich hat man gar keine Chancen, a priori zu prüfen, ob ein abstraktes Konzept den «richtigen» Grad an Abstraktheit aufweist oder «übergeneralisiert» ist.

Eine der Versuchspersonen in dem Lohhausen-Experiment hatte in einer bestimmten Situation gute Erfahrungen mit der Förderung des Fremdenverkehrs gemacht. Der Bau einiger Hotels, die Förderung der Vermietung von Fremdenbetten hatten Touristen nach Lohhausen gezogen und insgesamt die Finanzlage der Stadt wesentlich verbessert.

In der Versuchsperson hatte sich diese Erfahrung in der lapidaren Form «Fremdenverkehrsförderung bringt was!» festgesetzt. Diese abstrakte Formulierung eines Erfolgskonzeptes war aber *über*generalisiert. Die Fremdenverkehrsmaßnahmen der Versuchsperson waren nur deshalb erfolgreich, weil sie auf eine bestimmte Gesamtkonstellation stießen, nämlich auf Personen in Lohhausen, die sich dem Fremdenverkehr widmen konnten, und auf eine entsprechende Nachfrage außerhalb von Lohhausen.

Diese Konstellation aber war keineswegs von der Versuchsperson mit gemerkt worden. Vielmehr hatte sie von diesen Situationsmerkmalen abstrahiert. Sie hatte sich lediglich die allgemeine «wenn... dann...-Regel» gemerkt: «Wenn ich den Fremdenverkehr fördere, dann habe ich über kurz oder lang mehr Geld in der Stadtkasse!»

Dieses «dekonditionalisierte», also seiner Bedingungen entkleidete Handlungskonzept führte die Aktionen der Versuchsperson späterhin ins Verderben. Denn als sie später durch die eine und andere Ungeschicklichkeit in eine schwierige Situation kam, in der die Stadt Lohhausen nahe an den Bankrott gebracht worden war, nahm sie alle noch verfügbaren Geldmittel und investierte sie in eine riesige Fremdenverkehrskampagne. Da aber die Bedingungen, die den Fremdenverkehr einmal ertragreich gemacht hatten, nun nicht mehr gegeben waren, war das Geld einfach weg, ohne irgendeinen nennenswerten Ertrag zu bringen. Der englische Psychologe James T. Reason meint, daß diese Fehlerart auf die allgemeine Tendenz zum «similarity matching» zurückzuführen ist, also auf die Tendenz, eher auf Ähnlichkeiten als auf Unterschiede zu reagieren.

Dieses Beispiel ist natürlich ein Extremfall. Immerhin kommt Derartiges vor – und so ganz unverständlich ist das Verhalten der Versuchsperson ja auch gar nicht.

In einem komplexen, vielfach vernetzten System sind Abstraktionen, die zu solchen Dekonditionalisierungen von Verhaltensweisen führen, gefährlich. Kontextuelle Abhängigkeiten von Maßnahmen sind eher die Regel als die Ausnahme. Eine Maßnahme, die in der einen Situa-

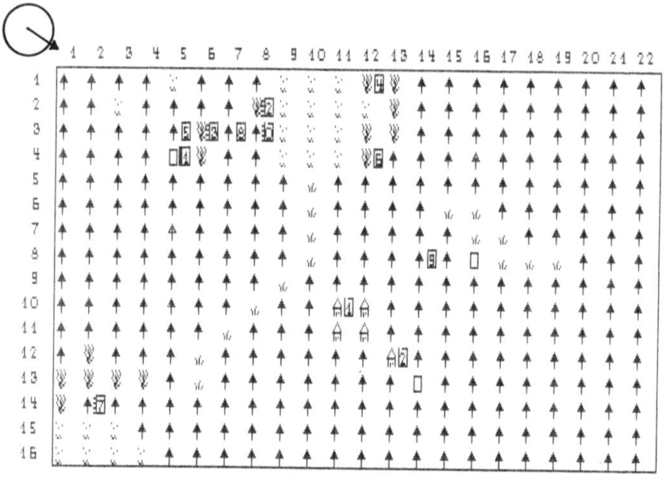

Abb. 26: Der «Waldbrand»

tion richtig ist, braucht in der anderen Situation nicht richtig zu sein. Solche kontextuellen Abhängigkeiten bedeuten, daß es wenige *allgemeine* (also bedingungsfreie) Regeln gibt, aufgrund deren man sein Handeln einrichten kann. Jede Situation muß neu bedacht werden.

Abb. 26 zeigt einen stilisierten Ausschnitt des schwedischen Urwalds. Die kleinen numerierten Kästchen in der Abbildung stellen Feuerwehreinheiten dar, die in der Lage sind, Waldbrände zu löschen.

Die Abbildung stellt eine Situation des Simulationsspieles «Feuer» dar, welches wir nach einem Vorbild eines ähnlichen Spiels von Bernd Brehmer von der Universität Uppsala konstruiert haben. In diesem Spiel geht es darum, daß ein «Feuerwehrkommandant» seine zwölf Löscheinheiten so einsetzt, daß möglichst viel von dem Wald und auf jeden Fall das Dorf vor Waldbränden bewahrt werden. Es ist ein trockener Sommer, und Waldbrände können ständig und überall ausbrechen. Der Kommandant kann den gesamten Bereich («über Satelliten!») überschauen und seinen Einheiten Funkbefehle geben. Er kann den Einheiten zum Beispiel befehlen, an ein bestimmtes Ziel zu fahren, selbständig Feuer (gemäß ihrem begrenzten Sichtbereich) zu suchen, Löschwasser aufzutanken, in einem bestimmten Bereich zu patrouillieren, selbständig bei erkanntem Feuer zu löschen oder auch ohne zu löschen eine bestimmte Feuerfront zu durchqueren usw. Der Kommandant kann sich auch jederzeit über den jeweiligen Zustand seiner Einheiten (Löschwasservorrat, aktuelles Ziel) Informationen geben lassen.

Die Situation des Feuerwehrkommandanten in diesem Spiel ist dadurch gekennzeichnet, daß die meisten Maßnahmen nur ein begrenztes Anwendungsfeld haben, in dem sie wirksam sind. Unter bestimmten Umständen ist eine bestimmte Maßnahme empfehlenswert, unter anderen Umständen vielleicht ihr ganzes Gegenteil.

Manchmal ist es günstig, alle Einheiten zu konzentrieren und zusammenzuhalten. Manchmal ist es günstig, die Einheiten breit zu verteilen.

Eine breite Verteilung der Einheiten auf das Gelände empfiehlt sich, wenn man auf jeden Fall bei kleinen Feuern schnell eine Einheit zur Hand haben möchte, um das Feuer im Keim zu ersticken. Dies ist dann sinnvoll, wenn aufgrund einer geringen Windstärke entstehende Brände zunächst klein bleiben und sich nicht schnell über große Flächen ausdehnen und wenn der gesamte Raum, der geschützt werden soll, im Verhältnis zu den verfügbaren Einheiten klein ist. Eine Konzentrierung der Einheiten auf einen engen Raum empfiehlt sich, wenn der gesamte Raum sowieso nicht abgedeckt werden kann oder wenn der Wind so stark ist, daß jedes ausbrechende Feuer sich sofort gewaltig ausdehnt, und wenn man daher am Ort der Feuerentstehung sofort sehr viele Einheiten zur Verfügung haben muß, um das Feuer effektiv zu bekämpfen.

Manchmal ist es günstig, sich einem Feuer in der Ausbreitungsrichtung frontal entgegenzustellen. Dies ist dann angezeigt, wenn man genügend Feuerwehreinheiten mit genügend Löschwasservorrat zur Verfügung hat und wenn das Feuer nicht zu groß und der Wind nicht zu stark ist.

Manchmal ist es dagegen vernünftig, ein Feuer lediglich an der Flanke der Ausbreitungsrichtung zu bekämpfen und es in der Hauptrichtung weiterlaufen zu lassen. Dies ist angezeigt, wenn Feuer und Wind sehr stark sind und man nicht viele Einheiten zur Verfügung hat. Durch eine flankierende Bekämpfung erreicht man immerhin noch eine gewisse Lenkung des Feuers. Eine Frontalbekämpfung kann in einem solchen Fall ganz einfach sinnlos sein.

Manchmal ist es günstig, bei zwei oder mehr verschiedenen Bränden seine Einheiten auf die verschiedenen Brandherde aufzuteilen und jeden Brandherd einzeln zu bekämpfen. Dies ist dann angezeigt, wenn man genügend Einheiten mit genügend Löschwasservorrat zur Verfügung hat und wenn die Einheiten nahe genug an den relativ kleinen Brandherden stehen, so daß sie rechtzeitig dort eintreffen, ehe die Brandherde allzu groß geworden sind.

Manchmal aber ist es auch günstig, auf die Bekämpfung eines Feuers ganz zu verzichten, um ein anderes sicherer bekämpfen zu können. In diesem Fall würde man also seine Einheiten nicht auf verschiedene Brandherde verteilen, sondern sie bei einem Brandherd zusammenziehen. Dies ist dann angezeigt, wenn man nicht über genügend Einheiten verfügt, wenn die Anfahrtswege zu einem Brandherd allzu groß wären, wenn die Einheiten nicht mehr über viel Löschwasser verfügen und wenn vielleicht eines der Feuer sowieso vom Wind gegen eine Ödlandfläche getrieben wird, bei der es dann erlöschen würde.

In der Situation eines solchen Feuerwehrkommandanten ist also manchmal das eine richtig, manchmal das genaue Gegenteil. Es kommt jeweils darauf an. Man muß die Gesamtkonstellation: die jeweilige Verteilung der Löscheinheiten, die Windrichtung, die Größe des Brandes, den Vorrat an Löschwasser, den die Löscheinheiten noch mit sich führen, die verschiedenen Geschwindigkeiten der Löscheinheiten und die Länge der Anfahrtswege, berücksichtigen, um jeweils zu einer angemessenen Entscheidung zu kommen. Versuchspersonen, die in einer solchen Situation mit allgemeinen, «dekonditionalisierten» Maßnahmen operieren, werden auf die Dauer keinen Erfolg erleben. Eine Regel wie «Auf jeden Fall die Feuerwehreinheiten breit über das zu schützende Land verteilen!» ist in dieser Allgemeinheit falsch. Die Handlungsregeln, die hier erworben werden müssen, sind mehr von der Form: «Wenn a und wenn b und wenn c und wenn d, dann x! – Wenn aber a und b und c und e, dann y! – Und wenn a und f und c und d und e, dann z!»

Situationen von der Art dieser Feuersituation hatte wohl Moltke im Auge, wenn er schreibt, daß die Strategie kein System sei, dem «allgemeine Lehrsätze, aus ihnen abgeleitete Regeln» entnommen werden können. «Die Strategie ist ein System der Aushilfen. Sie ist mehr als Wissenschaft, ist die Übertragung des Wissens auf das praktische Leben, die Fortbildung des ursprünglich leitenden Gedankens entsprechend den stets sich ändernden Verhältnissen, ist die Kunst des Handelns unter dem Druck der schwierigsten Bedingungen» (v. Schmerfeld 1925, S. 241, nach Hinterhuber 1986).

Moltke fährt fort: «Für die Strategie können daher allgemeine Lehrsätze, aus ihnen abgeleitete Regeln und auf diese aufgebaute Systeme unmöglich einen praktischen Wert haben.» (v. Schmerfeld 1925, S. 242)

Was Moltke für das strategische Denken im Kriege vor Augen hatte, gilt wohl allgemein für den Umgang mit hochgradig interdependenten Systemen. Schematisierungen und Reglementierungen sind hier gefährlich. Das Handeln muß auf die jeweiligen Kontexte eingestellt werden und muß den sich wandelnden Kontexten immer wieder sich anpassen. Dies ist natürlich sehr schwierig, bei weitem schwieriger als der Umgang mit wenigen allgemeinen Handlungskonzepten. Man muß jeweils ein genaues Bild der sich ändernden Bedingungen behalten und darf nicht glauben, daß das Bild, welches man einmal von der Situation gewonnen hat, endgültig ist. Es bleibt alles im Fluß, und man hat sein Handeln auf die fließenden Bedingungen einzustellen. Diese Anforderung ist der menschlichen Tendenz zur Generalisierung und zur Bildung abstrakter Handlungsschemata in höchstem Maße entgegengesetzt. Wir haben hier ein Beispiel dafür, wie eine wichtige Form der menschlichen Geistestätigkeit zugleich schädlich und nützlich sein kann. Mit der Bildung abstrakter Konzepte muß man selbst «strategisch» verfahren. Man muß wissen, wann sie angebracht ist und wann nicht. (Es folgt daraus nicht, daß es *keine* Regeln in einer solchen Situation gibt; es gibt Regeln, aber diese haben immer nur lokale Bedeutung.)

«Von des Gedankens Blässe ...»

> «Der angebornen Farbe der Entschließung
> Wird des Gedankens Blässe angekränkelt;
> Und Unternehmungen voll Mark und Nachdruck,
> Durch diese Rücksicht aus der Bahn gelenkt,
> Verlieren so der Handlung Namen.»

So Shakespeares Hamlet. Wer viele Informationen bekommt, viel denkt und dadurch viele Informationen über einen Sachverhalt anhäuft, der hat es mitunter nicht leichter, sondern schwerer, zu einer klaren Entscheidung zu kommen. Dem Nichtwissenden stellt sich die Welt einfach dar. Wenn man auf die Sammlung von Informationen mehr oder minder verzichtet, hat man es leicht, ein klares Bild von der Realität aufrechtzuerhalten und sich dementsprechend auch klar zu entscheiden.

Es gibt wohl in bestimmten Fällen eine «positive Rückkopplung» zwischen dem Ausmaß an Information über eine Sache und der Unsicherheit. Wenn man über eine Sache überhaupt nichts weiß, kann man sich ein einfaches Bild von dieser Sache machen und damit operieren. Sobald man aber ein wenig Information gesammelt hat, gerät man in Gefahr. Man merkt, was man alles noch nicht weiß, bekommt das starke Bedürfnis nach noch mehr Wissen, sammelt weitere Informationen, merkt noch mehr, daß man eigentlich fast überhaupt nichts weiß...

Das sich selbst verstärkende Gefühl der Unsicherheit und Unbestimmtheit, welches sich so ergibt, ist der Grund für nie vollendete Diplom- und Doktorarbeiten und nie zu einem Abschluß gebrachte, wichtige Bücher. An die Stelle des klaren Wissens, das auf dem Glauben gründet, das richtige Bild von der Welt zu haben, werden durch die Ansammlung von Information Zweifel und Unsicherheit gesetzt. Hängt das Waldsterben wirklich vom sauren Regen ab? Wovon ist der saure Regen abhängig? Nur vom Autoverkehr? Von welchen Dingen sonst noch? Wie ist das überhaupt mit dem Wurzelgeflecht der Bäume? Wie funktioniert die Nahrungsaufnahme von Pflanzen und Bäumen genau?

Je mehr man weiß, desto mehr weiß man auch, was man nicht weiß. Es ist wohl nicht von ungefähr, daß sich unter den Politikern so wenig Wissenschaftler finden. Und es ist wohl auch nicht von ungefähr, daß in Organisationen – wenn ich es recht sehe – eine Tendenz besteht, die «Informationssammlung» von der «Entscheidung» institutionell zu trennen. Es gibt die Trennung von Bürochef und Manager, es gibt einen Kanzleramtsminister und den Kanzler, in einem Ministerium den Staatssekretär und den Minister und beim Militär die Trennung der Funktionen von Stabschef und Kommandeur. Eine solche Trennung mag den Sinn haben, den eigentlichen «Entscheider» mit einem nur groben Bild der Informationslage zu versehen, aufgrund deren er bei den notwendigen Entscheidungen nicht in allzu starke Skrupel gerät. Der umfassend Informierte hat eben dieses holzschnittartige Bild der Lage nicht und daher auch große Schwierigkeiten, zu einer klaren Entscheidung zu kommen. (In dieser Richtung weiterdenkend, könnte man auf die Idee kommen, daß ein bißchen Dummheit bei Personen, die schwierige Entscheidungen zu treffen haben, durchaus funktional ist. Die Klugen trauen sich nie!)

Eine solche positive Rückkopplung zwischen Informationssammlung und -erzeugung und Unsicherheit kann natürlich nicht auftreten, wenn ein Realitätsbereich erschöpfend erkennbar ist, wenn man also wirklich alles oder doch zumindest alles Wichtige über ihn in der zur Verfügung stehenden Zeit erkennen kann. In einem solchen Falle ist man vollständig informiert und kann seine Entscheidungen «ausrechnen». Die Möglichkeit der vollständigen Informiertheit ist aber wohl in der Realität eher selten. Man kennt die Zustände bestimmter Variablen nicht, weil man sie einfach nicht sehen kann. Wie soll man schnell mal eben genaue Informationen über den Grundwasserbestand und den Zustand des Grundwassers in einer bestimmten Region erhalten? Wie soll man herausbekommen, wann wie viele Autofahrer im Jahre 1989 wohin zum Urlaub aufbrechen? Wie soll man die Absichten seiner Gegner herausfinden, die diese sorgfältig geheimzuhalten trachten?

Die positive Rückkopplung von Unsicherheit und Informationssammlung mag ein Grund dafür sein, daß man manchmal eine aktive Verweigerung der Informationsaufnahme beobachten kann. Von Friedrich dem Großen wird berichtet, daß er vor dem Siebenjährigen Krieg über die Modernisierungen im österreichischen und im russischen Artilleriewesen nicht informiert sein wollte (Duffy 1986, S. 132). Von Hitler wird berichtet, daß er vor dem Polenkrieg Informationen eines parteiamtlichen Nachrichten-

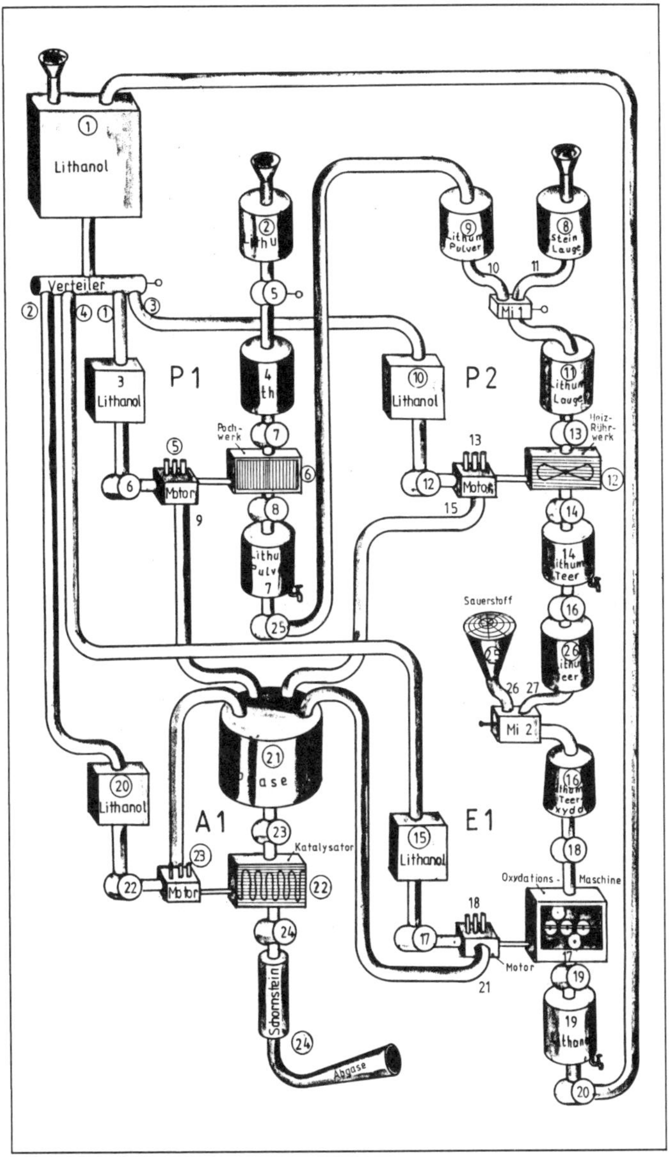

Abb. 27: Die Maschinerie des Busanwerkes

dienstes über die ernsthafte Absicht von England, im Falle eines deutschen Angriffs auf Polen auf jeden Fall seinen Bündnispflichten nachzukommen, nicht zur Kenntnis nehmen wollte.

Neue Informationen stören das Bild. Wenn man einmal zu einer Entscheidung gekommen ist, so ist man froh, der ganzen Unbestimmtheit und Unentschiedenheit der Vorentscheidungsphase entronnen zu sein. Und nun kommt einer und erzählt einem Dinge, die die Angemessenheit der jeweiligen Entscheidung in Frage stellen. Da sollte man lieber gar nicht hinhören!

Die manchmal inverse Beziehung zwischen Informationssammlung und Entscheidungsfreudigkeit sieht man sehr schön in dem Ergebnis eines Experiments von von der Weth (1988):

Die Versuchspersonen in von der Weths Experiment mußten unter Zeitdruck lernen, eine komplizierte Maschinerie zu steuern. Die Abb. 27 zeigt diese Maschine. Die Maschine besteht aus insgesamt vier Produktionssystemen.

Man sieht oben links zunächst den Treibstoffbehälter; die Maschinerie wird mit «Lithanol» betrieben. Über einen Verteiler kann das Lithanol in die Tanks 3, 10, 15 und 20 geleitet werden, wo es dann für den Betrieb der Motoren zur Verfügung steht.

Das Produktionssystem P1 dient zur Herstellung von Lithumpulver aus Lithum. Das Rohmaterial Lithum wird in einem Pochwerk zerstampft. Das Lithumpulver kann aus dem Behälter 7 entnommen und verkauft werden. Dies ist an dem Behälter 7 durch den kleinen Hahn rechts unten angedeutet. Es kann aber auch in den Behälter 9 geleitet werden, wo das Lithumpulver als Rohmaterial zusammen mit «Steinlauge» (was immer das sein mag!) zur Herstellung von Lithumteer verwendet werden kann. Dies geschieht in einem Heizrührwerk, nachdem aus Lithumpulver und Steinlauge zunächst in einem Mischer

(Mi1) Lithumlauge hergestellt worden ist. Lithumteer kann man dem Behälter 26 entnehmen und verkaufen.

Aus Lithumteer und Luftsauerstoff läßt sich schließlich in dem «Energieproduktionssystem» E1 Lithanol herstellen. Dies kann man gleichfalls verkaufen oder auch der eigenen Energieversorgung zuführen.

Die Versuchspersonen mußten durch Einstellung der Transportventile (in der Abb. 27 durch die kleinen runden Büchsen gekennzeichnet), der Mischer und der Motorgeschwindigkeiten die Produktion so einstellen, daß das System einen möglichst großen Gewinn erbrachte. Dazu konnten die Versuchspersonen entweder die Parameter der einzelnen Teilsysteme einstellen oder auch einzelne Produktionssysteme ganz stillegen. (Für den Betrieb der Maschinerie waren – das sei nebenbei bemerkt – keinerlei technische Vorkenntnisse nötig.)

Eine besondere Rolle spielte das «Abgassystem» A1. Alle Abgase der Motoren werden in dem Behälter 21 gesammelt und können nun durch Katalysation entgiftet werden. Dies ist relativ teuer und senkt den «Gewinn» des Systems. Man kann auch die Abgase unentgiftet in die Atmosphäre blasen.

Von den Versuchspersonen wurde nun verlangt, daß sie einmal für einen möglichst hohen Gewinn der Firma sorgten, indem sie die Parameter des Systems entsprechend einstellten, und daß sie zum anderen die Umweltbelastung minimal hielten. Diese beiden Ziele widersprechen sich natürlich. Mit diesem Zielwiderspruch und der Notwendigkeit, eine große Menge von Informationen einholen und integrieren zu müssen, die außer der Technik auch noch Einkaufs- und Verkaufspreise und andere ökonomische Aspekte der Situation betrafen, mußten die Versuchspersonen in begrenzter Zeit fertig werden.

In Abb. 28 sieht man links die Anzahl von Entscheidungen der Versuchspersonen, die in dem Versuch gut oder schlecht abschnitten. Man sieht, daß die «schlechten» Ver-

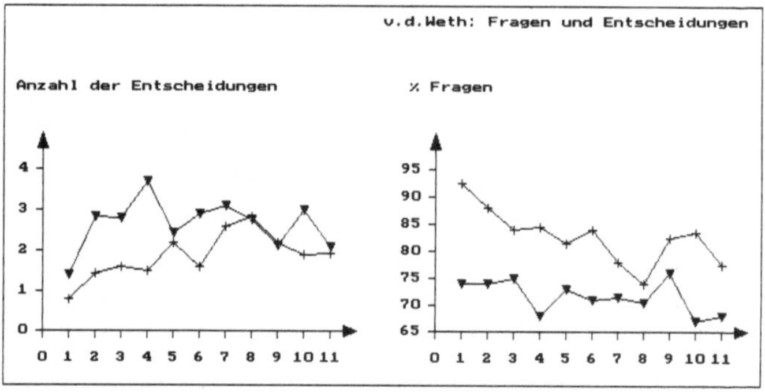

Abb. 28: Fragen und Entscheidungen bei «guten» (+–+–+) und «schlechten» (▾–▾–▾) Versuchspersonen des von-der-Weth-Versuchs

suchspersonen in den ersten fünf Eingriffsphasen deutlich mehr Entscheidungen produzierten als die «guten» Versuchspersonen.

Man sieht in Abb. 28 rechts die Anzahl von Fragen in den einzelnen Eingriffsphasen. Man sieht, daß die «schlechten» Versuchspersonen deutlich weniger fragten als die «guten».

Die «schlechten» Versuchspersonen in diesem Versuch zeigten also zumindest in den ersten Phasen des Versuchs eine Kombination von Informationsverweigerung und Aktionismus, während die «guten» Versuchspersonen zunächst mit dem «Tun» vorsichtig waren und danach strebten, sich zunächst eine gute Informationsgrundlage zu verschaffen.

Wir sehen hier also, daß die Verweigerung der Informationsaufnahme in direkter Beziehung steht zu der Entscheidungsfreudigkeit. Je weniger aufgenommene Information, desto mehr Entscheidungsfreude – und umgekehrt!

Ein solches Verhalten hat natürlich seine Folgen. In Abb. 29 sieht man die Veränderungen in den Schwerpunktbildungen der «guten» und der «schlechten Versuchspersonen. Man sieht hier die Anzahl an Protokollelementen, die zum einen auf den Themenkreis «Produktion» und zum anderen auf den Themenkreis «Abgasreinigung» entfielen. Es ist deutlich, daß die «guten» Versuchspersonen eine klarere Schwerpunktbildung und einen klaren Schwerpunktwechsel zeigen. Sie konzentrieren sich zunächst auf die Produktion und kümmern sich dann in der zweiten Phase des Versuchs um die Umweltbelastung und ihre Minimierung.

Bei den «schlechten» Versuchspersonen finden hinsichtlich beider Themenkreise keine bedeutsamen Veränderungen statt. Um die Umweltbelastung kümmern sie sich zudem sowieso erheblich weniger als die «guten» Versuchspersonen.

Man kann nun fragen, ob der Zusammenhang zwischen Handlungsgüte, Aktionismus und Informationsverweigerung ein notwendiger ist, der vielleicht in bestimmten Persönlichkeits- oder Intelligenzmerkmalen der Versuchspersonen seine Begründung hat. Könnten nicht zum Beispiel ängstliche Versuchspersonen besonders zur Informationsverweigerung und zum Aktionismus neigen?

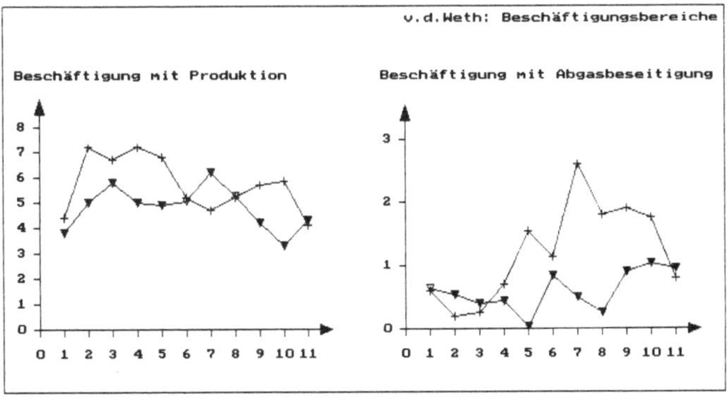

Abb. 29: Die Beschäftigungsbereiche «guter» (+–+–+) und «schlechter» (▾–▾–▾) Versuchspersonen im Zeitverlauf

Wir können auf diese Frage hier keine Antwort geben, da die Daten keine erlauben. Der Zusammenhang von Handlungserfolg, Ausmaß der Informationssammlung und Entscheidungsfreudigkeit aber kann in anderen Situationen anders sein als bei dem Umgang mit der Lithum-Maschine. Abb. 30 zeigt die Entscheidungszahlen und die Anzahl von Fragen über insgesamt acht Eingriffsphasen des Lohhausen-Versuchs (s. Kapitel 2). Hier zeigen die «guten» Versuchspersonen mehr Entscheidungsfreudigkeit als die «schlechten» Versuchspersonen, und zugleich fragen sie weniger. Sie verhalten sich also wie die «schlechten» Versuchspersonen in dem Versuch mit der Lithum-Maschine.

Wie kommt das? Unserer Meinung nach liegt der Unterschied im Zeitdruck, der bei der Lithum-Maschine erheblich größer war als in der Lohhausen-Situation.

Die «guten» Versuchspersonen fragten in beiden Versuchssituationen *genügend*. Sie bekamen dadurch die Basis für ein den Anforderungen angemessenes Entscheidungsverhalten. Die «schlechten» Versuchspersonen rea-

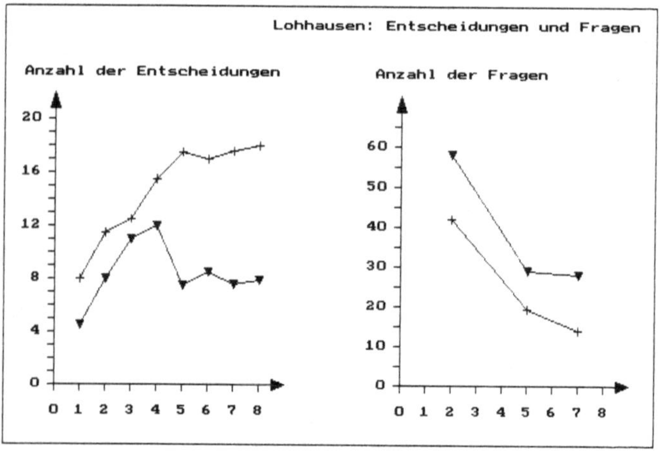

Abb. 30: Fragen und Entscheidungen im Lohhausen-Versuch (+–+–+: «gute» und ▼–▼–▼: «schlechte» Versuchspersonen)

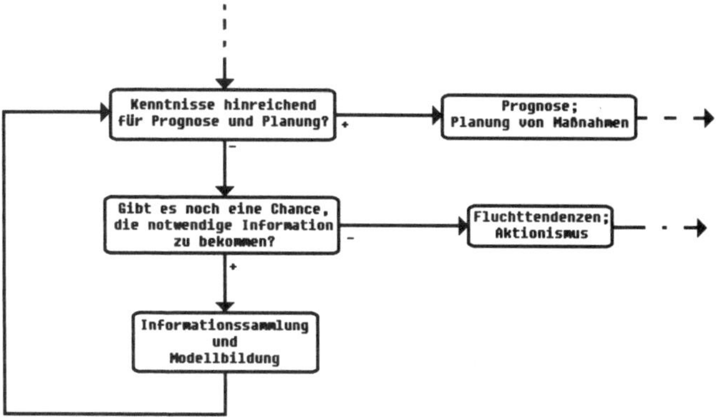

Abb. 31: Progressive Informationssammlung oder Aktionismus?

gierten auf den Zeitdruck der Lithum-Situation mit Informationsverweigerung und Aktionismus, wohingegen sie auf den geringen Zeitdruck der Lohhausen-Situation mit exzessiver Informationssammlung, einer sich daraus verstärkenden Unsicherheit, weiterer Informationssammlung und Entscheidungsvermeidung reagierten. Für diese Interpretation spricht, daß die Anzahl von Entscheidungen der «schlechten» Versuchspersonen nach der vierten Versuchssitzung nicht nur nicht weiter ansteigt, sondern absinkt.

Beide Verhaltensweisen sind die zwei Seiten einer Medaille. Je nachdem wird Unsicherheit durch Informationssammlung bekämpft (was erfolglos bleiben und sogar dazu führen kann, daß die Unsicherheit sich erhöht!) oder durch blinden (weil kaum auf Information gestützten) Aktionismus. Ob das eine oder andere erfolgt, ist vom Zeit- oder Handlungsdruck abhängig. Diesen Zusammenhang beleuchtet die Abb. 31, die im Flußdiagramm darstellt, wie die einzelnen Informationsverarbeitungsprozesse in Abhängigkeit von den jeweiligen Bedingungen aufeinander folgen.

Das Karussell der positiv rückgekoppelten Informationssammlung und Unsicherheitserhöhung wird sich nicht in alle Ewigkeit drehen. Wenn nicht irgendwann einmal doch der Informationsstand zufriedenstellend ist, wird wohl auch hier ein Bruch erfolgen. Der Akteur wird aufhören, ein Spiel weiter zu betreiben, das ihm doch nur immer mehr Unsicherheit und Angst und immer weniger Entscheidungsfähigkeit beschert.

Vielleicht resigniert er und macht gar nichts mehr.

Vielleicht folgt schließlich eine «Irrationaldrift» mit «Intuitionsaktionismus»! Weg mit dem ganzen Plunder der Rationalität, Schluß mit dem Informationssammeln und dem Nachdenken und Abwägen! Gefühl ist alles! – Und beim Handeln muß man sich ganz von seinen Intuitionen leiten lassen! (Was im wesentlichen heißt, daß man nicht weiß, wovon man da geleitet wird!)

Vielleicht folgt eine «Horizontalflucht». Man zieht sich in eine gutbekannte Ecke des Handlungsfeldes zurück und beackert dort sein kleines, wohlbekanntes, überschaubares Gärtchen.

Vielleicht folgt eine «Vertikalflucht». Man beschäftigt sich nicht mehr mit der widerspenstigen Realität, sondern nur noch mit einem fügsamen «Abbild» derselben in der Welt des eigenen Geistes. Wenn man nicht mehr die Realität betrachtet, sondern nur noch das, was man sich so darüber denkt, so läßt es sich doch erheblich freier walten! Man kann Pläne ausdenken und Strategien ersinnen, ganz so, wie man will. Man muß dabei nur eines auf jeden Fall vermeiden, nämlich die Wiederaufnahme des Kontaktes mit der Realität.

Wenn man ein Beispiel für gleichzeitiges resigniert-lethargisches Vorsichhindämmern, Verzicht auf Analyse und Informationssammlung, Umdeuten und Umdrehen von Information, plötzlich ausbrechenden, brutalen Aktionismus sucht, so lese man die Tagebücher des Joseph Goebbels (1977) aus den letzten Tagen des «Dritten Reiches». Da findet man die «vertikale Flucht» zu Friedrich dem Großen und der Zarin Elisabeth und der Endphase des Siebenjährigen Krieges. Man findet die «horizontale Flucht» in die klein(lich)e Regulation längst nicht mehr wichtiger Alltagsverrichtungen oder in den Entwurf neuer Orden! Man findet zugleich brutalste und (selbst bei Abstraktion von allen moralischen Gesichtspunkten) vollkommen sinnlose militärische Maßnahmen.

Haben wir soeben das Thema verfehlt? Was hat das noch mit Informationssammlung und Entscheidung zu tun?

6. Zeitabläufe

Raum und Zeit

Wir leben und handeln in einem vierdimensionalen System, nämlich in einem dreidimensionalen Raum, der eine horizontale und eine vertikale Erstreckung und eine Tiefe hat und der sich – gewissermaßen auf einer Zeitachse – in einer Richtung, nämlich der Richtung «Zukunft» bewegt. Wenn wir die Frage nach dem Wann und Wo eines Ereignisses beantwortet haben, so haben wir es innerhalb dieses vierdimensionalen Systems festgelegt und wissen schon eine Menge darüber.

In unserer Umgebung erkennen wir Raum- und Zeitgestalten. Wir gehen um mit Stühlen, Tischen, Häusern, Autos, Straßen und Bäumen. Das sind Objekte, Raumgestalten, die über die Zeit ziemlich unverändert bleiben und die wir in der Sprache meist mit Substantiven bezeichnen.

Wir kennen auch Zeitgestalten. Eine Melodie zum Beispiel ist eine Zeitgestalt. Sie erstreckt sich in der Zeit, ihr Spezifikum sind die Relationen der aufeinanderfolgenden Töne. Mit Raumgestalten zu operieren macht uns gewöhnlich wenig Schwierigkeiten. Wenn wir eine Sache nicht genau erkennen, so können wir ja noch einmal hinsehen und uns vergewissern, was der Fall ist. Raumgestalten können wir gemeinhin immer wieder betrachten und auf diese Weise ihre jeweils spezifische Konfiguration genau feststellen. Mit Zeitgestalten sieht es ganz anders aus:

Ich sitze am späten Nachmittag in meinem Arbeitszimmer, trinke eine Tasse Kaffee, strecke die Beine weit aus und freue mich auf einen ruhigen Abend. Die Ereignisse des Tages gehen mir noch durch den Kopf, so sinne ich über die Fakultätssitzung nach, in der es bei einem bestimmten Thema – es ging um die Verteilung von Räumen – ein heißes Wortgefecht gegeben hatte. Der Kollege A war dem Kollegen B etwas hart – fast schon beleidigend – in die Parade gefahren. Daraufhin hatte C, der mit B befreundet ist, sehr scharf gekontert und war dabei nun wirklich gegenüber A ausfallend geworden... und dann... aha! Plötzlich ist mir die «Logik» des Vorgangs klargeworden. A hat B etwas hart angefaßt, daraufhin hat C den A beleidigt. Das machte einen schlechten Eindruck auf die anderen Mitglieder der Versammlung. C erschien überaggressiv, insgesamt unangenehm. Dadurch hatte C später nur noch geringe Chancen, seinen eigenen, nur «wackelig» begründeten Antrag durchzubringen. Dies hätte nur mit dem Wohlwollen des Gremiums geschehen können, und dieses hatte C sich verscherzt. Der Antrag von C aber wäre gegen die Interessen von A gewesen! Eine fein eingefädelte kleine strategische Diversion von dem Kollegen A, der die bei C vorhandenen Neigungen zur Überreaktion sehr elegant und vorausschauend für seine Zwecke eingesetzt hat!

Die Tatsache, daß die soeben geschilderten Ereignisse einem bestimmten, durchaus vertrauten Muster einer Diskussionsstrategie gehorchen («Ärgere deinen Gegner, dann tut er etwas Unbedachtes!»), wird mir erst lange Stunden nach dem Ereignis in der Rückbesinnung klar. Zeitliche Gestalten entfalten sich eben in der Zeit. Wenn sie erst halb abgelaufen sind, kann man nicht sicher sein, welche Gestalt sie letztlich annehmen werden. Es ist auch schwer, während des Geschehens in der Zeit hin- und herzuspringen und einmal in die (noch gar nicht vorhandene) Zukunft zu schauen, um zu sehen, wie es sich wohl weiter entwickeln wird, und dann wieder in die Vergangenheit, um nachzusehen, was bislang geschehen ist.

Mit räumlichen Konfigurationen ist dies anders. Sie stehen gewöhnlich zur Inspektion zur Verfügung. Die Zukunft aber, also die weitere Entwicklung einer Zeitgestalt, steht nicht zur Disposition. Hier kann ich allenfalls raten oder versuchen, möglichst genau vorauszusehen, was sich wohl ereignen wird. Den tatsächlichen Verlauf der Ereignisse in der Zukunft sehe ich nicht. Das alles müßte ich während meiner Beschäftigung mit der Gegenwart tun, und das würde zusätzliche Bearbeitungskapazität erfordern. Aus diesem Grunde sind Zeitgestalten bei weitem schwerer zu erkennen als Raumgestalten. Oftmals, wie bei dem soeben geschilderten Beispiel, zeigen sie sich erst in der Rückbesinnung.

Die Tatsache, daß der Umgang mit Zeitgestalten erheblich schwieriger ist als der mit Raumgestalten, ist wohl der Grund dafür, daß wir ständig dabei sind, «Zeit» in «Raum» zu übersetzen. Wir zeichnen Diagramme von zeitlichen Abläufen und versuchen, auf diese Weise einen Eindruck von der Spezifität der jeweiligen Zeitgestalt zu bekommen. Denn der Umgang mit Zeitgestalten ist sehr wichtig. Um die Zukunft planen zu können, müssen wir möglichst gute Prognosen über den weiteren Ablauf der Ereignisse machen können. Um unsere Handlungen festzulegen, müssen wir versuchen, die Unbestimmtheit der Zukunft zumindest zum Teil aufzuheben. Und dies können wir nur dadurch, daß wir die Charakteristika und Determinanten der zeitlichen Abläufe erkennen, um aufgrund solcher Erkenntnisse die zukünftigen Ereignisse voraussagen zu können.

Viele Menschen führen Tagebuch. Die hinter dieser Tätigkeit liegende Motivation ist wohl auch das Bestreben, im Ablauf der Ereignisse in der Zeit Ordnungen, Gestalten zu finden, um sich auf diese Weise selbst besser zu verstehen.

Bei der Strategieplanung von Industrie- oder Handelsfirmen spielt das Studium von Entwicklungen in der Zeit, das Studium der Trends von Umsatz- und Absatz- und Produktionsziffern eine große Rolle. Im Bereich der Börse gibt es zahlreiche Firmen, die mit «Börsenbriefen» Prognosen über die Zukunft bestimmter Anlagewerte zu machen versuchen. Meteorologen, Erdbebenforscher, Demoskopen und Demographen, Politiker und alle Häusle-Bausparer, Versicherer und Versicherte – die Liste derer ist lang, die mehr oder weniger erfolgreich als Prognostiker oder gar Propheten tätig sind.

Um die Schwierigkeiten, die Menschen beim Umgang mit der Zeit, beim Erkennen von zeitlichen «Gestalten» haben, geht es in diesem Kapitel.

Der Umgang mit Zeit bewegt Menschen wohl am stärksten im Zusammenhang mit der Frage: Was wird in Zukunft sein?

Welches sind die kognitiven Operationen, die Menschen verwenden, um für sich und für andere die Zukunft aufzuklären? Einige Antworten auf diese Frage kann man dem Buch «Rowohlts Liste der Weissagungen und Prognosen», herausgegeben von Wallechinsky und Wallace (1983), entnehmen. Dieses Buch enthält in 18 Kapiteln Voraussagen über so gut wie jeden Bereich des öffentlichen und privaten Lebens, von zukünftigen Kriegen und anderen Katastrophen (Kapitel 3) bis hin zu Freizeitaktivitäten in der Zukunft (Kapitel 8). Das Buch ist eine höchst lesenswerte Mischung von Blöd- und Tiefsinn! Es vereint Laien- und Expertenprognosen. Man findet verworrene Antizipationen zukünftiger Monstrositäten, hervorgebracht von selbsternannten «Sehern» und «Propheten» bis hin zu Voraussagen renommierter Wissenschaftler und nüchterner Alltagsmenschen. Über die bemerkenswerten und merkwürdigen Inhalte dieses Buches wollen wir hier aber nicht sprechen. Uns interessiert, was man dem Buch im Hinblick auf die psychischen Mechanismen entnehmen kann, die Menschen verwenden, um sich die Zukunft verfügbar zu machen. Folgende «Mechanismen der Prognose» fallen auf:

Die *Momentanextrapolation:* Bei der Prognose künftiger Zustände spielen diejenigen Aspekte der Gegenwart die zentrale Rolle, die augenblicklich sehr ärgern, bestürzen oder erfreuen. Die Ölknappheit von 1979 zum Beispiel brachte den Biochemieprofessor und Science-fiction-Autor Isaac Asimov dazu, für 1985 vorauszusagen, daß die Welterdölproduktion unter den Weltbedarf fallen werde. (Im März 1986 ist der Benzinpreis unter DM 1,– pro Liter gefallen, nachdem er vorher schon eine Zeitlang bei DM 1,50 gelegen hatte.)

In einer Momentanextrapolation wird ein augenblicklich sinnfälliger Trend mehr oder minder linear und «monoton», das heißt ohne Richtungsänderung fortgeschrieben. Dies oder jenes ist ganz schlimm. Also wird es immer noch schlimmer werden! Es kommt also bei einer Momentanextrapolation zweierlei zusammen: erstens die Einengung der Aufmerksamkeit des «Propheten» auf das, was ihn augenblicklich positiv oder (meistens!) negativ stark anrührt, und zweitens die linear-monotone Fortschreibung der wahrgenommenen Entwicklung. Wir werden später in diesem Kapitel noch oft auf die Tendenz zur linearen und zur monotonen Fortschreibung von Entwicklungen eingehen. Die Fixierung der Aufmerksamkeit auf das augenblicklich Problematische beinhaltet natürlich die Gefahr, den gegenwärtigen Umständen eine allzu große Bedeutung beizumessen. Die Festlegung auf linear-monotone Entwicklungen erzeugt die Gefahr, daß Richtungs- und Geschwindigkeitsänderungen von Entwicklungen nicht antizipiert werden.

Eine weitere, oft beobachtbare Tendenz bei den Prognosen ist die *Zentralideetendenz*. Diese basiert auf einer «reduktiven Hypothesenbildung», wie wir sie in dem Abschnitt «Juden, Jesuiten und Freimaurer...» (Seite 129ff) kennengelernt haben. Sie besteht darin, daß *ein* Faktor zum eigentlich bestimmenden gemacht und der Rest des Weltgeschehens auf ihn bezogen wird. In dem «Volksprognosenbuch» von Wallechinsky findet man beispielsweise Voraussagen zukünftiger Weltverhältnisse, in denen alles nur noch von der Energieversorgung abhängig ist oder alles nur von der «Zentralvariablen» Terrorismus. Solche Zentralideetendenzen können natürlich direkt mit Tendenzen zur Momentanextrapolation zusammenhängen oder sich aus ihnen ergeben.

Es liegt nahe, das, was einen im Moment hauptsächlich bewegt, nicht nur in seiner bislang beobachteten Entwicklung fortzuschreiben, sondern auch als Zentralpunkt des Weltgeschehens zu betrachten.

In diesem Kapitel geht es letztlich um die Frage, wie sich Menschen ein Bild von der Zukunft machen. Wir werden untersuchen, wie Menschen «Zeitgestalten» erkennen und wie sie ihr Handeln auf solche Erkenntnisse einstellen. Wir werden zunächst auf die Tendenzen zur linearen Fortschreibung von Entwicklungen eingehen. Wir werden untersuchen, wie Menschen mit Entwicklungen umgehen, die nicht linear sind, sondern sich beschleunigen. Später in diesem Kapitel wird uns interessieren, wie Menschen mit «schwingenden» oder aber scheinbar plötzlich ihre Richtung ändernden Entwicklungen umgehen.

Seerosen, Reiskörner und Aids

Kinder und auch manche Erwachsene kann man mit folgender Scherzfrage verblüffen:

In einem Teich mit einer Wasseroberfläche von 1300 Quadratmetern wächst eine Seerose. Zu Beginn des Frühjahrs hat sie ein Blatt. Ein Blatt hat eine Fläche von 100 Quadratzentimetern. Nach einer Woche hat die Seerose zwei Blätter. Nach der darauffolgenden vier. Nach sechzehn Wochen ist der halbe Teich bedeckt. Wie lange wird es noch dauern, bis der ganze Teich bedeckt ist? Was schätzen Sie??

Geht man davon aus, daß die Seerose ihre Entwicklung mit unvermindertem Tempo fortsetzt, so dauert es natürlich nur noch eine Woche, bis der ganze Teich bedeckt ist. Denn die Seerose hat ihre Blattfläche in jeder Woche um 100 Prozent vermehrt. Dennoch macht die Aufgabe vielen Leuten Schwierigkeiten. Wenn die Seerose immerhin 16 Wochen brauchte, um den halben Teich zu bedecken, so ist es nur schwer einzusehen, daß sie nun nur noch eine Woche braucht, um die andere Hälfte des Teiches zu überdecken.

Es gibt eine alte Anekdote über den Erfinder des Schachspiels und seinen Herrn, einen indischen König. Der König versprach nach der Präsentation des Spiels dem Erfinder gelangweilt-großzügig eine Belohnung. Der gute Mann durfte sich aus der Schatzkammer irgend etwas Kostbares erbitten.

Den Erfinder ärgerte die geringe Einsicht des Königs in seine Leistung, und so sann er auf eine feine List. Er bat nur um eine ganz bescheidene Belohnung. Kein Gold, keine Juwelen, keine einträgliche Pfründe! Nur ein wenig Reis, das war sein Wunsch. Und zwar so viel, wie man einem Schachbrett zuordnen könne, wenn man auf das erste Feld ein Korn, auf das zweite Feld zwei Körner, auf das dritte Feld vier Körner, auf das vierte Feld acht Körner usw. legen würde.

Der König, sehr froh, auf diese billige Art und Weise sich seiner Belohnungspflichten entledigen zu können und zugleich die Dummheit des Fordernden milde belächelnd, schickte nach einer Schüssel mit Reis. Sehr bald erwies es sich, daß die Schüssel keineswegs ausreichte. Und einige Berechnungen des Hofmathematikers machten bald klar, daß die «ganz bescheidene» Bitte des Schachspiel-Erfinders nicht erfüllbar war. Ingesamt braucht man nämlich

2^{63} Reiskörner allein für das letzte Feld des Schachbretts. Das sind so um die 9223372036000000000 Reiskörner, auf eines mehr oder weniger soll es uns hier nicht ankommen. Das wiederum sind etwa 153 Milliarden Tonnen Reis, wenn man davon ausgeht, daß etwa 60 Reiskörner auf ein Gramm gehen. Dies sind wiederum ca. 31 Millionen Schiffsladungen zu je 5000 Tonnen. Und damit haben wir erst die Reismenge des letzten Feldes berechnet. Auf das vorletzte entfallen deutlich weniger Körner, nämlich nur ungefähr 4611686018000000000, also (natürlich) nur die Hälfte der Menge des letzten Feldes. Der Schachspiel-Erfinder hatte sich also eine Belohnung erbeten, für die die Beschreibung «fürstlich» eine schamlose Untertreibung wäre.

Interessant für uns ist nicht so sehr die List des Erfinders des Schachspiels. Interessanter ist der König! Er war offensichtlich nicht in der Lage, die Charakteristika einer bestimmten Entwicklung richtig zu erfassen. Der «explosive» Verlauf einer exponentiellen Entwicklung blieb ihm verborgen. Es gibt viele solcher Könige!

Einen, besser gesagt: eine solche Königin, da es sich um eine Redakteurin handelt, finden wir als Autorin eines Artikels der «Frankfurter Allgemeinen Zeitung» vom 14.9.1985. Dort stand (in einem sehr sachlichen, gut recherchierten Aufsatz) über die Ausbreitung der Krankheit Aids zu lesen, daß am 2. September 1985 262 Fälle von Erkrankungen in der Bundesrepublik Deutschland bekanntgeworden seien. Mitte August seien es 230 gewesen. Von den Erkrankten seien 109 bislang gestorben.

Die Autorin beendet den Absatz mit der Frage: «Eine verschwindend geringe Zahl – verglichen mit den Krebstoten, den Verkehrstoten, den Herz- und Kreislaufkranken?» Hier haben wir wieder das milde Lächeln des indischen Königs: Wer wird sich denn über so ein bißchen Reis aufregen?

Das Fragezeichen am Satzende bleibt der einzige, sehr versteckte Hinweis auf denjenigen Aspekt der Aids-Epidemie, der viel wichtiger ist als die aktuelle Anzahl von Erkrankungen an Aids, nämlich der Aspekt der *Zuwachsraten*. Was im Moment der Fall ist, ist eigentlich nicht so wichtig im Vergleich mit dem, was der Fall sein wird oder der Fall sein könnte. Bei Entwicklungen sind die Entwicklungscharakteristika viel wichtiger als der Status quo. Daß man aber mit einer Entwicklung besser als *Entwicklung* umgehen sollte und nicht nur mit ihrem gegenwärtigen *Zustand*, scheint oft nicht sehr klar zu sein.

Bis zum Zeitpunkt des Artikels betrug die Zuwachsrate für Aids etwa 130 Prozent pro Jahr. Dies bedeutet eine Verdoppelungszeit von 0,8322 Jahren oder etwa 10 Monaten. Die Verdoppelungszeit vz ergibt sich aus der Wachstumsrate p nach der Formel:

$$(1) \qquad vz = \ln(2)/\ln(1 + p/100)$$

wobei p für die Wachstumsrate in Prozent steht und ln für den natürlichen Logarithmus.

Man sieht in Abb. 32 die Aids-Entwicklung in der Bundesrepublik bis 1989. Bis zum Ende des Jahres 1987 liefert die Annahme eines konstanten Wachstums von 130 Prozent ganz gute Prognosen. Bei den Krankenzahlen der Abb. 32 handelt es sich jeweils um die *kumulierte* Krankenzahl, also um die Anzahl der bis zu diesem Zeitpunkt insgesamt Erkrankten und Verstorbenen, keineswegs um die Anzahl der dann zu diesem Zeitpunkt vorhandenen Krankheitsfälle.

Ab Ende 1987 wird das Wachstum anscheinend geringer, aber das konnte man 1986 noch kaum wissen.

Eine Epidemie kann nur in der ersten Zeit ihrer Ausbreitung eine (fast) konstante Zuwachsrate haben. Später muß sie abnehmen; ich werde weiter unten noch beschreiben, warum. Dumm ist nur, daß man im Falle von Aids kaum wissen konnte, wie lange diese «erste» Zeit dauert. Wenn es länger gedauert hätte mit einer Zuwachsrate von

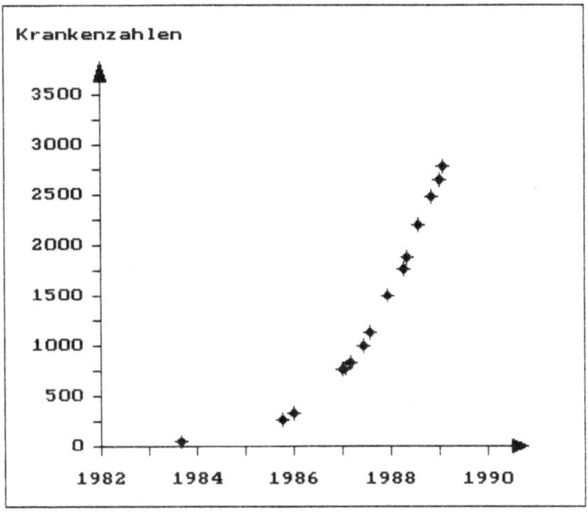

Abb. 32: Aids-Erkrankungen in der Bundesrepublik bis zum Ende des Jahres 1988

130 Prozent, so hätten sich beängstigende Konsequenzen ergeben! 130 Prozent Wachstum: das heißt in 5 Jahren eine Zahl von 16863 Kranken, in 10 Jahren eine Zahl von 1085374 Kranken!

Die Krankenzahlen bei konstanter Wachstumsrate ergeben sich nach der Formel:

$$(2) \qquad k_n = k_0 \times (1 + p/100)^n$$

Setzt man als Betrag k_0 die Zahl 262 und nimmt man eine Wachstumsrate von 130 Prozent pro Jahr an, so ergibt sich für k_n bei $n = 10$: $262 \times (1 + 1{,}3)^{10} = 1085374{,}6$.

Formel (2) ist die «Zinseszinsformel», die man in der Schule lernt, um auszurechnen, daß sich ein Betrag von DM 1,–, im Jahre 1500 auf die Bank gebracht, bei einem Zinssatz von nur 3 Prozent bis 1987 auf einen Betrag von 1785370 DM vermehrt hätte: Wer hätte da nicht einerseits die übertriebene Knausrigkeit seiner Ahnen beklagt, andererseits aber an der Richtigkeit der Formel gezweifelt!

Die mit der Zinseszinsformel errechneten Zahlen sind nun keine Quantité négligeable mehr! Sie demonstrieren die Notwendigkeit, bei einer Entwicklung auf jeden Fall die Prozeßcharakteristika mitzubetrachten.

Aber selbst wenn man das tut, kann es schiefgehen!

Die Leserbriefrubrik der «Zeit» vom 15.10.1985 war überschrieben mit «Nur keine Panik!». Leser äußerten sich zu zwei Artikeln über Aids in der Nr. 43 (1985) der «Zeit». Die Spaltenüberschrift entnimmt die Redaktion dem Brief eines Lesers, der nach einigen Rechnungen zu dem Schluß kommt, daß «selbst bei Zugrundelegung der schlechtesten Prognosen ... seit Bekanntwerden der Krankheit bis ins Jahr 2000 insgesamt nicht so viel an Aids erkranken oder sterben, wie in einem einzigen Jahr den Herztod sterben».

Hier fehlte der Griff zum Taschenrechner. Denn wie ein anderer «Zeit»-Leser am 13.11.85 feststellt, wäre tatsächlich, bei Zugrundelegung der schlechtesten Prognosen, im Jahre 2001 der heutige Gesamtbestand der Gattung Homo, nämlich 4,7 Milliarden an Aids erkrankt.

Der «Fränkische Tag» vom 13.12.1985 berichtet, daß bis Ende November 1985 in der Bundesrepublik 340 Aids-Fälle bekanntgeworden seien. Zugleich wird berichtet, daß die Seuche «nicht in dem bisher befürchteten Ausmaß» zunehme. Man fragt sich, woher diese Annahme stammt? Wenn man sich daran erinnert, daß Anfang September eine Anzahl von 262 Aids-Erkrankungen genannt worden war, dann ergibt sich bis Ende November (innerhalb von 3 Monaten) ein Zuwachs um knappe 30 Prozent, was einem monatlichen Zuwachs von 9 Prozent und einem jährlichen Zuwachs von 183 Prozent entspricht.

Hat man die Zuwachsrate für den Zeitraum m, so ergibt sich die Zuwachsrate für den Zeitraum n nach der Formel (3):

$$(3) \qquad p_n = ([1 + p_m/100]^{n/m} - 1) \times 100$$

Die Zuwachsrate von September bis Dezember 1986 entspricht einer Verdoppelungszeit von ziemlich genau 8 Monaten. Damit hatte also am 13.12.1985 die Seuche eher mehr zugenommen, als es bislang beobachtet worden war, und nicht «nicht in dem Ausmaß».

Der intuitive Umgang mit nichtlinear verlaufenden Wachstumsprozessen fällt uns allen recht schwer, und wir sind gut beraten, in solchen Fällen nicht auf Intuition, sondern eher auf die Mathematik und den Computer zu vertrauen.

Die «Zinseszinsformel» ist für epidemiologische Untersuchungen nur sehr begrenzt brauchbar. Sie setzt voraus, daß jeder Infizierte seine Infektion in dem Maße weitergibt, wie er infizierende Praktiken ausübt, also zum Beispiel im Falle von Aids ungeschützten Sexualverkehr betreibt. Tatsächlich ist aber eine derartige Weitergabe der Infektion gar nicht möglich, da es mit zunehmender Verbreitung der Infektion immer öfter geschehen wird, daß ein Infizierter bei der «infizierenden Praxis» auf einen anderen Infizierten stößt, den er nicht mehr neu infizieren kann, da der Partner schon infiziert ist. Dadurch allein sinken in einer abgeschlossenen Population die Wachstumsraten ständig ab, um schließlich nach völliger «Durchinfektion» der Population auf 0 zu sinken.

Natürlich wird sich Aids nicht in der bisher beobachteten Geschwindigkeit weiter ausbreiten, es werden bestimmte Risikopopulationen erschöpft sein, in anderen Populationen wird die Ausbreitung von Aids langsamer vor sich gehen. Darum geht es aber nicht. Es geht darum, daß offensichtlich die intelligenten Leser der «Zeit» und die gleichfalls intelligenten Redakteure der «Zeit» und die ebenfalls intelligente Autorin des Artikels über Aids in der FAZ keine richtigen Vorstellungen von dem Ablauf einer Entwicklung hatten, die – zumindest zeitweise – exponentiell vor sich geht.

Seerosen und Reiskörner sind vielleicht nicht so wichtig. Aids aber könnte sehr wichtig werden: nicht nur für die von der Krankheit Betroffenen, sondern auch für diejenigen, die die enormen Steuermittel für die Versorgung der Kranken aufzubringen haben. Das Beispiel Aids zeigt aber ganz gut, wie wichtig es ist, sich über Zeitabläufe eine halbwegs zutreffende Vorstellung zu bilden. Dies fällt Menschen sehr schwer.

Wir haben bislang Einzelfälle betrachtet, die mehr oder minder zufällig aufgefunden worden sind. Einzelfälle zeigen, welche Denk- und Verhaltenstendenzen es bei Menschen gibt, sagen aber nichts darüber aus, wie häufig sie sind. Die geringe Fähigkeit zum Umgang mit nichtlinearen Zeitverläufen läßt sich aber nicht nur an Einzelfällen demonstrieren, sondern auch im psychologischen Experiment als allgemeines Phänomen beobachten. Hier kann man die Stärke dieser Tendenz, zum Beispiel exponentielle Wachstumsverläufe zu unterschätzen, noch besser abschätzen als bei den Einzelfällen, die man im Alltag zu Gesicht bekommt. Die Abb. 33 zeigt einige Ergebnisse aus experimentellen Untersuchungen. Wir gaben beispielsweise Versuchspersonen den Auftrag, eine Wachstums-

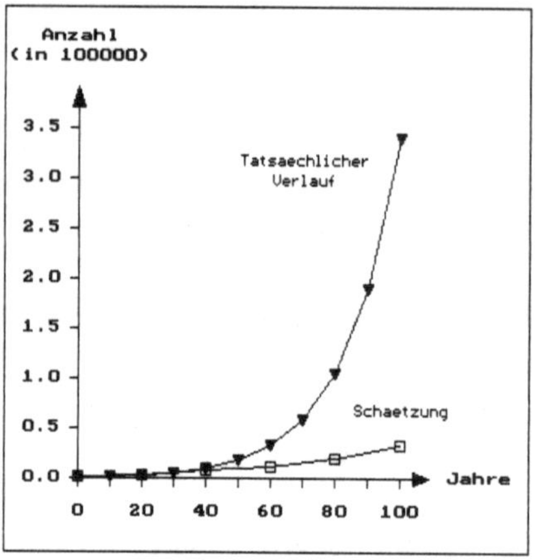

Abb. 33: Die durchschnittliche Schätzung eines Wachstums von 6 Prozent und der tatsächliche Verlauf eines entsprechenden Wachstums

rate von 6 Prozent über 100 Jahre zu schätzen. Dieser Auftrag war in der Form folgender Instruktion verkleidet:

«Die Leitung eines kleinen Traktorenwerkes meint, daß 6 Prozent jährliches Wachstum der Produktion notwendig ist, um auf die Dauer die Existenz der Unternehmung zu sichern. 1976 wurden 1000 Traktoren hergestellt. Schätzen Sie einmal, ohne viel zu rechnen, wieviel Traktoren das Werk jeweils in den Jahren 1990, 2020, 2050 und 2080 herstellen muß, damit die Wachstumsrate erreicht wird.»

Die durchschnittlichen Ergebnisse dieses Schätzversuches zeigt die Abb. 33. Man sieht, daß die Versuchspersonen das tatsächlich notwendige Wachstum stark unterschätzen.

Aus diesem Ergebnis läßt sich ablesen, daß zum Beispiel der normale Zeitungsleser, dem ein Artikel mitteilt, die Waldschäden nähmen jährlich um 20 Prozent zu, die tatsächliche Information dieser Nachricht überhaupt nicht versteht. Er glaubt zu verstehen, aber er versteht nicht.

Selbst Rückwärtseinschätzungen tatsächlich abgelaufener Entwicklungen fallen Versuchspersonen schwer. Bürkle (1978) gab Versuchspersonen die Zahlen der Erdölförderung zu Beginn dieses Jahrhunderts, also zu Beginn der Motorisierung. Die Versuchspersonen bekamen zugleich die Information, daß die Erdölproduktion seit dieser Zeit ständig exponentiell, also nach der Zinseszinsformel, angewachsen sei. Unsere (akademisch gebildeten) Versuchspersonen wurden gefragt, ob ihnen ein Wachstum nach der Zinseszinsformel klar sei. Sie bejahten dies. Sodann mußten sie den weiteren Gang der Erdölproduktion seit Beginn dieses Jahrhunderts schätzen. Abb. 34 zeigt das Ergebnis. Auch hier wieder eine eklatante Unterschätzung des tatsächlichen Verlaufs.

Es scheint nur dann möglich zu sein, intuitiv, ohne weitere Vorbildung, exponentielle Wachstumsraten richtig einzuschätzen, wenn ständig Rückmeldungen über das Zutreffen oder Nichtzutreffen ihrer Prognose kom-

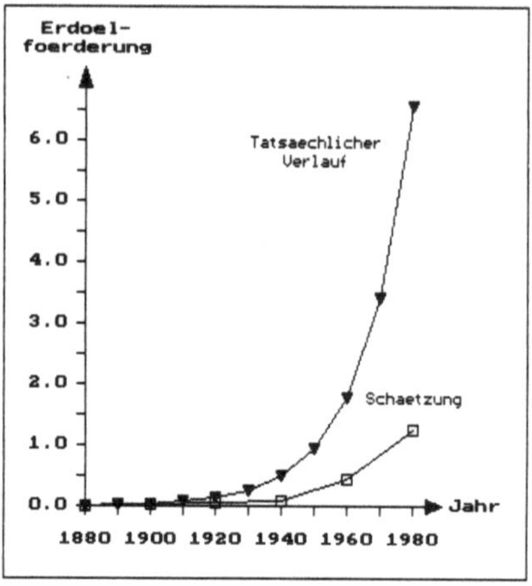

Abb. 34: Tatsächlicher Verlauf der Erdölförderung bis 1980 und Schätzung des Verlaufs

men (s. MacKinnon 1986). Dies aber ist gerade die Bedingung, in der der normale Bürger nicht steht. Der erfährt eben an einem Mittwoch im September aus der Zeitung, daß die Anzahl von Aids-Erkrankungen wiederum um soundsoviel Prozent angestiegen ist. Die nächste Information bekommt er im Dezember. Die Integration der verschiedenen Informationen wird ihm nicht gelingen.

Auch wenn sich die geringe Fähigkeit zum Umgang mit nichtlinearen Verläufen im Einzelfall und im Experiment demonstrieren läßt, so bedeutet dies keineswegs, daß Menschen nicht anders können! Sie können sehr wohl recht gut auch mit nichtlinearen Verläufen umgehen, wenn man sie entsprechend trainiert und sie auf die Existenz von Prozessen mit Charakteristika dieser Art hinweist. Wir kommen darauf zurück.

Verfrühte Entwarnung?

Am Donnerstag, dem 1. Dezember 1988, fand der «Welt-Aids-Tag» statt. Dieser schlug sich in der Presse etwa folgendermaßen nieder:

«Aids breitet sich auch in der Bundesrepublik langsamer aus!» («Fränkischer Tag», Bamberg am 2. 12. 88)

«Erfolg der Aufklärung: Aids-Zahlen stark gesunken!» («Abendzeitung», München am 1. 12. 88)

Zugleich wurde berichtet, daß seit Beginn der Zählung im Jahr 1982 in der Bundesrepublik insgesamt 2668 Aids-Erkrankungen bekanntgeworden seien. Der Verdoppelungszeitraum liege jetzt bei 13,5 Monaten gegenüber einem Zeitraum von 8 Monaten im Jahr 1984 («Fränkischer Tag» vom 2. 12. 88).

Hinter solchen Nachrichten steht die Meinung, daß umsichtigeres Verhalten, die Aufklärungsarbeit der Bundesregierung, die Angst vor einer Ansteckung oder all das zusammen, zu einer Verlangsamung der Ausbreitung der Aids-Epidemie geführt haben.

Dies aber kann ein Fehlschluß sein! Die Aids-Epidemie ist ein Beispiel dafür, daß man mit dem Urteil über Zeitabläufe recht vorsichtig sein und viele Umstände berücksichtigen muß. Wir wollen dies nachfolgend demonstrieren und es dem Leser selbst überlassen herauszufinden, ob aus den bislang bekannten Daten tatsächlich folgt, daß die Aids-Epidemie sich «verlangsamt» hat.

Warum schreiben wir «verlangsamt» in Anführungszeichen? Nun: allein schon der Begriff «Verlangsamung» ist eine kleine Betrachtung wert:

Unter «Verlangsamung» wird wohl normalerweise verstanden, daß irgendeine Größe mit der Zeit geringer wird. Was wird nun bei Aids geringer? Der in den Zeitungsnachrichten meist nicht weiter erläuterte Begriff «Verlangsamung» verführt manchen zu dem Glauben, die *Anzahl* von Aids-Erkrankungen oder Aids-Infektionen pro Zeiteinheit würde geringer. Dies wird zum Beispiel durch die Artikelüberschrift der «Abendzeitung», die wir oben zitierten, nahegelegt.

Diese Art von «Verlangsamung» aber ist keineswegs gegeben, zumindest nicht für die *Erkrankungen* an Aids. (Für die Infektionen kennt man nur die Zahlen, die seit Herbst 1987 die Labore melden müssen. Da unbekannt ist, in welcher Beziehung die Anzahl derjenigen Infektionen, die durch die Labore erfaßt werden, zur Gesamtanzahl der Neuinfektionen steht, läßt sich aufgrund der Laborberichte lediglich aussagen, daß *mindestens* die jeweils gemeldete Anzahl von Infizierten in der Bundesrepublik vorhanden ist. Die tatsächliche Anzahl bleibt unbekannt.)

Die Anzahl von Neuerkrankungen pro Zeiteinheit ist bei Aids bislang keineswegs gesunken; gesunken ist vielmehr die *Wachstumsrate* der Erkrankungen. Das heißt, daß pro Zeiteinheit die Anzahl der Erkrankungen *in bezug* auf die schon vorhandene Anzahl von Erkrankungsfällen abgenommen hat. Über die absolute Anzahl der Erkrankungen sagt die Wachstumsrate nur dann etwas aus, wenn man die Bezugszahl kennt. Vor allem bedeutet das Absinken der Wachstums*rate* keineswegs, daß die *Anzahl* der Erkrankungen oder Infektionen abnimmt.

10 Prozent sind erheblich weniger als 300 Prozent. Die Zunahme aber von einer Zahl von 10 Aids-Patienten auf insgesamt 40 Erkrankte bedeutet eine Wachstumsrate von 300 Prozent, wohingegen die Zunahme von 2500 auf 2750, also 250 Neuerkrankte, lediglich eine Zunahme um 10 Prozent bedeutet. Eine niedrigere Wachstumsrate ist also durchaus vereinbar mit einer höheren Anzahl von Erkrankungen. Dies ist eigentlich trivial, muß aber manchem gesagt werden.

Ferner ist es wichtig zu beachten, daß eine Verlangsamung in den Zuwachsraten bei der Ausbreitung einer Epidemie auftreten *muß*, und zwar ohne jegliche Verände-

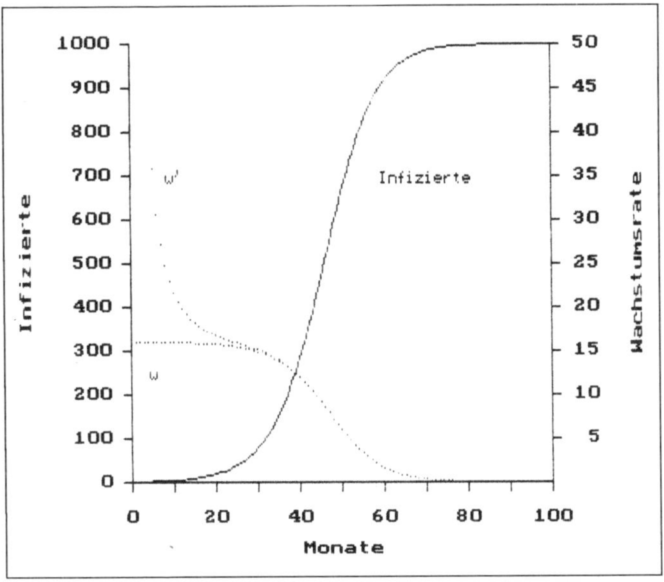

Abb. 35: Ausbreitung der Aids-Infektion in einer fiktiven, stabilen Population von 1000 Individuen gemäß Formel (1)

rung der Infektiosität und ohne jegliche Verhaltensänderung in der Population! Dies liegt einfach an der zunehmenden Anzahl von (nicht mehr infizierbaren) Infizierten. Abb. 35 zeigt, wie sich die Aids-Infektion in einer fiktiven Population ausbreiten würde, die aus 1000 Personen besteht, von denen in jedem Monat 20 Prozent ihre Partner wechseln. Die Wahrscheinlichkeit, daß in dieser Population jemand beim Zusammenleben mit einem Aids-Infizierten selbst infiziert wird, sei 0,8. Die Zunahme der Anzahl von Infizierten kann man in einem solchen Fall nach folgender Formel berechnen:

(1) neuinfi = altinfi/(pop − 1) × (pop − altinfi) × promisk × probinfi.

Hierbei bedeuten:

neuinfi: die Anzahl der Neuinfizierten,
altinfi: die schon vorhandenen Infizierten,
pop: die Größe der Population,
promisk: die relative Häufigkeit der Partnerwechsel in der Population. promisk = 0,2 bedeutet also, daß pro Monat 20 Prozent der Angehörigen der Population einen neuen Sexualpartner suchen und finden,
probinfi: die Wahrscheinlichkeit, daß jemand, der mit einem Infizierten zusammenlebt, selbst auch infiziert wird.

Fangen wir mit einem Infizierten an, so sind nach einem Monat $1 + (1/999) \times 999 \times 0{,}2 \times 0{,}8 = 1{,}16$ Infizierte vorhanden, nach 2 Monaten $1{,}16 + (1{,}16/999) \times 998{,}84 \times 0{,}2 \times 0{,}8 = 1{,}3455$ Infizierte, nach 3 Monaten 1,5607 Infizierte usw. (Natürlich wird es nie gebrochene Anzahlen von Infizierten geben. Die angegebenen Dezimalbrüche versteht man am besten als Mittelwertschätzungen.)

Mit der Formel (1) läßt sich für jeden Zeitpunkt die Anzahl der Neuinfizierten bestimmen. (Natürlich geht in diese Formel eine Reihe von Annahmen ein, die man nicht unbedingt für richtig halten muß. Beispielsweise wird angenommen, daß die Partnerwahl derjenigen Personen, die einen neuen Partner suchen, vollkommen zufällig erfolgt und keine Subpopulationen mit bestimmten Vorlieben vorhanden sind.)

Bleibt die Population vollkommen unverändert, und bleiben auch sonst alle Parameter gleich, so ergibt sich nach Formel (1) in der Zeit ein Wachstum der Anzahl von Infektionen gemäß der logistischen Funktion. Die Formel dafür lautet:

$$(2) \quad y = 1 / (1 - \exp[-a \times (t_h - t)]).$$

Hierbei bedeutet a die «Steilheit» des Anstieges des Wachstums und th die Halbwertszeit des Wachstums, also im Falle der Ausbreitung einer Epidemie den Zeitpunkt, zu dem die Hälfte der Population infiziert ist. Auf die genauen Beziehungen zwischen der Formel (1) und der Formel (2) wollen wir hier nicht weiter eingehen.

Insgesamt wächst die Anzahl der Infizierten entsprechend der durchgezogenen Kurve der Abb. 35. Man sieht, daß in diesem einfachen Modell die Infektionszahlen beschleunigt zunehmen, um schließlich bei zunehmender Sättigung geringer zu werden. Die Wachstumsrate aber (gepunktete Kurve w) fällt – wie man sieht – ständig ab. Zunächst liegt sie bei 16 Prozent, beginnt dann etwa bei dem 35. Monat stark abzusinken, um schließlich etwa beim 80. Monat 0 zu werden.

Die Wachstumsrate in Prozent wird folgendermaßen berechnet:

$$(3) \quad \text{wachstumsrate} = (\text{neuinfi} / \text{altinfi}) \times 100.$$

In der scheinbar unproblematischen Berechnung von Wachstumsraten stecken aber weitere Tücken, die man beachten muß, wenn man sinkende Wachstumsraten richtig beurteilen will. Nehmen wir einmal an, man hätte im Jahre 1983 ein Verfahren entdeckt, mit dem man Aids diagnostizieren kann. Dann wird man in diesem Jahr eine bestimmte Anzahl von Krankheitsfällen auffinden, sagen wir: 16. Im nächsten Jahr wird man vielleicht 18 neue Krankheitsfälle entdecken, und man hat dann insgesamt 34 Krankheitsfälle entdeckt. Die Wachstumsrate beträgt $([34-16]/16) \times 100 = 112{,}5$ Prozent. Oder nicht?

Nun: die «wahre» Wachstumsrate kann viel niedriger sein! Denn daß man im Jahre 1983 mit dem Diagnostizieren begann, bedeutet keineswegs, daß nicht schon vorher

Aids-Kranke vorhanden waren. Sie waren mit Sicherheit da, wurden aber nicht oder nur selten im nachhinein als solche erkannt. Nehmen wir einmal an, daß es bei uns bis 1982 insgesamt schon 100 Aids-Fälle gegeben hatte und daß die Anzahl von 16 Fällen im Jahre 1983 in Wirklichkeit nur der *Neuzuwachs* gewesen ist. Dann hätte man 1984 nicht eine Wachstumsrate von über 100 Prozent, sondern lediglich eine solche von 15,51 Prozent gehabt. Der Unterschied von 15 Prozent und 112 Prozent ist nicht gerade unbedeutend. Fälschlicherweise ein Wachstum von 112 Prozent anzunehmen, wenn das wirkliche Wachstum knapp 16 Prozent beträgt, ist schon eine ganz ordentliche Täuschung!

Wenn man bei einer Entwicklung irgendeinen Zuwachs als Startzahl nimmt und die Wachstumsraten entsprechend berechnet, so wird man anfangs die Geschwindigkeit des Prozesses gewaltig überschätzen, da man den «Vorlauf» nicht berücksichtigt. Wir vermuten, daß eine solche Überschätzung zu Beginn der Beschäftigung mit der Aids-Epidemie der Fall war. Einmal auf die Krankheit aufmerksam geworden, entdeckte man zunächst hauptsächlich den Zuwachs. Den «Vorlauf» konnte man ja oft auch gar nicht mehr ermitteln! In Abb. 35 sieht man die Wachstumsrate des Prozesses, wenn man den ersten Zuwachs als Bezugszahl nimmt, in der mit w' gekennzeichneten Kurve. Man sieht, daß diese «Wachstumsraten» sich zu Beginn des Prozesses sehr deutlich von den wahren Wachstumsraten unterscheiden. Der erste berechenbare Wert ist $([1{,}34557 - 1{,}16]/0{,}16) \times 100 = 115{,}98$ Prozent, der zweite ist $([1{,}5607 - 1{,}34557]/0{,}34557) \times 100 = 62{,}25$ Prozent.

Die Nichtberücksichtigung des «Vorlaufs» kann ein Grund für anscheinend sehr stark absinkende Wachstumsraten sein.

Eine sinkende Wachstumsrate ist also zunächst einmal keineswegs ein Indiz dafür, daß irgendwelche Vorsorgemaßnahmen oder Verhaltensänderungen wirksam geworden sind. In unserem Beispiel haben wir über die gesamte Zeit hinweg Promiskuität und Infektiosität nicht verändert. Veränderungen in den Wachstumsraten sagen nur dann etwas über Verhaltensänderungen aus, wenn gezeigt werden kann, daß diese von dem natürlicherweise zu erwartenden Abfall der Wachstumsraten signifikant abweichen, und wenn man sicher sein kann, daß kein «Vorlaufeffekt» in der Berechnung der Wachstumsrate steckt.

In der Presse sind diese Tatsachen meines Wissens noch nie klargestellt worden. So schreiben in der «Zeit» vom 10. 11. 1988 Manfred Reitz und Hans Schuh: «Die zahlreichen Aufklärungsprogramme scheinen jedoch erste Früchte zu tragen. In den USA hat sich die Erkrankungsrate noch 1984 alle 9 Monate verdoppelt, 1985 alle 11 Monate und 1986 schließlich alle 13 Monate.» Der Staatssekretär im Bundesgesundheitsministerium, Pfeifer, sagte entsprechend (laut «Fränkischem Tag» vom 2. 12. 88), daß die Verdoppelungszeit der Erkrankungen im Jahre 1984 in der Bundesrepublik 8 Monate betragen habe, nun aber auf 13,5 Monate zugenommen habe.

Eine Erörterung der Frage, ob diese Abnahmen die natürlicherweise zu erwartenden sind oder zurückzuführen auf die Nichtberücksichtigung des Vorlaufs, fehlt in den Stellungnahmen.

Der Zusammenhang zwischen Wachstumsraten und Verdoppelungsraten ist (man erinnere sich an Formel [1] des Abschnitts «Seerosen ...») folgender:

(4) verdoppelungszeit = ln(2) / ln(1 + wachstumsrate/ 100).

In der Zunahme der Verdoppelungszeiten steckt also eine Abnahme der Wachstumsrate von 9,05 Prozent im Monat (bei einer Verdoppelungszeit von 8 Monaten) auf 5,27 Prozent im Monat (Verdoppelungszeit von 13,5 Monaten).

Dies bedeutet eine Abnahme von 182,8 Prozent Zuwachs pro Jahr auf 85,2 Prozent Zuwachs pro Jahr. Das ist in der Tat eine recht beachtliche Verminderung! Was sagt sie aus? Steckt darin tatsächlich die vermutete Verhaltensänderung oder nur das, was als Abnahme der Wachstumsraten sowieso zu erwarten ist? Wir wollen dies nachfolgend analysieren.

Auf der Abszisse der Abb. 36 ist der Zeitraum der Jahre von 1978 bis 1992 abgetragen. Die Sternchen in der Mitte der Graphik bedeuten die kumulierten Aids-Fälle zu den jeweiligen Zeitpunkten in der Bundesrepublik Deutschland, wie ich sie jeweils aktuellen Zeitungsberichten entnommen habe. Die zu den Sternchen gehörende Zahl kann man ermitteln, indem man die zugehörige Zahl auf der linken Skala mit 10 multipliziert. Ende November 1988 gab es also etwa 2660 Aids-Fälle. Im Juni 1983 waren es 43.

Man sieht, daß die Anzahl von Aids-Erkrankungen seit 1983 stark beschleunigt zunimmt. Oft hat man die Beschleunigung mit einem «exponentiellen» Wachstum in

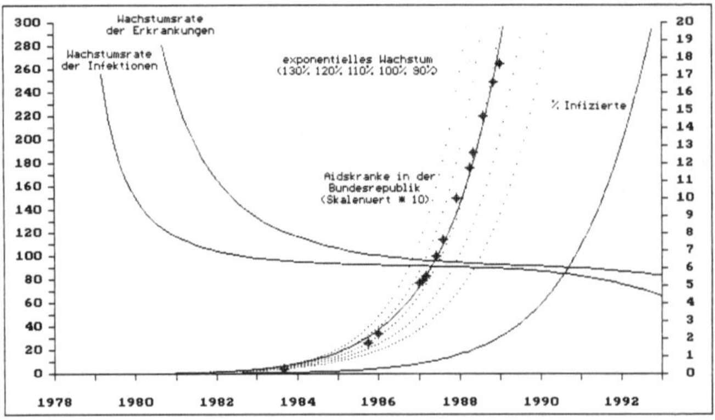

Abb. 36: Erkrankungsfälle in der Bundesrepublik, so wie in der Presse berichtet und entsprechend der im Text beschriebenen Simulation

Zusammenhang gebracht. Bei einem exponentiellen Wachstum bleibt die Wachstumsrate über die Zeit konstant. Aus den oben erwähnten Gründen ist das bei einer Epidemieausbreitung in einer begrenzten Population unmöglich. Allenfalls der Beginn einer Epidemieausbreitung kann «exponentiell» aussehen. Betrachtet man den Kurvenzug, der durch die Sternchen gebildet wird und vergleicht ihn zum Beispiel mit Kurven des exponentiellen Wachstums, so sieht man, daß das Tempo der Zunahme der Aids-Fälle in der Tat mit einem exponentiellen Wachstum (gepunktete Kurven) nicht genau übereinstimmt (obwohl bis zum heutigen Tage eine Schätzung der Aids-Fallzahlen mit einer konstanten Wachstumsrate von 110 Prozent keine schlechte Schätzung wäre). Die Graphik zeigt exponentielle Wachstumsprozesse, die ich so gelegt habe, daß sie zu Beginn mit der Ausbreitung der Aids-Epidemie halbwegs übereinstimmen. Die gepunkteten Kurven zeigen Wachstumsprozesse mit 130 Prozent, 120 Prozent, 110 Prozent, 100 Prozent und 90 Prozent Wachstum pro Jahr.

Man sieht, daß diese exponentiellen Wachstumsprozesse eine insgesamt größere Beschleunigung aufweisen als die Ausbreitung der Aids-Epidemie. Das gilt sogar für die «langsamen» Kurven für 100- bzw. 90prozentiges Wachstum. Diese steigen zunächst deutlich langsamer als die Zahl der Aids-Fälle, holen dann aber schon in dem hier betrachteten Zeitraum deutlich auf und erreichen fast das Tempo der Aids-Entwicklung. Eine Verlängerung der Kurven würde zeigen, daß sie sehr bald alle erheblich schneller steigen als die Kurve der Aids-Erkrankungen. Letztere hat also kein exponentielles Wachstumsverhalten.

Nun haben verständige Leute das auch nie behauptet, da ein exponentieller Wachstumsprozeß sich, wie schon erwähnt, nur dann entwickeln kann, wenn völlig unbegrenzte «Ressourcen» zur Verfügung stehen.

Man muß für die Beurteilung der Verlangsamung der Aids-Epidemie nicht nur verstanden haben, daß die Wachstumsraten der *Infektionen* ständig abnehmen. Die Aids-Erkrankung bricht nicht unmittelbar nach der Infektion aus. Vielmehr dauert es mitunter geraume Zeit, bis sich aus einer Infektion das «Vollbild» der Krankheit entwickelt. Man rechnet heute mit einem Mittelwert von 8 bis 10 Jahren (s. Tillett 1988). Wenn also ein bestimmter Bestandteil einer Population zum Zeitpunkt i, sagen wir im Monat Januar des Jahres 1978, mit dem Aids-Virus infiziert wurde, werden einige wenige Angehörige dieser Population nach relativ kurzer Zeit an Aids erkranken; im Mittel wird es aber bis ungefähr 1987 dauern, ehe die Krankheit ausbricht. Viele Virusträger werden auch erst sehr viel später erkranken. Eine zu einem bestimmten Zeitpunkt infizierte Teilpopulation wird also eine Art von zeitlich um etwa 8 bis 10 Jahre verschobene «Welle» von Erkrankungen erzeugen. Abb. 37 zeigt eine mathematische Formulierung dieses Sachverhaltes.

Zum Beispiel: Eine Population von 1000 Personen hat sich zum Zeitpunkt 0 mit dem Aids-Virus infiziert. Die Angehörigen dieser Population werden irgendwann das Vollbild der Krankheit entwickeln, falls sie hinreichend lange leben und nicht vorher aus anderen Gründen sterben. Die S-förmig gebogene Kurve der Abb. 37 zeigt den Übergang vom Zustand «gesund» zum Zustand «krank». Sie zeigt zu jedem Zeitpunkt, welcher Prozentsatz der Population noch nicht erkrankt ist. Wie man sieht, ist in diesem Beispiel nach etwa 96 Monaten die halbe Population erkrankt, aber selbst nach 20 Jahren (also nach 240 Monaten) ist noch etwa 1 Prozent der Population (das wären in unserem Fall also etwa 10 Personen) nicht erkrankt. Die «bauchförmige» Kurve in Abb. 37, die ihren Gipfel bei etwa 80 Monaten hat, stellt die Häufigkeit der Übergänge pro Zeiteinheit dar. Den entsprechenden Zahlenwert kann man auf der Skala ganz links ablesen. Im 80. Monat

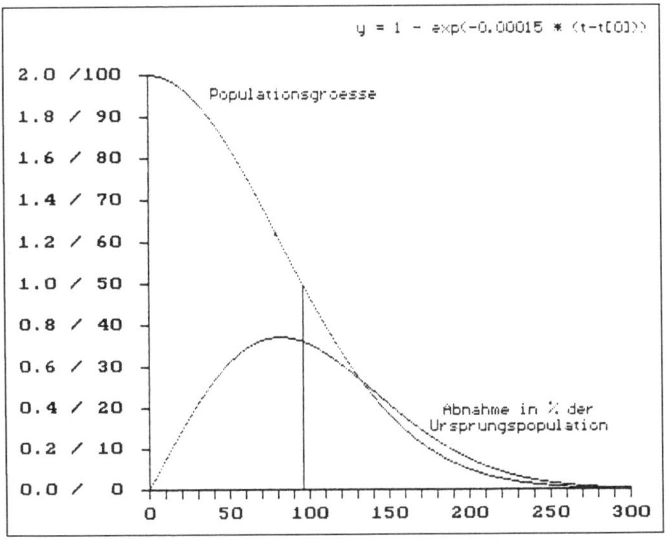

Abb. 37: Übergang vom Zustand «gesund» zum Zustand «krank» gemäß Formel (3)

werden also ungefähr 0,75 Prozent der Population (also in unserem Beispiel etwa 7,5 Personen) von Zustand «gesund» zum Zustand «krank» überwechseln.

Mathematisch basiert dieses Modell auf der Annahme, daß zu einen bestimmten Zeitpunkt nach der Infektion die Wahrscheinlichkeit einer Erkrankung

$$(3) \quad p = 1 - \exp(-r \times [t - t_i])$$

ist. Hierbei ist t_i der Infektionszeitpunkt. (Wir wollen hier nicht weiter begründen, warum wir gerade diese Formel wählen. Man betrachte sie einfach als präzise Hypothese über die Art, wie die Wahrscheinlichkeit, an Aids zu erkranken, mit der Zeit zunimmt.)

Mit der Wahl eines Wertes für r bildet man eine Hypothese über die mittlere Zeitdauer bis zur Erkrankung.

Wählt man für r den Wert 0,00015, so ergibt sich eine mittlere Inkubationszeit von 96 Monaten mit einer Streuung wie in Abb. 37 angegeben. Für $t - t_i = 80$, also für eine Infektionsdauer von 80 Monaten, ergibt Formel (3) den Wert 0,01193. Mit diesem Wert wird die noch vorhandene Population multipliziert, und daraus ergibt sich die Anzahl der Übergänge vom Zustand des Infiziertseins zur Aids-Erkrankung zu diesem Zeitpunkt. (In unserem Fall sind zum Zeitpunkt 80 noch ungefähr 615 Personen nicht erkrankt. $615 \times 0{,}01193$ ergibt 7,34, was ungefähr dem oben angegeben Wert von 0,75 Prozent von 1000 für die Übergänge vom Zustand «gesund» zum Zustand «krank» entspricht.)

Nehmen wir einmal an, daß es am 1. Januar 1978 in der Bundesrepublik in einer bestimmten «Risikopopulation» von 3 000 000 Personen 46 Infizierte gegeben hätte. Weiterhin wollen wir annehmen, daß innerhalb dieser «Risikopopulation» eine relativ hohe Promiskuität besteht: Pro Monat suchen und finden im Durchschnitt 11,6 Prozent der Individuen einen neuen Sexualpartner. Und schließlich wollen wir annehmen, daß das Zusammenleben eines Infizierten mit einem Uninfizierten mit einer Wahrscheinlichkeit von 0,53 dazu führt, daß der uninfizierte Partner gleichfalls infiziert wird. Die Ausbreitung der Infektion in unserer fiktiven Risikopopulation läßt sich dann für jeden Zeitpunkt gemäß der Formel (1) berechnen.

Für den Übergang von dem Zustand «gesund» zum Zustand «krank» wählen wir das Modell, welches in Formel (4) steckt. Für r wählen wir 0,00015 und erhalten somit für jede Monatsgruppe von Neuinfizierten einen Übergang zum Krankenstadium, welches der Abb. 37 entspricht. Simulieren wir mit diesen Annahmen die Ausbreitung der Aids-Epidemie und die Zunahme der Erkrankungen, so erhalten wir die Entwicklung der Abb. 36.

Abb. 36 zeigt sowohl die Wachstumsraten der Anzahl der Infizierten in der Population als auch die Wachstumsrate der Anzahl von Erkrankten. (Wir haben die Wachstumsraten auf den ersten Zuwachs bezogen, also den ‹Vorlauf› nicht berücksichtigt, und dadurch ergeben sich die anfangs sehr hohen Wachstumsraten.) Die Wachstumsraten (für jeweils ein Jahr) kann man auf der linken Skala ablesen. Zum Zeitpunkt Juni 1983 ergibt sich also eine jährliche Wachstumsrate der Infektionen von 100 Prozent. Die Wachstumsrate der Erkrankungen beträgt zu diesem Zeitpunkt etwa 125 Prozent. Dies entspricht einer Verdoppelungszeit von ca. 10,25 Monaten. (Anfang 1983 haben wir eine Wachstumsrate von etwa 140 Prozent, was einer Verdoppelungszeit von 9,5 Monaten entspricht. Wir sind damit nicht ganz bei den 8 Monaten, die Staatssekretär Pfeifer für 1983 nannte. Die von Pfeifer für 1983 angegebene Verdoppelungszeit haben wir etwa zum Jahresende 1981. Da unsere Zahlen aber sehr gut mit den empirischen Fallzahlen übereinstimmen, wollen wir der Abweichung der Zahlen für 1983 kein allzu großes Gewicht beimessen, vor allem auch, da alle Erhebungen über Krankheitsfälle in diesen Jahren mit sehr großen Ungenauigkeiten behaftet sind. Ende 1988 haben wir eine Wachstumsrate von ca. 90 Prozent bei den Erkrankungen; dies entspricht einer Verdoppelungszeit von ca. 13 Monaten. Das entspricht ganz gut den Zahlen von Staatssekretär Pfeifer.)

Wie man sieht, sind die Wachstumsraten in keiner Weise konstant, sondern verändern sich ständig. Sie sind zunächst ziemlich hoch (Vorlaufeffekt!), stabilisieren sich dann auf einem Niveau von etwa 100 Prozent, um schließlich weiter abzufallen. Interessant und bedeutsam ist, daß die Wachstumsraten für die Zahl der Erkrankungen zunächst sehr deutlich über den Wachstumsraten für die Zahl der Infizierten liegen, sich ihnen später jedoch langsam angleichen. Die Tatsache, daß die Zahl der Erkrankungen zunächst relativ schneller anwächst als die der Infizierten, ist als «Transienteneffekt» bekannt (s. Gonzales & Koch 1986, 1987). Dieser kommt dadurch zustande, daß zu Beginn der Ausbreitung der Epidemie die Anzahl der Erkrankungsfälle zu einem bestimmten Zeitpunkt sich aus jeweilig fälligen Erkrankungsraten einer früheren Infektionswelle sowie aus den «Schnellstartern» späterer Infektionsgruppen zusammensetzt. Dadurch wächst zu Beginn der Ausbreitung der Epidemie der Krankenstand zunächst relativ beträchtlich schneller als die Zahl der Neuinfektionen. Der Transienteneffekt kommt also dadurch zustande, daß die Infizierten einer bestimmten Kohorte nicht zum gleichen Zeitpunkt in den Krankenzustand überwechseln, sondern mit einer bestimmten zeitlichen Streuung.

Weiterhin sieht man in der durchgezogenen Linie der Abb. 36 die ziemlich genau mit den Sternchen für die tatsächlichen Erkrankungsfälle in der Bundesrepublik zusammenfällt, die kumulierte Anzahl der Erkrankungsfälle. Dieser Linienzug ist nun das wichtigste Ergebnis dieser kleinen Untersuchung. Die Tatsache, daß er mit der Lage der Sternchen so gut übereinstimmt, bedeutet nämlich nichts anderes, als daß die Anzahl der tatsächlichen Erkrankungsfälle in der Bundesrepublik als Ergebnis eines Prozesses verstanden werden kann, der *keinerlei Bremsungen* aufweist.

Die ansteigende Kurve, die man im rechten Teil des Bildes sieht, ist die Anzahl der Infizierten in Prozenten der Gesamtpopulation. In unserem Beispiel beträgt sie Ende 1988 etwa 2,1 Prozent der Gesamtrisikopopulation, also etwa 63000 Personen. Bis zum Jahre 1992 würde sie bei dem von uns angenommenen Prozeß auf über 20 Prozent ansteigen, also auf mehr als 600000 Personen (was wir nicht für wahrscheinlich halten!).

Wir haben die Parameter für die Startzahl von Infizierten (46), für die Größe der Risikopopulation (3000000), für Promiskuität (0,116) und Infektiosität (0,53) willkürlich gewählt. Man sollte aber auf die Ausgangsparameter dieses

Prozesses kein allzu großes Gewicht legen. Die Tatsache, daß sich die Entwicklung der kumulierten Aids-Erkrankungszahlen in der Bundesrepublik durch einen Prozeß der angegebenen Art sehr gut reproduzieren läßt, bedeutet nicht, daß er mit eben diesen Parametern entstanden ist. Vielmehr läßt es sich leicht zeigen, daß andere Annahmen mit Risikopopulationen anderer Größe, anderen Promiskuitätsraten und Infektionswahrscheinlichkeiten, die gleiche kumulierte Erkrankungszahl produzieren können. Darauf kommt es aber hier nicht an. Es ging allein darum zu zeigen, daß die bislang beobachtete Anzahl von Erkrankungen nicht notwendigerweise eine Verlangsamung durch externe Umstände, also etwa durch veränderte Gewohnheiten innerhalb der Risikopopulation, bedeutet. Vielmehr sind die Daten mit der Annahme einer bislang völlig ungebremsten und lediglich ihrer natürlichen Verlangsamung gehorchenden Entwicklung gut im Einklang. Entwarnung ist also fehl am Platz.

Wenn auch die Wahl der Anfangsparameter willkürlich ist, so ist doch ein weiteres Ergebnis dieser kleinen Betrachtung nicht willkürlich, nämlich die Anzahl der Infizierten. Wenn Formel (4) mit dem Parameter $r = 0{,}00015$ eine vernünftige Hypothese für die Wahrscheinlichkeit des Überganges von «gesund» zu «krank» für einen Infizierten eines bestimmten «Infektionsalters» ist, so ist die Beziehung zwischen der Zunahme der Erkrankungsfälle und der Zunahme der Infektionen eindeutig. Das heißt: Man kann bei Kenntnis der Krankenzahlen die Häufigkeiten der Infizierten zu früheren Zeitpunkten berechnen. Die Schätzung von 63000 Infizierten Ende 1988 ist also durchaus ernst zu nehmen (auf Einschränkungen werden wir unten hinweisen!), wenn auch die Parameter, aufgrund deren diese Anzahl in unserem Modell zustande gekommen ist, nicht ernst genommen werden sollten.

Abb. 38 zeigt eine weitere Simulation. Wir haben hier angenommen, daß ab Mai 1986 gravierende Verhaltensän-

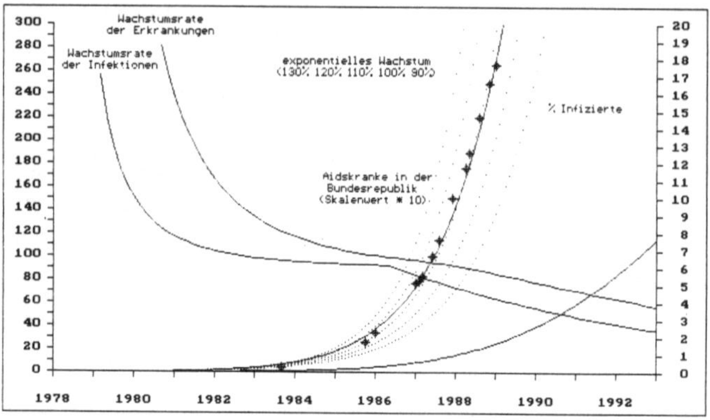

Abb. 38: Simulation unter der Annahme der Änderung der Infektionswahrscheinlichkeiten ab Mai 1986. Siehe Text

derungen der Risikopopulation stattgefunden haben, die dazu führten, daß die Infektiosität von 0,53 auf 0,1 absinkt, und zwar jeweils in Schritten von 1 Prozent des Unterschiedes von alter Infektiosität und dem Wert von 0,1. Im Juni 1986 beträgt dann also die Infektiosität nur noch 0,5257, im Juli 1986 0,5214 usw. Man sieht die Veränderungen deutlich in der schnellen Verringerung der Wachstumsraten der Anzahl der Infizierten in Abb. 38. Man sieht auch, daß der Anteil der Infizierten an der Gesamtpopulation Ende 1992 nur noch bei 7,6 Prozent liegt statt bei über 20 Prozent. Man sieht weiterhin, daß in diesem Fall die Anzahl der Ende 1988 vorhandenen Infizierten nur noch bei ca. 1,7 Prozent der Risikopopulation von 3000000 liegt. Dies wären also «lediglich» 51000 Infizierte.

Man sieht aber auch, daß die Verhaltensveränderungen von 1986 auf die Erkrankungsziffern von 1988 kaum durchschlagen. Dies kann wegen der langen Inkubationszeit auch noch gar nicht in großem Umfang der Fall sein. Tatsächlich beträgt die Anzahl von Aids-Erkrankungen am 31.12.1988 2779. Unsere Simulation, die im November 1988 durchgeführt worden ist, sagte «ohne Verhaltensänderung» (Abb. 36) für diesen Zeitpunkt 2803 Fälle voraus, «mit Verhaltensänderung» (Abb. 38) 2709 Fälle.

(Wir haben alle Simulationen mit einem einfachen Ein-Compartment-Modell der Bevölkerung gerechnet. Man kann so etwas natürlich viel differenzierter machen, wenn man ein Multi-Compartment-Modell verwendet, welches die verschiedenen Verhaltensweisen verschiedener Teilpopulationen einer Gesamtpopulation simuliert. Wir haben ein solches Multi-Compartment-Modell einmal entworfen [s. Dörner 1986 oder Badke-Schaub & Dörner 1988]; für die Zwecke dieses Abschnitts reicht aber schon dieses einfache Modell aus.])

Die Tatsache, daß eine Verhaltensänderung ziemlich drastischer Art in unserem Modell in den Krankenzahlen noch kaum sichtbar ist, macht die Interpretation der Verlangsamung der Ausbreitung von Aids als verursacht durch Aufklärung und Information noch fragwürdiger.

Hoffentlich und vielleicht gibt es solche Effekte. Aus der Verringerung der Krankenzahlen lassen sie sich bislang nicht überzeugend nachweisen.

Man sollte aus den vorstehenden Betrachtungen zumindest den Schluß ziehen, daß man Zahlen nicht einfach nur nach ihrer Größe beurteilen sollte. Man muß den Prozeß mitbeachten, der sie erzeugte, um ihre Bedeutung zu erfassen. Und das braucht nicht immer einfach zu sein.

Ulanen und Sternenkrieger

Die «Wunderburg» ist ein Stadtteil im Osten von Bamberg. Bei den Bambergern heißt die «Wunderburg» auch das «Glasscherbenviertel» im Hinblick auf die Art und Weise, wie dort angeblich Familien- und sonstige Streitereien geregelt werden. Es lebt sich aber dort gut, wie ich aus eigener Erfahrung mitteilen kann. Die «Wunderburg» verfügt über zwei gute Bierbrauereien, eine «rechte» und eine «linke». Außerdem gibt es eine Kirche für diesen Stadtteil, was für Bamberg fast selbstverständlich ist.

Vor dieser Kirche steht ein kleines Denkmal. Auf einem hohen, schlanken Steinpodest sieht man einen Ulanen auf einem steigenden Pferd. Ulanen waren Reitersoldaten in polonisierten Uniformen (ursprünglich stammte diese Art von Kavallerie aus Polen), die mit Lanzen bewaffnet waren. In Bamberg war bis zum Ende des Ersten Weltkrieges das 1. Königlich Bayerische Ulanen-Regiment stationiert, die «Kaiser-Ulanen», deren nomineller Regimentschef Kaiser Wilhelm II. war. Das Denkmal erinnert an dieses Ulanen-Regiment und besonders an eine Attacke, die dieses Regiment – zusammen mit seinem Schwesterregiment – bei Lagarde in Lothringen am 11. August 1914 ritt. In einer der letzten großen Kavallerie-Attacken der Geschichte griff diese Reiter-Brigade französische Truppen an, die sich mit Maschinengewehren und Kanonen zur Wehr setzten. Das Regiment verlor bei der Attacke 7 Offiziere und 151 Mannschaften. Das waren sehr hohe Verluste. Aber was soll man eigentlich erwarten, wenn eine geballte Masse von Pferden und Reitern auf Maschinengewehre losreitet? Die Abb. 39 zeigt eine heroisierende Darstellung der Attacke aus der Regimentsgeschichte.

Attacken glanzvoller Kavallerie-Regimenter, die kläglich untergingen im Schnellfeuer der Infanteriewaffen – das war nichts Einmaliges in den ersten Wochen des Ersten Weltkriegs. Man machte derlei allerdings nicht mehr sehr lange. Die Kavallerie-Attacke gegen Maschinengewehre und schnellfeuernde Artillerie war ganz einfach ein Anachronismus. Nun fragt es sich, wieso man eigentlich die Wirkung von Maschinengewehren und Artillerie auf geschlossen attackierende Kavallerie-Verbände nicht voraussehen konnte? «Eigentlich» ist es doch selbstverständlich, was bei einem solchen Unternehmen herauskommen muß!

Aber man hat es eben nicht vorausgesehen. Man konnte es offensichtlich nicht. Man konnte sich nicht vorstellen, welche Kriegsbilder der Weltkrieg tatsächlich hervorbringen würde. Man hat sich zu Beginn des Krieges nicht die Schützengrabenkämpfe vorgestellt, die dann tatsächlich stattfanden. Man hat sich die Massenschlächtereien von Verdun nicht vorgestellt. 1914 zog man noch ausgerichtet wie auf dem Exerzierplatz gegen den Feind, mit Trommel- und Pfeifenklang, die Offiziere mit gezogenem Degen vor der Front. Man stellte sich wohl den Krieg insgesamt wie eine Neuauflage des deutsch-französischen Krieges von 1870/71 vor. «Weihnachten sind wir zu Hause!», das war die Auffassung, die weit verbreitet war. Den Krieg, der sich dann entfaltete, hat niemand gewollt, weil ihn niemand so vorausgesehen hatte.

Wir wollen an dieser Stelle nicht Gründe und Hintergründe des Ersten Weltkriegs untersuchen. Was uns interessiert, ist das falsche Kriegsbild, das man sich machte und das zumindest dazu beitrug, daß all das, was sich vom August 1914 an entfaltete, im vorhinein so harmlos und fast fröhlich aussah. Wir haben hier ein Beispiel für die Antizipation von Zukunft, ein Beispiel für die Art und Weise, wie Menschen Vorstellungen von zukünftigen Realitäten gewinnen.

Abb. 39: Das Gefecht von Lagarde

Ich meine, daß der «Denkmechanismus», der zu solchen Bildern führt, im wesentlichen als ein Prozeß der Strukturextrapolation beschrieben werden kann. Der Mechanismus ist einfach: Man stellt sich einen neuen, bislang unbekannten und zukünftigen Sachverhalt so vor wie den entsprechenden, bereits bekannten. Er hat die gleichen Komponenten, die die gleichen Relationen zueinander aufweisen, daher «Strukturextrapolation».

Eine Komponente der Struktur «Gefecht» oder «Schlacht» aber war vor dem Ersten Weltkrieg die Kavallerie-Attacke. Und diese fand somit nicht nur in den Vorstellungen der militärischen Planer, sondern auch «real» ihren Platz im Kriege, mit dem Effekt des Todes von Tausenden (oder des Todes von Millionen, wenn man annimmt, daß die Kriegsbereitschaft bei den damals kriegführenden Mächten mit der Antizipation der *tatsächlichen* Erscheinungsweisen des Weltkrieges vermutlich abgesunken wäre).

Die ersten Autos waren Pferdewagen ohne Pferde. Anders waren sie anscheinend zunächst nicht vorstellbar. Strukturextrapolation! Jules Vernes Reise zum Mond geschah durch einen Kanonenschuß. Auch dies ist ein Beispiel für die Strukturextrapolation – und damit ein Beispiel für die geringe menschliche Fähigkeit, sich Zukunft, die strukturelle «Brüche» enthält, vorzustellen. Kanonenschüsse waren die zu Jules Vernes Zeiten üblichen Mittel des Transportes von «Gütern» durch die Luft.

Auch zu Zeiten von Jules Verne waren Raketen (zum Beispiel als Feuerwerkskörper) durchaus bekannt, und ihre größere Geeignetheit für die Raumfahrt – im Vergleich mit einem ballistisch sich bewegenden Projektil – ist «eigentlich» offensichtlich. Denn eine Rakete hat einen eigenen Antrieb, eine Kanonenkugel nicht.

Wir Menschen scheinen eine starke Tendenz zu haben, uns die Zukunft als Fortschreibung der Gegenwart vorzustellen. Gelegentlich mag es dabei auch zu Inversionen

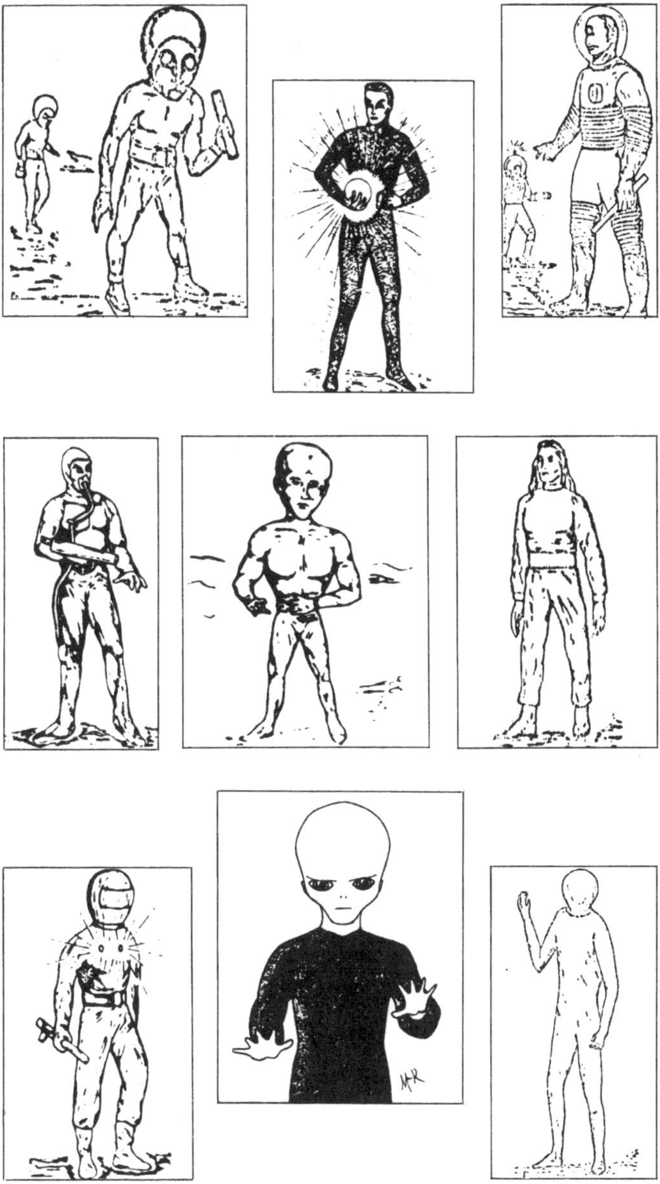

Abb. 40: Sternenwesen

kommen. Wunschbilder und Utopien, immerhin auch eine Art von Zukunftsvorstellungen, sind oft dadurch gekennzeichnet, daß sie den Mangel in Überfluß und den Überfluß in Mangel verwandeln. Aus zu viel Mühe und zu wenig Essen wird das Schlaraffenland mit geringer Mühe und viel Essen. Aus der Unterjochung und Einflußlosigkeit eines großen Teiles der Bevölkerung wird die Diktatur des Proletariats. Die Vorausschau zukünftiger Szenarios scheint gewöhnlich entweder durch eine Strukturfortschreibung oder durch eine Strukturinversion zu geschehen.

Sehr schön sichtbar wird der Mechanismus der Strukturextrapolation in den Szenarios und Gestalten der Science-fiction und der Phantasie-Literatur. Betrachtet man Illustrationen zu dieser Literaturgattung oder Filme aus diesem Bereich, so wird sinnfällig, daß die Autoren die zukünftigen oder phantastischen Welten im wesentlichen gemäß dem Modell der Gegenwart konstruieren. Abb. 40 zeigt eine Sammlung von Zeichnungen von «Außerirdischen», die von Ufologen zusammengestellt wurde, also von Leuten, die der Meinung sind, daß unsere Erde ständig von unbekannten Sternenwesen besucht wird. Abb. 40 zeigt, was solche Leute angeblich zu Gesicht bekommen haben.

Die Sternenwesen richten sich anscheinend sehr genau nach dem menschlichen Bauplan. Wenn in der Science-fiction-Literatur davon abgewichen wird, dann meistens nur in Details. Aus einer Nase wird ein Rüssel. Aus zwei Ohren werden vier Ohren. Aus einem Menschenkopf wird ein Schweine- oder Elefantenkopf. Abb. 41 zeigt eine solche Kombination. Auch hier ist aber die Strukturfortschreibung noch deutlich erkennbar.

Man kann auch ganz anders vorgehen. Man kann beispielsweise Bedingungen formulieren und sich dann überlegen, wie eine Realität aussehen könnte, die den jeweiligen Bedingungen und Anforderungen gerecht wer-

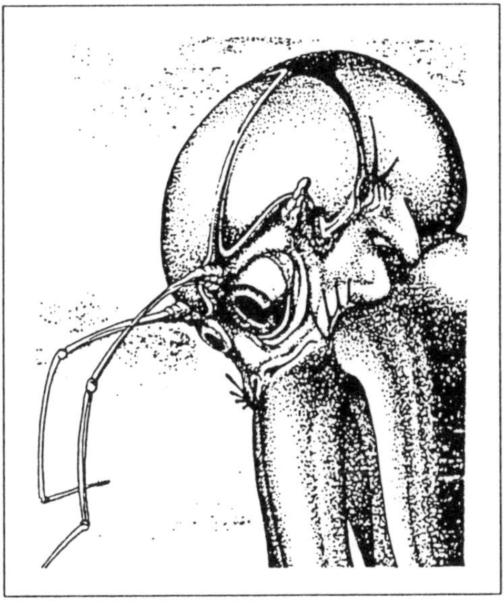

Abb. 41: Ein Kombinationswesen

den könnte. Der polnische Science-fiction-Autor Stanisław Lem beschreibt diese Art von Konstruktion. Ein sich bewegendes System muß eine Art von Gleichgewichtsorgan haben, damit es sich im Raum richtig orientieren kann. Welche Möglichkeiten für solche Gleichgewichtsorgane gibt es? Man kann einmal (und so ist es praktisch in allen uns bekannten Fällen realisiert) die Schwerkraft ausnutzen und ein Gleichgewichtsorgan bauen, welches sich wie ein Pendel verhält und Verschiebungen des Körpers gegen die Schwerkraftlinien indiziert. Man könnte aber auch ganz anders vorgehen. Man könnte beispielsweise ein Kreiselsystem bauen. Man könnte die Magnetlinien des Erdmagnetfeldes benutzen oder die Richtung des Lichteinfalls (letzteres tun manche Fische).

Durch eine Analyse der Bedingungen und Anforderungen einer bestimmten Situation kommt man auf ganz andere Möglichkeiten, mit einem bestimmten Problem fertig zu werden, als durch die pure Strukturfortschreibung.

Wie kommen wir nun zu unserer starken Tendenz zur Strukturextrapolation?

Wir wollen etwas ausholen, um diese Frage zu beantworten: Ein geübter Autofahrer hat komplizierte Verkehrssituationen in einer Großstadt fast «traumhaft» im Griff. Er fährt an, bremst, lenkt aufgrund der Wahrnehmung und richtigen Klassifizierung von Verkehrsschildern, Ampeln, plötzlich zwischen parkenden Autos hervorkommenden Fußgängern, dem Verhalten anderer Fahrzeuge usw.

Die sehr erstaunliche Koordination verschiedener Wahrnehmungen und Bewegungen kann man wohl nur dadurch erklären, daß man annimmt, daß der Autofahrer ein «Bild» der gesamten Situation im Kopf hat, welches ständig durch neue Eindrücke modifiziert und ergänzt wird. Aufgrund dieses Bildes weiß der Autofahrer, wann er wo auf was achten muß, wo er hinsehen muß, was er nicht zu beachten braucht. Er braucht sich dies nicht explizit klarzumachen. Für den Autofahrer besteht das Bild der jeweiligen Umgebung und der daraus extrapolierte «Erwartungshorizont» nicht aus Einzelteilen, die isoliert behandelt werden. Er hat die Dinge «im Gefühl». Er handelt «intuitiv». Und das heißt, daß er im Grunde gar nicht genau weiß, warum er in der jeweiligen Situation bremst, anfährt, vorsichtig ist, auf diese oder jene Aspekte der Verkehrssituation mehr Aufmerksamkeit verwendet als auf andere.

Das Umgebungsbild des Autofahrers muß bildhaften Charakter haben. Anders wäre seine ordnungsgemäße Funktion nicht gewährleistet. Denn es muß ja zum Beispiel der plötzlich seitwärts auftauchende Radfahrer mit den Komponenten des Umgebungsbildes verglichen werden, damit man bemerkt, daß hier etwas Unerwartetes eingetreten ist. Das Wahrnehmungsbild muß mit den entsprechenden Komponenten des «Erwartungsbildes» verglichen werden. Vergleichbar ist aber nur Gleichartiges; mithin muß das Erwartungsbild «bildhaft» sein.

Unsere Annahme ist, daß die ständige Bildung von «kleinen» Erwartungen über die Zukunft, die uns vernünftiges Handeln überhaupt erst ermöglicht, im wesentlichen automatisch erfolgt und nach dem Mechanismus der Strukturextrapolation funktioniert. Die aktuelle Wahrnehmung liefert ein Bild der augenblicklichen Situation. Dieses Bild wird mit den Informationen des Gedächtnisses angereichert und extrapoliert. Auf diese Weise entsteht der Erwartungshorizont als Antizipation der näheren und ferneren Zukunft.

Dieser Mechanismus ist sehr urtümlich und sicherlich bei vielen Tieren ähnlich vorhanden wie bei uns. Diese automatische Strukturextrapolation ist eine alte, ökonomische und tief eingefahrene Methode, mit Zukunft umzugehen. Sie funktioniert schnell und ganzheitlich.

Anscheinend wird nicht nur die antizipatorische Aktivität des Autofahrers von diesem Mechanismus beherrscht. – Und (gleichfalls anscheinend) «holistische» Formen der Geistestätigkeit, die uns manche Autoren (Capra 1987) so warm ans Herz legen, sind nicht immer von Vorteil!

Laien und Experten

Was wir in den letzten Abschnitten geschildert haben, war im wesentlichen das Verhalten von Personen, zu deren Dienstpflichten es nicht gehört, sich über Zeitabläufe ein richtiges Bild zu schaffen. Wir haben Laienverhalten analysiert. Wie sieht es nun mit Prognosen aus, die von Personen oder Institutionen produziert werden, für die der Umgang mit Zeitverläufen Pflicht oder Beruf ist?

Abb. 42 zeigt einige Beispiele für Prognosen des Automobilbestandes in der Bundesrepublik Deutschland. Der dicke schwarze Kurvenzug repräsentiert die tatsächliche Entwicklung, die dünnen Linien repräsentieren die Prognosen. Man sieht, daß bis Mitte des Jahres 1983 die tatsächliche Entwicklung die jeweiligen Prognosen deutlich übertraf. Eine Ausnahme stellt die Prognose von Shell 79/81 dar.

Bereits Mitte des Jahres 1983 hatte der Pkw-Bestand der Bundesrepublik einen Stand erreicht, den der ADAC im Jahre 1979, also nur vier Jahre vorher, nicht für das Jahr 2000 voraussagen wollte. Offensichtlich waren also auch amtliche Prognostiker nicht in der Lage, die Entwicklung des Pkw-Bestandes treffend vorauszusagen. Die tatsächliche Entwicklung wurde deutlich unterschätzt.

Wie kommt das? Wie kommt es, daß Personen, die sicherlich an ein solches Problem der Prognose rationaler

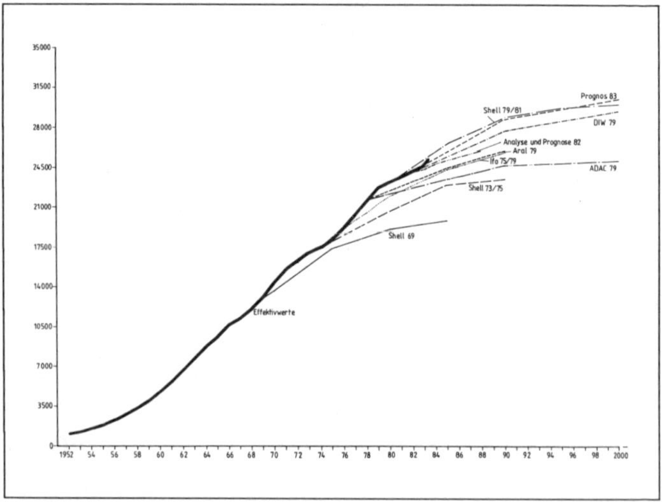

Abb. 42: Prognose des Automobilbestandes in der Bundesrepublik und tatsächliche Entwicklung bis zum Jahre 1984 (nach Diekmann 1985)

herangehen als unsere Versuchspersonen, die sich doch wesentlich auf so etwas wie «Gefühl» verlassen, dennoch in die Irre gehen? Wieso unterschätzen auch wissenschaftliche Institutionen, genau wie Laien, die Geschwindigkeit eines Wachstumsprozesses?

Eine Antwort auf diese Frage erhält man, wenn man die Verfahren betrachtet, die zum Zwecke der Prognose verwendet werden. Eine Form der Gewinnung von Prognosen besteht darin, daß man die bisherigen Daten nimmt und diese mit bestimmten mathematischen Funktionen durch Schätzung der Parameter in Einklang zu bringen versucht. Gelingt dies, so nimmt man als Prognose das, was die entsprechende Funktion für die zukünftigen Zeitpunkte produziert.

Man extrapoliert also aufgrund eines Modells des Prozesses, wobei dieses Modell aus einer mathematischen Funktion besteht. Dies Verfahren ist zunächst einmal den Laienprognoseverfahren nicht unähnlich. Auch unsere Versuchspersonen gehen bei ihren Einschätzungen der Produktion der Traktorenfabrik von einem bestimmten «Modell» aus. Dieses besteht im wesentlichen aus der Annahme einer linear-monotonen Fortentwicklung mit «Beschleunigungskorrektur». In dem Abschnitt «Räuber und Beute» werden wir dieses Modell genauer kennenlernen.

Der Unterschied zwischen Laien und berufsmäßigen Prognostikern liegt zum einen im Fundus der Modelle, auf die Experten und Laien zurückgreifen können. Laien verfügen normalerweise im wesentlichen über die Vorstellung einer linearen Entwicklung. Ein Mathematiker hat da natürlich noch andere Möglichkeiten im Sinn. Die Shell-Prognose der Abb. 42 wurde aufgrund der verallgemeinerten logistischen Wachstumsfunktion berechnet, die DIW-Prognose aufgrund der Gompertz-Funktion.

Der Prognostiker hat einen größeren Fundus solcher mathematischen Wachstumsfunktionen zur Verfügung und kann sich die ihm am meisten geeignet erscheinende auswählen. Im Gegensatz zum Laienprognostiker wird diese Auswahl auch *bewußt* geschehen und nicht aufgrund eines «Gefühls» oder der «Intuition».

Wie kann so etwas dennoch schiefgehen? Nun: An einigen Stellen kommt eben doch das Gefühl des Prognostikers ins Spiel. Wenn mehrere mathematische Funktionen fast gleich gut passen: Welche soll man dann wählen? Welche Parameter soll man in eine gewählte Funktion einsetzen, wenn verschiedene Parameter zu fast den gleichen Ergebnissen führen? (Zu Beginn der Aids-Epidemie paßte zum Beispiel so ziemlich alles an Mathematik auf die Entwicklung, was irgendwie beschleunigt nach oben ging: Potenzentwicklungen, logistisches Wachstum, Gompertz-Funktion. Es kam nur darauf an, die «richtigen» Parameter zu wählen.)

Stellen, die im vorausgehenden Absatz mit Fragezeichen bezeichnet sind, sind die «Einbruchsstellen», an denen die Psychologie doch ins Spiel kommen kann. Und das heißt in diesem Fall: «Gefühl» und «Intuition». So könnte bei den Pkw-Bestandsprognosen der Abb. 42 das «Gefühl» eine Rolle gespielt haben, daß «es so doch nicht mehr lange weitergehen könne». Warum soll die Tatsache, daß ein Prognosemathematiker soeben eine Viertelstunde lang vergeblich einen Parkplatz gesucht hat, in die Wahl der Parameter und Funktion nicht einfließen?

Man sollte das, was soeben über Berufsprognostik gesagt worden ist, nicht als «Prognostikerschelte» mißverstehen. Ich weiß nicht, wie gut oder schlecht Wirtschafts- oder Industrieprognosen tatsächlich sind. Mir kommt es hier darauf an, die «psychologischen Schnittstellen» auch einer rational und berufsmäßig betriebenen Prognostik offenzulegen. In meinem eigenen Tätigkeitsbereich, nämlich im Bereich der Hochschule, habe ich nicht das Gefühl, daß die Berufsprognostiker überzeugende Arbeit leisten. Die gegenwärtig gerade an den Hochschulen eintreffende

Lawine von Betriebswirtschaftsstudenten hat, soweit ich weiß, niemand prognostiziert.

Ein Faktor, der gerade die Prognosetätigkeit von Experten stark beeinflussen könnte, ist die Unterschätzung von *Friktionen*. Im Jahre 1957 hat der amerikanische Psychologe, Wirtschafts- und Computerwissenschaftler Herbert Alexander Simon, Nobelpreisträger für Ökonomie im Jahre 1978, vorausgesagt, daß innerhalb der nächsten zehn Jahre ein Computer Schachweltmeister würde. Er hat dabei einen Prognosefehler von mindestens 1:2,5 gemacht. Erst heute, mehr als 25 Jahre danach, gibt es wirklich ernst zu nehmende Schachautomaten. Und ob diese Systeme tatsächlich schon auf Großmeisterniveau spielen, wird bestritten.

Wie konnte es dazu kommen? Simon kannte die Psychologie des Denkens, er kannte Literatur über das Schachspiel, er kannte die Computertechnologie, und er war selbst ein Wegbereiter der gerade erwachenden Forschung über «Künstliche Intelligenz». Simon hatte heuristische Programme zur Beweisführung in der Aussagenlogik geschrieben. Er war und ist ein Grenzgänger zwischen Computerwissenschaft, Entscheidungstheorie in den Wirtschaftswissenschaften und Psychologie. In allen diesen Bereichen ist er kompetent – also fast dazu prädestiniert, Voraussagen über die Zukunft «denkender Maschinen» abgeben zu können. Warum täuschte er sich?

Es wird folgendermaßen gewesen sein: Simon wußte, wie man ungefähr vorgehen mußte, um einen erfolgreichen Schachcomputer zu programmieren. Er hatte davon recht klare Vorstellungen, und er wußte darüber hinaus, daß seine Vorstellungen richtig waren. Was er aber nicht einkalkulierte, waren die vielen kleinen ärgerlichen Detailprobleme, die sich bei solchen Entwicklungsvorhaben einzustellen pflegen. Er sah die Straße, die man fahren kann, aber nicht die vielen Schlaglöcher und Steine auf der Straße, die daran hindern, den Weg in die Zukunft im vierten Gang zu befahren. Gerade wenn man die «großen Linien» überschaut, neigt man dazu, Details zu vergessen.

Die Nichtberücksichtigung von Friktionen ist ein Faktor, der besonders für Fachleute gefährlich ist. Sie kennen die Entwicklungslinien, sie können etwas voraussehen, was der Fall sein wird, und werden gerade deshalb dazu neigen, die Geschwindigkeit der Umsetzung des Möglichen in das Faktische zu überschätzen. In dem schon erwähnten Buch von Wallechinsky (1983) findet man für diese Tendenz zahlreiche Beispiele. Da findet sich zum Beispiel die Prognose, daß bis 1985 90 Prozent aller amerikanischen Haushalte an ein Video-Datensystem angeschlossen sein werden. Oder die Prognose, daß jeder Fernsehapparat des Jahres 1985 300 Kanäle haben wird. Oder die Prognose, daß bis 1985 die Computerprogrammierung in natürlicher Sprache vorgenommen werden kann.

All dies ist denkbar. Die meisten Schwierigkeiten wird die Computerprogrammierung in annähernd natürlicher Sprache bereiten. Aber die Voraussagetermine für alle diese Ereignisse sind längst erreicht, ohne daß ersichtlich wäre, daß sich eine dieser Prognosen auch nur annähernd in der nächsten Zeit erfüllen könnte.

«23 ist eine gute Zahl!»

Daß wir es schwer haben, über Zeitabläufe die richtigen Vorstellungen zu gewinnen, zumal wenn wir die Informationen nur häppchenweise und in großen Abständen serviert bekommen, bedeutet natürlich auch, daß wir große Schwierigkeiten haben, mit Zeitabläufen adäquat *umzugehen*. Wenn wir mit Systemen handeln müssen, die sich nicht gemäß einem sehr einfachen Zeitmuster verhalten, so ergeben sich große Schwierigkeiten.

Bislang haben wir uns mit «monotonen» Zeitabläufen befaßt, in welchen eine Entwicklung ihre Richtung beibehielt. In diesem und den folgenden Abschnitten werden wir untersuchen, wie Versuchspersonen mit Entwicklungen umgehen, die Richtungsänderungen aufweisen, also zum Beispiel schwingen oder plötzliche Kehrtwendungen zeigen. Die Schwierigkeiten beim Umgang mit solchen Entwicklungen zeigen sich recht deutlich in dem «Kühlhausexperiment», welches von Reichert (1988) durchgeführt wurde. Die Instruktion und zugleich die Cover-Story für dieses Experiment lautete folgendermaßen:

«Stellen Sie sich vor, Sie seien Leiter eines Supermarktes. Eines Nachts ruft Sie der Hausmeister an und teilt Ihnen mit, daß im Kühlraum für Molkereiprodukte anscheinend die Kühlanlage ausgefallen sei. Große Mengen von Milch und Milchprodukten sind vom Verderben bedroht. Sie eilen sofort zum Markt – dort teilt Ihnen der Hausmeister mit, er habe bereits die Zentrale informiert. Diese werde Lastwagen mit Kühleinrichtungen schicken, um die verderbliche Ware aufzunehmen. Bis zu deren Eintreffen vergehen aber noch etliche Stunden. Bis dahin muß die Ware vor dem Verderb geschützt werden.

Sie finden nun an der defekten Klimaanlage ein Stellrad und ein Thermometer vor. Mit Hilfe des Stellrades läßt sich die Temperatur im Kühlraum beeinflussen. Diese Steuerung funktioniert auf jeden Fall. Die Zahlen auf dem Stellrad entsprechen allerdings nicht genau den Temperaturen. Allgemein bedeuten hohe Stellradeinstellungen hohe Temperaturen, niedrige Einstellungen bedeuten dagegen niedrige Temperaturen. Die genauen Beziehungen zwischen dem Stellrad und dem Kühlsystem sind allerdings unbekannt, und man muß sie herausfinden. Als Stellradeinstellungen sind Werte zwischen 0 und 200 zulässig.»

Die Aufgabe für die Versuchspersonen war, die Temperatur im Kühlhaus mit Hilfe des Stellrades auf 4 °Celsius zu bringen. Dafür mußten sie zunächst herausfinden, wie sich die Einstellung des Stellrads auf die Temperatur auswirkte.

Das Kühlhaus war so gestaltet, daß es in verzögerter Weise auf die Stellradeinstellungen reagierte. Im Grunde handelte es sich bei dem Kühlhaus um einen einfachen Regelkreis. Mathematisch wurde er durch die folgenden beiden Gleichungen realisiert:

(1) $\text{regel}_i = \text{regel}_{i-1} + (\text{stoer}_i - \text{regel}_{i-1}) \times \text{tempo} - \text{steuer}_{i-1}$,

(2) $\text{steuer}_i = (\text{regel}_{i-v} - \text{stell}_i) \times \text{regelfaktor}$.

Die tiefgestellten Indizes in den Gleichungen bedeuten Zeitangaben. Die Gleichung (1) bedeutet also, daß die Variable «regel» zum Zeitpunkt i abhängig ist von der Variablen «regel» zum Zeitpunkt i–1 und anderen Größen, auf die wir gleich eingehen. «tempo», genau wie «regelfaktor» in Gleichung (2), ist eine Konstante, deshalb fehlt die Zeitindizierung.

«regel» in Gleichung (1) ist die Regelgröße, in diesem Fall also die Kühlhaustemperatur. «stoer» ist die Störgröße, in diesem Fall die Außentemperatur, an die sich die Innentemperatur mit der Zeit anpaßt. Aus Gleichung (1) geht hervor, daß sich die Regelgröße mit der Zeit asymptotisch der Störgröße nähert, wenn der Wert von «steuer» = 0 ist und bleibt. Die Geschwindigkeit der Annäherung wird bestimmt durch den Faktor «tempo», der also so etwas wie die Isolierung des gesamten Kühlhauses repräsentiert. Je größer «tempo», desto schlechter die Isolierung!

Die Steuergröße «steuer» repräsentiert die Aktivität des Kühl- bzw. Aufwärmsystems, also der Klimaanlage.

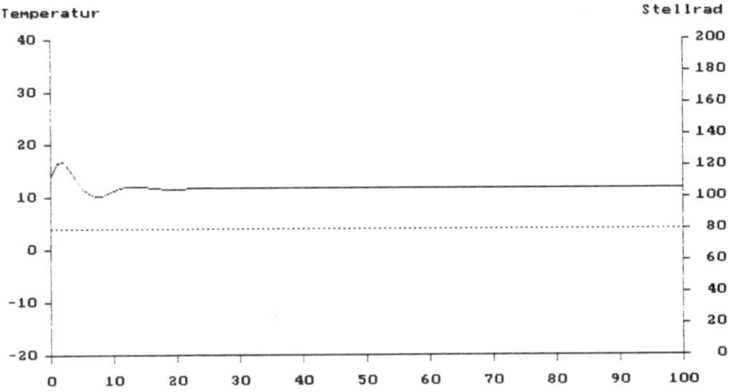

Abb. 43: Verhalten des Kühlhauses ohne Eingriffe

Wenn «steuer» negative Werte hat, so heizt die Klimaanlage das Kühlhaus auf; hat «steuer» positive Werte, so kühlt die Klimaanlage das Kühlhaus ab; so ist es in den oben angegebenen Formeln festgelegt. (Daß semantisch «positiv» etwas mit «Wärme» zu tun hat und «negativ» eher mit «Kälte» verbunden ist, sollte hier nicht irritieren!)

Entscheidend ist nun, daß «steuer», also die Aktivität der Klimaanlage, nicht unmittelbar von der Regelgröße, also der Innentemperatur im Kühlhaus abhängig ist, sondern in *verzögerter* Weise. In Gleichung (2) ist dies indiziert durch den Index «i–v» für «regel». Hier stellt v die Verzögerungszeit dar. Die Klimaanlage des Kühlhauses ist also so beschaffen, daß sie nicht unmittelbar auf die Innentemperatur reagiert, sondern mit einer mehr oder minder starken Verzögerung. Solche Verzögerungen sind in natürlichen Systemen nicht selten. Man kennt sie beispielsweise von Heizungsthermostaten, die eine gewisse Zeit brauchen, bis sie das Zimmer auf eine konstante Temperatur bringen. Zunächst ist die Temperatur zu niedrig, dann zu hoch, dann wieder zu niedrig...

Die jeweilige Informationsübertragung braucht ihre

Zeit. Solche «Totzeiten» haben eine wichtige Folge. Sie bringen das System in Schwingungen. Tatsächlich verhält sich das Kühlhaus in unserem Versuch, wenn man es ganz in Ruhe läßt, so wie in der Abb. 43 dargestellt. Bei einer Stellradeinstellung von 100, die zunächst vorgegeben war, pendelt sich die Temperatur im Innenraum auf etwa 12 Grad ein. Das Stellrad ist also für den Regelkreis der «Sollwertgeber» oder die Stellgröße («stell» in Gleichung [2]).

Die Versuchspersonen sollten nun also die richtige Stellradeinstellung finden. Diese kann man herausfinden, indem man mit dem Stellrad experimentiert und die Auswirkungen einer bestimmten Verstellung auf die Temperatur beobachtet. Die Optimalstrategie wäre, zunächst einmal das Stellrad konstant zu halten und das Niveau festzulegen, um welches die Temperatur des Kühlhauses schwingt. Sodann sollte man das Stellrad um einen bestimmten Betrag verstellen und wieder eine gewisse Zeitspanne abwarten, um das neue Niveau der Temperatur festzustellen. Aus der Differenz zwischen altem und neuem Niveau läßt sich die Wirkung des Stellrades leicht ermitteln.

Die Versuchsperson sollte also nicht Einzelwerte betrachten, da das System ja schwingt, sondern sie sollte das Temperatur*niveau* betrachten, also den Mittelwert, um den die Temperatur des Systems schwingt. Doch darauf zu kommen, fiel unseren Versuchspersonen außerordentlich schwer.

Gewöhnlich nahmen nämlich die Versuchspersonen zunächst eine direkte Abhängigkeit der Temperatur vom Stellrad an. Sie glaubten also, daß der nach einer Stellradeinstellung beobachtete Wert der Temperatur ein *unmittelbarer* Effekt der neuen Einstellung wäre. In einem System mit Zeitverzögerungen ist diese Annahme falsch. Es fiel aber unseren Versuchspersonen sehr schwer, diese Annahme zu überwinden. Abb. 44 zeigt die durchschnittlichen Sollwertabweichungen der 52 Versuchspersonen über die Zeit. Man sieht, daß es den Versuchspersonen auf die Dauer, nämlich während einer Periode von 100 Zeittakten, schon gelang, sich dem Zielwert von 4 Grad zu nähern. Ihre Leistung war aber alles andere als optimal. Die Ursache dafür war die geringe Fähigkeit, das «schwingende» Verhalten des Systems zu erfassen und angemessen zu berücksichtigen.

Die Versuchspersonen nahmen an, daß das Kühlhaus auf das Stellrad etwa so reagiert, wie eine Gasflamme auf das Drehen am Gashahn, nämlich unmittelbar, mit nicht merkbarer Zeitverzögerung. Mit der Zeit allerdings lernten sie etwas und schafften es, die Temperatur im Kühlhaus doch auf einen besseren Zustand zu bringen, als er ohne jede Steuerung erreicht worden wäre.

Abb. 45 zeigt einige Verhaltenstypen. Abb. 45a zeigt das Verhalten einer sehr guten Versuchsperson. Man sieht die Temperaturkurve, die sich auf die Skala links bezieht. Die auf der Spitze stehenden Dreiecke stellen die jeweiligen Stellradeinstellungen dar, deren Höhe man an der Skala rechts ablesen kann. Man sieht, daß die Versuchsperson der Abb. 45a immer ziemlich lange wartet,

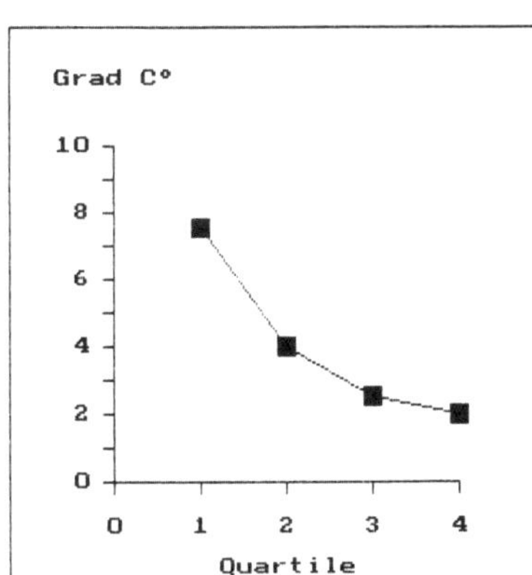

Abb. 44: Die durchschnittlichen Sollwertabweichungen in den Zeittakten 1–25 (1), 26–50 (2), 51–75 (3) und 71–100 (4)

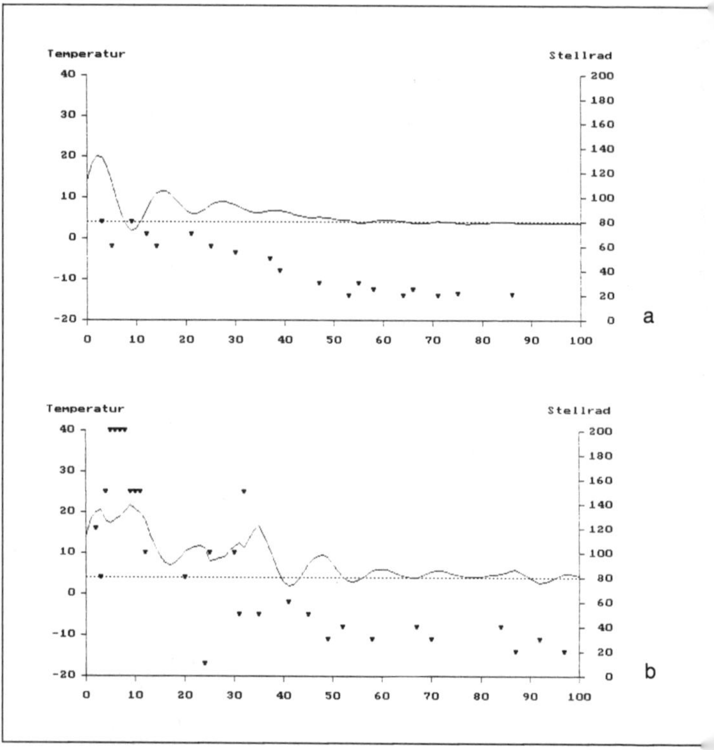

Abb. 45: Beispiele für Verhaltensweisen im Kühlhaus-Versuch

ehe sie das Stellrad verstellt, und so langsam ein Gefühl dafür entwickelt, wie die richtige Stellradeinstellung sein muß. Sie «zieht» das Stellrad langsam tiefer, und es gelingt ihr damit schließlich, die Kühlhaustemperatur auf das richtige Niveau zu bringen.

Die Versuchsperson der Abb. 45b ist nicht so erfolgreich, obwohl sie schließlich auch auf dem richtigen Temperaturniveau landet. Sie greift zu oft ein und nimmt sich auf diese Art und Weise die Möglichkeit, die Abhängigkeit der Temperaturschwankungen im Kühlhaus von der Stell-

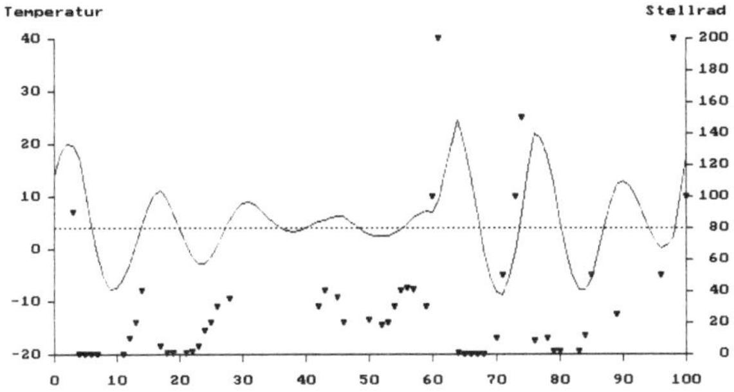

c

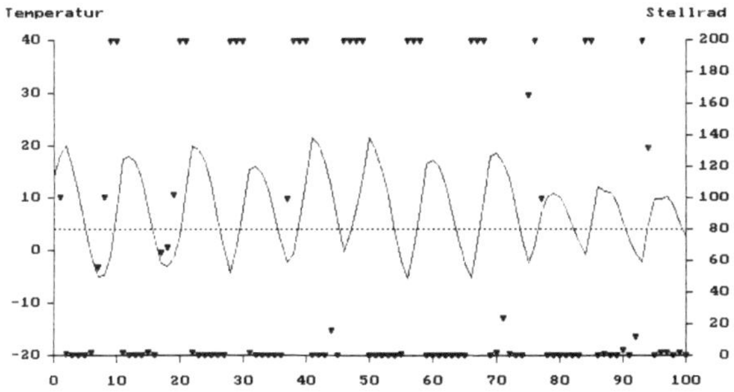

d

radeinstellung festzustellen. Schließlich aber entwickelt sie die richtige Strategie und schafft es, die Temperatur des Kühlhauses in die Nähe des geforderten Zielwertes zu bringen.

Nicht so die Versuchsperson der Abb. 45 c. Diese zeigt in den ersten 30 Takten ein für viele Versuchspersonen typisches «Girlandenverhalten». Ist die Temperatur zu hoch, stellt sie das Stellrad nach unten. Dann geht die Temperatur natürlich auf die Dauer herunter – daraufhin stellt sie das Stellrad wieder nach oben. Ist die Temperatur wieder zu hoch, stellt sie das Stellrad nach unten, usw. Man sieht die beiden «Girlanden», die den jeweiligen Temperaturverlauf des Kühlhauses «antizipieren» im Zeitraum zwischen 0 und 30 ziemlich deutlich. Dann folgt eine längere Phase (etwa zwischen den Zeittakten 30 und 40), in der die Versuchsperson gar nichts tut. Es folgt dann eine Phase von verworrenen Eingriffen, bei denen die Versuchsperson aber doch im wesentlichen dem «Girlandenprinzip» treu bleibt. Schließlich scheint die Versuchsperson zu verzweifeln: Ihre Stellradeinstellungen variieren nun fast im gesamten Bereich von 0 bis 200. Manchmal wählt die Versuchsperson nun hohe Stellradeinstellungen, obwohl die Temperatur sowieso sehr hoch ist. Dies deutet darauf hin, daß die Versuchsperson – zumindest zeitweise – aufhörte, der Instruktion zu glauben. Darin war ihr ja gesagt worden, daß hohe Stellradeinstellungen einer hohen Temperatur entsprechen und niedrige einer niedrigen Temperatur. Sie suchte anscheinend nach anderen Kontingenzen zwischen Temperatur und Stellrad, ohne (natürlich!) dabei erfolgreich zu sein. Die durchschnittlichen Temperaturabweichungen in der zweiten Hälfte des Experiments sind viel größer, als sie es gewesen wären, wenn die Versuchsperson überhaupt nichts getan hätte.

Ein extremes Verhalten zeigt die Versuchsperson der Abb. 45d. Diese verfällt fast sofort nach Versuchsbeginn in ein ritualhaftes Hin- und Herschalten des Stellrades von einem Extremwert zum anderen. Sie handelt nach der einfachen Regel: «Ist die Temperatur zu niedrig, so stelle das Stellrad auf den maximalen Wert. Und ist die Temperatur zu hoch, so stelle das Stellrad auf den minimalen Wert.»

Interessant sind bei dieser Versuchsperson die kleinen «Ketten» der Dreiecke, die die jeweiligen Eingriffe darstellen. Sie bedeuten, daß die Versuchsperson das Stellrad ständig wieder neu auf den Wert einstellt, den das Stellrad sowieso hat. Dies ist gänzlich unnötig, da das Stellrad ohne Eingriff seinen Wert nicht verändert. Den jeweiligen Wert kann die Versuchsperson auch sehr genau sehen, da er ihr auf dem Bildschirm vor ihrer Nase ständig angezeigt wird.

Die Versuchsperson stellt also zum Beispiel das Stellrad erneut auf den Wert 200, obwohl das Stellrad diesen Wert schon hat und obwohl ihr die entsprechende Stellradeinstellung auf dem Computerbildschirm deutlich angezeigt wird! Warum tut man etwas, was schon getan ist? Vermutlich ist diese stereotype Repetition ein Hilflosigkeitssymptom. Die Versuchsperson hat das Gefühl, daß sie etwas tun sollte, da die Temperatur ja alles andere als optimal ist. Sie weiß aber nicht, was sie tun könnte, und wiederholt daher immer wieder das gleiche.

So tut man eben doch etwas – und nicht etwa nichts – und zeigt damit, daß man sich keineswegs hilflos den unerforschlichen Ratschlüssen des Systems ergibt. (Die Versuchsperson der Abb. 45b zeigt zu Beginn des Versuchs ein ähnliches Verhalten!)

Die Schwierigkeiten, die Versuchspersonen beim Umgang mit dem Kühlhaus haben, und die Schwierigkeiten, ein richtiges Bild von den ja im Grunde einfachen Gesetzmäßigkeiten des Kühlhauses zu bekommen, zeigen sich besonders deutlich in den Hypothesen, die die Versuchspersonen über den Zusammenhang zwischen Temperatur und Stellradeinstellung formulieren. Auf diese Hypothesen, die Reichert durch Analyse der Tonbänder des «lauten Denkens» der Versuchspersonen ermittelte, wollen wir nun noch ein wenig eingehen.

Die Hypothesen lassen sich in drei Gruppen gliedern. Die erste und größte Gruppe bilden die «magischen» Hypothesen. Versuchspersonen äußern zum Beispiel: «23 ist eine gute Zahl!» «Mit 120 hat es etwas auf sich!» «97 ist eine gute Einstellung!» «Ungerade Zahlen sind gut!» «Ganze Zehner darf man nicht eingeben!» «100 ist eine günstige Einstellung, 95 ist eine schlechte Einstellung!»

Solche «magischen» Hypothesen entstehen wohl durch die Übergeneralisierung lokaler Erfahrungen. Eine Versuchsperson hat zufällig einmal 97 eingestellt; daraufhin sank die Temperatur, die vorher angestiegen war. Dieser Effekt braucht nach der Natur des Systems wenig mit dem Eingriff zu tun zu haben. Die Versuchsperson aber freut sich, merkt sich den «Zusammenhang» zwischen der Veränderung der Temperatur in der richtigen Richtung und ihrer Einstellung und generalisiert die Hypothese. Die einzelnen Zahlen sind nicht mehr Punkte einer Skala, sondern wurden individualisiert und mit einer magischen Macht begabt. Sie werden so zu «Geisterwesen», die dem armen, primitiven Regelkreis ein geheimnisvolles Leben einhauchen, zumindest in den Augen der Versuchspersonen. Und wenn es schon erkannte Zahlengeister gibt, so vielleicht noch mehr unbekannte! Wer kann das schon wissen?

Die Hypothesen der zweiten Gruppe sehen beispielsweise folgendermaßen aus: «Fünfer- und Zehnerschritte beeinflussen unterschiedlich!» «Der Wechsel von Zehner- zu Einserschritten hat Einfluß!» «Es kommt auf die Differenz an: 1-50, 50-1!» «Abwechselnd 0, 1, 2, 3 eingeben ist günstig!» «Man muß abwechselnd 50, 150 und 200 eingeben, um die Temperatur zu senken!»

Diese Hypothesen sind interessant, weil darin wohl die Tendenz zum Ausdruck kommt, sich auf das Zeitverhalten des Systems einzustellen. Allerdings wird nicht das Zeitverhalten des Systems zum Gegenstand der Betrachtung, sondern das eigene Verhalten: Nicht der einzelne Eingriff ist bedeutsam, sondern die Eingriffssequenz. Diese Hypothese ist zwar falsch, da auch ein einziger Eingriff, nämlich die Einstellung des Stellrades auf 23, dazu geführt hätte, daß die Kühlhaustemperatur sich auf den Zielwert von 4 Grad eingependelt hätte. Immerhin aber betreffen die zitierten Annahmen Prozesse und damit einen wichtigen Aspekt der Situation.

Solche «Sequenzhypothesen» entstehen durch die «Konditionalisierung» einfacher Hypothesen. Wenn eine Versuchsperson irgendwann einmal zu der Überzeugung gekommen ist, daß «95 eine gute Zahl ist», und wenn sie dann später merkt, daß bei der Stellradeinstellung 95 bedauerlicherweise die Abweichung von dem gewünschten Zielwert sich vergrößert, so braucht man die Hypothese von der «Gutartigkeit» der Zahl 95 ja keineswegs fallenzulassen. Man muß nur Konditionen dafür einführen. Man nimmt eben an, daß 95 nur unter bestimmten Bedingungen eine gute Zahl ist, nämlich dann, wenn man die Zahl 95 in Einserschritten anstrebt.

So etwas ließe sich fortspinnen. Wenn es sich erweist, daß die Verstellung des Stellrades in Schritten von 1 bis hin zur Zahl 95 nicht erfolgreich ist, so könnte man als nächstes ja die Hypothese aufstellen, daß man die Sequenz der Einstellungen bei 80 beginnen muß, um sich dann von unten der 95 zu nähern. Erweist sich auch dies als falsch, so läßt sich dennoch das bislang gewonnene Hypothesengeflecht retten, indem man es erneut konditionalisiert: Bevor man überhaupt beginnt, das Stellrad von 80 beginnend in Einserschritten nach 95 hochzustellen, muß man dreimal hintereinander die 1 und die 50 im Wechsel eingeben!

Und so weiter!

Hypothesen lassen sich durch diese Art von «progressiver Konditionalisierung» beliebig lange aufrechterhalten. Die Hypothesengerüste werden natürlich immer komplizierter und unhandlicher. Aber auch dies hat seine Vorteile! Wenn man nämlich irgendwann mit einer Verhaltenssequenz nicht den erwünschten Erfolg erzielt, der eigentlich bei genauer Beachtung der Regeln eintreffen sollte, so läßt sich dies bei der Kompliziertheit des Regelgeflechts leicht auf einen Fehler im Ritual zurückführen, den man irgendwann einmal gemacht hat. Auf diese Weise kann man dann weiterhin die Auffassung beibehalten, daß das Ritual vollkommen geeignet ist, das Problem zu lösen; es kommt nur darauf an, es richtig durchzuführen. Das Handeln hat sich dann von den Außenbedingungen fast vollkommen gelöst, man achtet nicht mehr auf das, was in der Umwelt der Fall ist. Wichtig ist das Ritual!

In dem Kühlhaus-Experiment erreichten unsere Versuchspersonen solche Ritualisierungen nur im Ansatz. Für die Entwicklung umfangreicher Rituale war die Rückmeldung der Effekte zu häufig und zu penetrant. In Situationen aber, in denen Rückmeldungen seltener sind und die Zeiten zwischen Maßnahme und Rückmeldung größer, kann man mit wuchernden Ritualisierungen rechnen. Die Knospen für solche Wucherungen sind in den Hypothesen der Gruppe 2 deutlich sichtbar.

Außer der Hypothesenbildung durch Generalisierung lokaler Erfahrungen und außer der Hypothesenbildung durch progressive Konditionalisierungen solcher lokaler Erfahrungen bis hin zu Verhaltensritualen findet man bei den Versuchspersonen noch andere Versionen der Hypothesenbildung: «Man muß mit der Stellradeinstellung hochgehen, damit die Temperatur sinkt!» «Hohe Zahlen bringen niedrige Temperaturen!»

Die Versuchspersonen, die diese Hypothesen aufstellten, bezweifelten gewissermaßen die gesamte Situation. Sie glaubten der Instruktion und dem Versuchsleiter nicht mehr, sondern vermuteten einen (bösartigen) Trick. Man hat ihnen zwar gesagt, daß die Folge einer niedrigen Stellradeinstellung eine niedrige Temperatur ist und daß sich bei hoher Stellradeinstellung eine hohe Temperatur ergibt, sie aber haben die Geschichte durchschaut! Es ist genau andersrum!

Hypothesen dieser dritten Gruppe sind in gewissem Sinn «Metahypothesen». Sie enthalten eine Revolution des «Weltbildes» der Versuchspersonen. Sie bezweifeln nun den ganzen Versuchsaufbau. Keineswegs kommt es darauf an, den grob vorgegebenen Zusammenhang zwischen Stellrad und Temperatur genau zu ermitteln. Vielmehr hat es sich für sie herausgestellt, daß die Vorgabe falsch war! Es kommt darauf an, eine Täuschung aufzuklären, die ihnen in der Instruktion aufoktroyiert wurde. Und wenn die Instruktion schon falsch war, dann kann ja auch alles sonst falsch sein! Zum Beispiel auch die Behauptung, daß die Möglichkeit, die Temperatur über das Stellrad zu steuern, auf jeden Fall funktioniere. Und so mag dann solches In-Frage-Stellen des gesamten Versuchs schließlich enden in der einerseits resignierenden, andererseits aber befreienden These: «Die Stellradeinstellung hat überhaupt keinen Einfluß!»

Wenn man dies festgestellt hat, ist man fertig mit der Geschichte!

Man muß sich bei dem Kühlhaus-Experiment vor Augen führen, daß die Versuchspersonen unter relativ günstigen Bedingungen arbeiteten. Sie bekamen in dichter Folge die Informationen über den jeweiligen Kühlhauszustand und konnten ständig eingreifen. In der Realität sind Systeme wohl selten so gestaltet, daß die Informationen über das Zeitverhalten vollständig sind und die «Totzeiten» niedrig. So mag die Tendenz zur Übergeneralisierung lokaler Erfahrungen, die Tendenz zur Ritualisierung oder die Tendenz zu glauben, daß gar nichts erkennbar ist und daß nur ein böses Spiel mit einem gespielt wird, unter anderen Umständen eher noch größer sein als bei dem Kühlhaus.

Räuber und Beute

Im Abschnitt «Seerosen, Reiskörner und Aids» haben wir beschrieben, welche Schwierigkeiten Menschen haben, wenn sie mit exponentiell ablaufenden Entwicklungen zu tun haben. Immerhin ist aber mit solchen Entwicklungen noch einfach umzugehen, weil sie monoton verlaufen. Sie entwickeln sich ohne Richtungsänderung aufwärts oder abwärts. In der Realität kommen nun auch ganz andere Entwicklungsformen vor. Die Dinge bewegen sich nicht nur nach oben oder unten: Manchmal *ändern* sie auch ihre Richtung. Wirtschaftswachstum wird durch eine Rezession abgelöst, ein Produkt, welches sich jahrelang gut verkaufen ließ, ist plötzlich nicht mehr abzusetzen. Ein Bach, der immer gleichmäßig Wasser führte, versiegt plötzlich. Eine Pflanze, die eine lange Zeit gut wuchs, geht plötzlich ein.

Der «Börsenkrach» vom 13.10.87 war ein gutes Beispiel für eine anscheinend plötzliche Richtungsänderung einer Entwicklung.

Natürlich haben solche Änderungen und Wendungen im Entwicklungsverlauf ihre Gründe. Im Bereich der Ökologie, der Biologie und der Ökonomie existieren Systeme, die stark «abgepuffert» sind. Sie schlucken allerhand. Aber irgendwann ist es zuviel, und die jahrelang durch Alkoholmißbrauch malträtierte Leber gibt ihren Dienst auf.

«Katastrophale» Wendungen treten scheinbar plötzlich ein. In Wirklichkeit werden sie vorbereitet. Bestimmte «im Untergrund» verlaufende Entwicklungen belasten die Bedingungen für die gute Weiterentwicklung eines Systems immer mehr, bis es schließlich nicht mehr dagegen ankommen kann und zusammenbricht. Ein einfaches und sinnfälliges Beispiel für ein System, in welchem scheinbar «plötzlich» Veränderungen der Richtung auftreten, ist ein Räuber-Beute-System.

Biologische Systeme, in denen ein «Räuber», zum Beispiel eine Luchs-Population, von einer «Beute» lebt (zum Beispiel von Karibus), zeigen oft einen zyklischen Verlauf. Zunächst hat die «Beute» gute Lebensbedingungen, die Anzahl der Individuen nimmt stark zu. Dies wiederum schafft gute Lebensbedingungen für den «Räuber», der sich nun gleichfalls gut vermehren kann. Dadurch aber verschlechtern sich die Lebensbedingungen für die «Beute»: Es fallen dem «Räuber» viele Individuen der «Beute»-Population zum Opfer. Mit der Dezimierung der «Beute»-Population allerdingt gräbt sich der «Räuber» gewissermaßen sein eigenes Grab: Er vernichtet seine Lebensbasis. Mit dem Zusammenbruch der «Räuber»-Population jedoch verbessern sich wiederum die Lebensbedingungen der «Beute»-Population: Sie kann sich erholen, und so kann der gesamte Kreislauf von neuem beginnen.

Solche einfachen Beziehungen zwischen *einem* «Räuber» und *einer* «Beute» sind in der Natur nicht allzu häufig. Aber sie kommen in bestimmten restringierten Umwelten vor. Zum Beispiel verhält sich die Population der Luchse und der Karibus in Neufundland (s. Bergerud 1984) ungefähr so wie eben beschrieben. In reichhaltigeren Umwelten wird es seltener vorkommen, daß ein «Räuber» auf nur eine «Beute» angewiesen ist, daher werden sich dort die Populationen nicht so deutlich zyklisch verhalten wie in einer sehr restringierten subarktischen Region.

Wie gewinnen Versuchspersonen ein Bild von solchen Entwicklungen? Ist es ihnen überhaupt möglich, durch Beobachtung ein einigermaßen angemessenes Bild von solchen Entwicklungen aufzubauen? Dieser Frage ging Preussler (1986) in einem Experiment nach. Versuchspersonen bekamen folgende Instruktion:

«In einem von Wüste umgebenen, fruchtbaren Gebiet am Rande des afrikanischen Tibesti-Gebirges lebt seit Jahrhunderten der Stamm der Xereros. Die Xereros ernähren sich hauptsächlich von Hirse. Als Tauschgegenstände bieten sie schöne, kunstvoll geknüpfte Teppiche aus Schafwolle an. Die Xereros sind ein sehr wohlhabender und friedfertiger Stamm. Ihre Religion verbietet es, das Blut von Menschen oder Tieren zu vergießen. Die Schafherden, von denen sie das Rohmaterial für ihre begehrten Tauschobjekte gewinnen, umfassen derzeit 3000 Tiere. Die Schafe können das Jahr über frei auf dem Gebiet der Xereros weiden. Einmal im Jahr werden sie zusammengetrieben zur großen Schur und zur Zählung. Der Bestand der Schafe ist seit Jahren etwa konstant geblieben. Seit einiger Zeit aber treiben sich in der Nähe der Herden Hyänen herum, die auch Schafe reißen. Die Zahl der Hyänen beträgt bereits etwa 450. Da ihnen weder von den Besitzern der Schafe noch von natürlichen Feinden Gefahr droht, können sich die Hyänen ungehindert vermehren.»

Die Versuchspersonen bekamen sodann die Aufgabe, für jeweils 35 Zeittakte den Verlauf der «Räuber»- und der «Beute»-Variablen des Systems vorauszusagen. Die Versuchspersonen mußten jeweils den nächsten Wert für die Anzahl der Räuber prognostizieren. Nach ihrer Prognose bekamen sie sofort die Rückmeldungen über den «wahren» Wert.

Insgesamt arbeiteten die Versuchspersonen in einem Planversuch unter jeweils verschiedenen Bedingungen. In zwei Gruppen mußten die Versuchspersonen jeweils sowohl die «Räuber»- als auch die «Beute»-Variable prognostizieren. Nach der Prognose bekamen sie die «wahren» Werte für beide Variablen. In zwei anderen Gruppen mußten die Versuchspersonen nur die «Räuber»-Variable prognostizieren.

Die Versuchspersonen von jeweils zwei Gruppen mußten den Verlauf, den die Werte der «Räuber»- und der «Beute»-Variablen nahmen, auf einem vorbereiteten Diagramm einzeichnen. Die beiden anderen Gruppen mußten nicht zeichnen.

Insgesamt gab es also eine Gruppe, die «Räuber»- und «Beute»-Variablen prognostizieren und zeichnen mußte, eine weitere, die «Räuber»- und «Beute»-Variablen prognostizieren, aber nicht zeichnen mußte, eine dritte, die nur die «Räuber»-Variable prognostizieren und zeichnen mußte und schließlich eine vierte Gruppe, die nur die «Räuber»-Variable prognostizieren und nicht zeichnen mußte. Die verschiedenen Versuchsbedingungen spielten keine sehr große Rolle. Auf einige kleine Effekte, die auf die Versuchsbedingungen zurückzuführen sind, werde ich noch eingehen.

Abb. 46 zeigt das interessanteste Ergebnis des Versuchs: den ersten Zyklus der beiden Populationen. Man sieht die Entwicklung der «Räuber»- und der «Beute»-Population, und man sieht die Mittelwerte der Prognosen aller Versuchspersonen.

Man sieht in Abb. 46, daß die Versuchspersonen im Mittel das zunächst exponentielle Wachstum der «Räuber»-

Variablen unterschätzten. Aber dies ist nach den Ergebnissen, die wir im Abschnitt «Seerosen, Reiskörner und Aids» geschildert haben, auch nur so zu erwarten. Die Unterschätzung ist auch relativ gering; dies ist darauf zurückzuführen, daß die Versuchspersonen ja nach jeder Prognose unmittelbar die Information über den richtigen Wert erhielten.

Man sieht weiterhin sogleich, daß die Versuchspersonen kein «Gefühl» dafür hatten, daß das Wachstum der «Räuber»-Variablen irgendwann einmal einem Ende entgegengehen könnte. Vielmehr blieben die Versuchspersonen dem einmal entwickelten Trend ihrer Prognose auch im kritischen Fall des Überganges vom 7. bis zum 8. Zeittakt treu.

Die Beschleunigung der Prognosewerte steigt sogar noch an. Im Schnitt sagen die Versuchspersonen vom 5. zum 6. Zeitpunkt eine Steigerung der «Räuber»-Population um 40 Prozent voraus, vom 6. zum 7. Zeitpunkt wird eine Steigerung von 42 Prozent vorausgesagt, vom 7. zum 8. Zeitpunkt eine Steigerung von 44 Prozent. Diese Beschleunigung der Prognosen ist, wenn man die der Abb. 46 ansieht, nur allzu verständlich. Die Prognosen

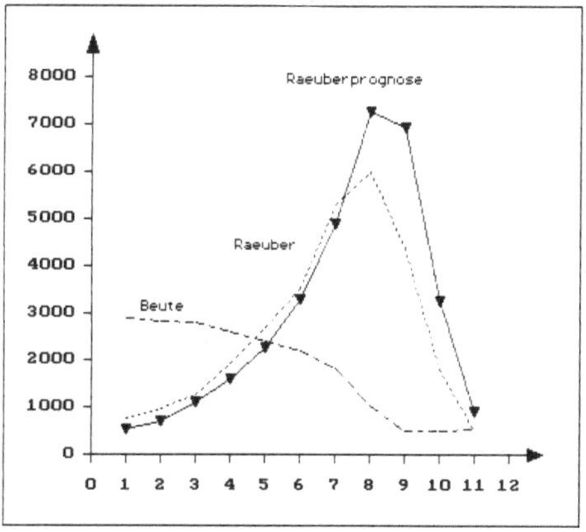

Abb. 46: Der erste Zyklus des «Xerero»-Versuchs mit «Räuber»- und «Beute»-Variablen und mit den mittleren Prognosewerten der Versuchspersonen für die «Räuber»-Variable

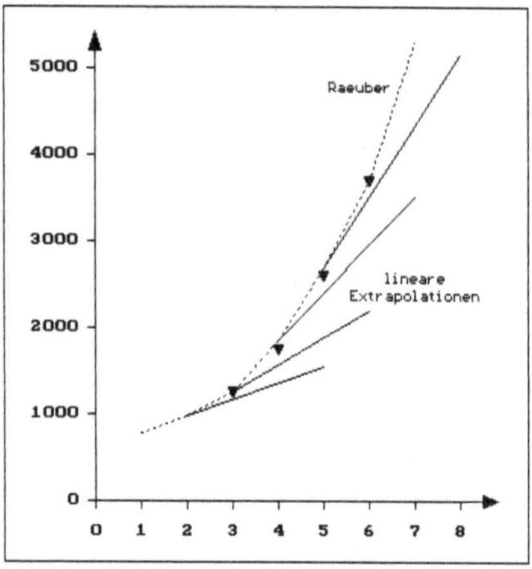

Abb. 47: Die Synthese der Wachstumsprognosen der Versuchspersonen durch das Verfahren «lineare Extrapolation + Fehlerausgleich»

liegen unter dem tatsächlichen Entwicklungswert der «Räuber»-Variablen; die Versuchspersonen ziehen ihre Prognosen nach.

Dem Prognoseverhalten der Versuchspersonen bis zur Katastrophe läßt sich ein einfaches Modell unterlegen. Die Prognosen der Versuchspersonen können durch einen Prozeß der folgenden Gestalt synthetisiert werden:

> Nimm den Anfangswert und den Endwert des von dir bereits beobachteten Prozesses und verbinde diese beiden Werte durch eine Gerade.
>
> Extrapoliere diese Gerade über den Endwert hinaus bis zu dem Zeitpunkt, für den du eine Prognose machen mußt.
>
> Addiere oder subtrahiere einen Betrag, der deiner Unter- oder Überschätzung bei der letzten Prognose entspricht. Damit erhältst du deinen Prognosewert.

Abb. 47 zeigt einen so synthetisierten Prognoseverlauf. Hier ist gepunktet der Verlauf der «Räuber»-Variablen eingezeichnet. Die dünnen Linien sind die linearen Extrapolationen aufgrund der jeweils letzten beiden beobachteten Meßwerte der zu prognostizierenden Variablen. Die Differenzen zwischen den linearen Extrapolationen und den Dreiecken sind die «Fehleradditionen», das heißt, die Korrektur oder Ergänzung der linearen Prognosen um den Voraussagefehler der jeweils letzten Prognose. Man sieht, daß die so synthetisierte Prognosekurve den tatsächlichen Prognosekurven recht ähnlich ist.

Die Versuchspersonen wurden, wie Abb. 46 zeigt, von der «plötzlichen» Kehrtwendung der «Räuber»-Variablen völlig überrascht, genau wie die meisten Börsianer durch den Börsenkrach 1987. Für unsere Versuchspersonen ist dies aber erheblich verwunderlicher als für die Börsianer, da ja die Verhältnisse bei den Xereros bedeutend übersichtlicher waren als die Verhältnisse an einer Börse.

Nachdem die Katastrophe sich durch eine plötzliche Abbremsung der Beschleunigung angekündigt hatte (Zeittakt 8), antizipierten die Versuchspersonen zwar nunmehr ein weiteres Absinken, waren aber von dessen Geschwindigkeit wiederum sehr überrascht (Zeittakt 9).

Noch bemerkenswerter wird das Ergebnis, wenn man Abb. 48 betrachtet. Sie enthält eine Zerlegung der Mittelwertkurve der Prognosen der Abb. 46 in zwei Kurven. Die eine enthält die Werte aller Versuchspersonen, die nur die «Räuber»-Population voraussagen mußten, die andere enthält die Werte aller Versuchspersonen, die «Räuber» *und* «Beute» prognostizieren sollten.

Eigentlich sollte man ja annehmen, daß den Versuchspersonen, die ständig den Verfall der «Beute»-Population vor Augen geführt bekamen, Schlüsse für die Prognose der «Räuber» nahegelegt wurden. Die Schafe vermindern sich, die Hyänen werden mehr: irgendwann sollten doch auch die Hyänen beginnen, an Hunger zu leiden! Eigent-

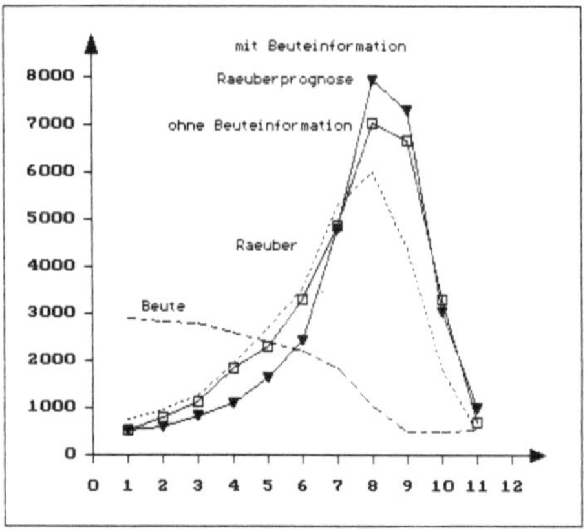

Abb. 48: Die Prognoseleistungen von Versuchspersonen mit und ohne Prognose der «Beute»-Variablen

lich hätte den Versuchspersonen vom 4. bis 5. Zeittakt klar sein müssen, daß die «Beute» deutlich zurückgeht. Wenn aber die «Beute» zurückgeht, so muß das schließlich Auswirkungen auf die Jagdchancen der «Räuber» haben.

Wenn überhaupt solche Schlüsse gezogen wurden: auf das Prognoseverhalten der Versuchspersonen wirkten sie sich nicht aus! Im Gegenteil: Es sieht sogar so aus, als wären die «Nur-Räuber»-Versuchspersonen besser als die «Räuber-Beute»-Versuchspersonen. Sie schießen am Katastrophenpunkt nicht so weit über das Ziel hinaus wie die «Räuber-Beute»-Versuchspersonen. (Der Effekt ist statistisch signifikant!)

Wie kann man das erklären? Waren die «Räuber-Beute»-Versuchspersonen mit ihrer Aufgabe überfordert? Sie bekamen ja immer mehr Informationen als die Versuchspersonen der «Nur-Räuber»-Bedingung. Führte hier die zusätzliche Aufgabe, zwei Entwicklungen zu integrieren, zu einer informationellen Überlastung? Und führte diese dazu, daß die Versuchspersonen dazu neigten, rigide bei ihrem Prognoseautomatismus zu bleiben? Hingegen bleibt den weniger belasteten «Nur-Räuber»-

Versuchspersonen Restkapazität zur Antizipation der Verlangsamung des Wachstums der «Räuber»-Variablen.

Eine andere Versuchsbedingung bestand, wie erinnerlich, darin, daß die eine Hälfte der Versuchspersonen den Kurvenverlauf der jeweiligen Variablen graphisch festhalten mußten, die Versuchspersonen der anderen Hälfte nicht. In diesem Experiment hatte der Ansatz, die Versuchspersonen dazu zu bringen, zeitlich verteilte Informationen in räumliche umzuwandeln, einen kleinen fördernden Einfluß. Die Versuchspersonen, die mitzeichnen mußten, schossen bei der ersten «Katastrophe», also der Kehrtwendung der «Räuber»-Variablen, nicht in dem Maße über das Ziel hinaus wie die Versuchspersonen, die nicht mitzuzeichnen brauchten. «Verräumlichung» von Zeit scheint also zu helfen, wenn auch in diesem Falle nicht sehr viel.

In diesem Versuch hatten die Versuchspersonen also kein Gefühl für die herannahende «Katastrophe» der «Räuber»-Population, also für die Kehrtwendung in der Entwicklung.

Zusätzliche Hilfen durch Vermittlung der Entwicklung einer Variablen, von der die zu prognostizierende abhängig war, und die Hilfe durch die Anweisung, den Verlauf aufzuzeichnen, hatten nur geringe Effekte.

Es ergibt sich allerdings, daß die Versuchspersonen aufgrund ihrer Erfahrungen im ersten Zyklus ihr Prognoseverhalten ändern. Die Fortsetzung des Versuchs über einen zweiten Zyklus hinweg zeigt, daß die Versuchspersonen ihr Verhalten verbessern. Abb. 49 zeigt die Durchschnittsentwicklungen der Prognosen über den gesamten Versuch, nämlich über 35 Zeittakte. Man sieht, daß die Versuchspersonen sowohl die Entwicklung der «Räuber» im zweiten Zyklus besser prognostizierten als auch von der zweiten Kehrtwendung der «Räuber»-Population nicht mehr in dem Maße überrascht werden wie von der ersten. Offensichtlich entwickelten sie im Laufe des Versuchs eine größere Sensibilität für die ablaufende Entwicklung.

Die Tatsache, daß die Versuchspersonen besser werden, mag optimistisch stimmen im Hinblick auf die Erlernbarkeit der Fähigkeit, mit Zeitvariablen umzugehen. Man muß aber bedenken, daß die Versuchspersonen in dieser Experimentalsituation unter nahezu optimalen Bedingungen arbeiteten. Sie hatten nur eine Aufgabe zu erledigen und wurden nicht durch andere Aufgaben von ihrer Prognoseaufgabe abgelenkt. Ein Teil der Versuchspersonen bekam die Informationen über die Entwicklung der «Beute»-Population mitgeliefert. Nach jeder Prognose bekamen sie Rückmeldung über das Zutreffen oder Nichtzutreffen der Prognose, und sie bekamen den richtigen Wert. All das sind für die Realität gänzlich unrealistische Bedingungen. Der Bürger Zeitungsleser zum Beispiel bekommt ja die Informationen über wirtschaftliche Entwicklungen, über die Entwicklung des Waldsterbens, über die Entwicklung der Ausbreitung von Epidemien usw. nicht kontinuierlich mit ständiger Korrektur. Vielmehr bekommt er sie häppchenweise. Es ist anzuneh-

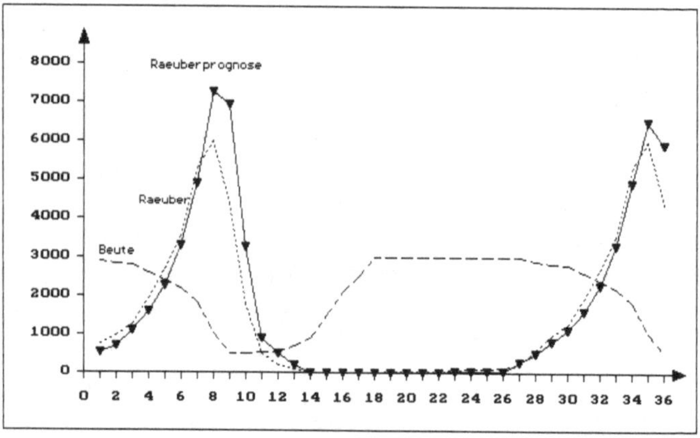

Abb. 49: Prognoseverhalten über den Gesamtversuch

men, daß er es dadurch noch erheblich schwerer hat als unsere Versuchspersonen, ein adäquates Bild von Entwicklungstendenzen zu gewinnen.

Die Schmetterlinge von Kuera

In Abb. 50 sieht man eine Landkarte. Diesmal handelt es sich um den Ort Kuera im Nildelta. Hier wird Baumwolle angebaut, außerdem gibt es Feigenplantagen. Der Ertrag der Baumwolle ist abhängig von einer bestimmten Schmetterlingsart, nämlich von dem Totenkopfschwärmer (*Acherontia atropos*). Die Blüten der Baumwolle müssen von diesem Schwärmer bestäubt werden. Der Totenkopfschwärmer ist aber auch schädlich für die Feigen. Er bohrt die Feigen an und ernährt sich von dem Fruchtsaft, was zum einen natürlich zu einer Vernichtung von Fruchtmasse führt, zum anderen aber auch Schädlingen den Eintritt ins Innere der Früchte erlaubt, wodurch diese faulen können.

Einerseits braucht man also die Totenkopfschwärmer, andererseits sind sie schädlich. Aus diesem Grunde wäre es gut, sie auf die unbedingt notwendige Anzahl zu begrenzen.

Dies ist nun möglich, indem man eine bestimmte Raubwespenart fördert. Wespen dieser Art ernähren sich von den Schwärmern. Mit diesen Raubwespen kann man recht gut umgehen. Ihre «Papiernester» bauen sie, von weitem erkennbar, in Bäumen. Nachts, wenn die Wespen schlafen, kann man die Nester leicht einsammeln. Man kann die Nester auch «auf Vorrat» halten und bei Bedarf aussetzen. (Den Zoologen und Botanikern wird natürlich bei einer solchen Cover-Story einiges abverlangt. Es kommt aber auf die zoologische oder botanische Stimmigkeit hier nicht an! Es ging darum, ein System samt seman-

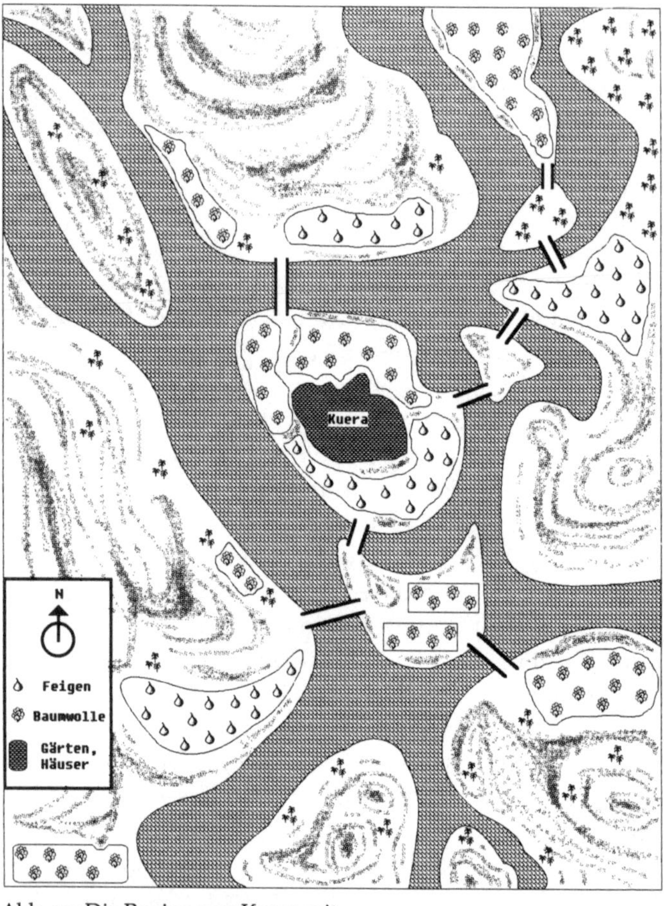

Abb. 50: Die Region von Kuera mit Baumwoll- und Feigenplantagen

tischer Einkleidung so zu gestalten, daß es sowohl ein «Räuber-Beute-System» realisierte, als auch den Versuchspersonen die Notwendigkeit einer biologischen Schädlingsbekämpfung plausibel machte.)

Die Versuchspersonen sollten also in diesem Versuch Nester der Raubwespe so einsammeln und aussetzen, daß

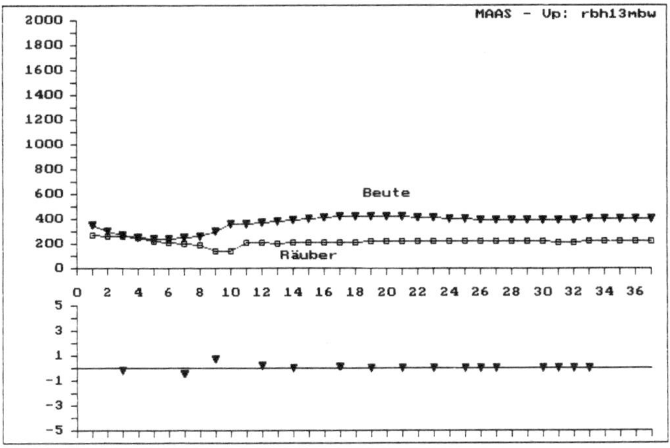

Abb. 51: Die Ergebnisse der Versuchsperson «13mbw» in dem Kuera-Versuch. Im Diagramm oben die Veränderungen der Wespen- und der Schwärmerpopulation. Unten das Eingriffsverhalten der Versuchsperson. Jedes Dreieck bedeutet einen Eingriff. Die Lage des Dreiecks zeigt an, ob die Versuchsperson Wespennester ausgesetzt (+) oder eingesammelt (–) hat. Die Entfernung von der Nullinie indiziert die Stärke des Eingriffs.

der Schwärmerbestand möglichst genau auf einem bestimmten, den Versuchspersonen vorgegebenen Sollniveau blieb. Dieses Sollniveau ist in den nachfolgenden Abbildungen die 400er-Linie. Die Schwärmeranzahl soll in diesem Bereich gehalten werden. (Die tatsächliche Schwärmeranzahl ist jeweils ein Mehrfaches der auf der Ordinate angegebenen Werte, wir wählen aber der Übersichtlichkeit halber für die Abbildungen einen kleinen Maßstab.)

Das Einsammeln und Aussetzen der Wespennester kostet Zeit; eine entsprechende Maßnahme wird daher erst 2 «Monate», nachdem sie angeordnet worden ist, wirksam. Die Versuchspersonen sind über diese Zeitverzögerung informiert.

Die Versuchspersonen sollten diese Steuerungsaufgabe insgesamt über 37 Zeittakte («Monate») fortführen.

Abb. 51 zeigt eine Versuchsperson, die diese Aufgabe hervorragend bewältigt. Man sieht im Diagramm oben die Veränderung des Räuber- und des Beutebestandes, also die Veränderungen der Populationen der Wespen und der Schwärmer. In diesem Fall sind die beiden Populationen nach dem 14. Monat fast stabil. Die Versuchsperson hat dies mit insgesamt nur 4 Eingriffen zuwege gebracht. Man sieht die Eingriffe unten in dem zweiten Koordinatensystem. Ein Dreieck bedeutet jeweils einen Eingriff. Liegt das Dreieck über der Nullinie, so bedeutet dies das Aussetzen von Wespen. Liegt das Dreieck unterhalb der Nullinie, so bedeutet dies das Einsammeln von Nestern. Die Entfernung von der Nullinie repräsentiert jeweils die Stärke des Eingriffes.

Die Versuchsperson 13 mbw handelt sehr ruhig, wartet lange ab, beobachtet. Ihre Aktionen zeichnen sich durch eine relativ geringe Dosierung aus. Offensichtlich sind aber die Dosierungen angemessen. Die Versuchsperson bemüht sich von Anfang an um ein Verständnis der Abläufe. Dies ist nicht ganz einfach, da die Schwärmer ständig die Tendenz haben, sich bis zu der Grenze, die durch das Nahrungsangebot gesetzt ist, zu vermehren. Auch die Raubwespen vermehren sich, wenn man sie einmal ausgesetzt hat, selbständig. (Ein minimaler Bestand von Raubwespen wandert auch ohne Zutun der Versuchsperson in die Region von Kuera ein und vermehrt sich dann langsam.) Das gesamte System zeigt also ein gehöriges Maß an Eigendynamik.

Daß die Versuchsperson die Eigendynamik des Systems recht bald erkennt, sieht man beispielsweise im Monat 9. Hier setzt die Versuchsperson Raubwespen aus, obwohl die Schwärmeranzahl noch unter dem Sollwert (400!) liegt. Sie hat erkannt, daß die Anzahl der Schwärmer beschleunigt zunimmt, und konterkariert vorsorglich diese Entwicklung. Sie ist bemüht, die «Räuber» auf ein bestimmtes Niveau zu bringen, da sie die (richtige) Hypothese hat, daß man durch eine bestimmte konstante Räuberzahl, die ihr zunächst nicht bekannt ist, die Zahl der Schwärmer auf dem Sollwertniveau halten kann.

Die Versuchsperson hat etwa vom 15. Monat an erkannt, in welchem Bereich die Wespenpopulation ungefähr liegen muß. Die weiteren Eingriffe sind «tuning-Eingriffe». Durch geringfügige Korrekturen der Anzahl der Raubwespennester steuert die Versuchsperson die Anzahl der Schwärmer sehr genau; die Zahl der Schwärmer weicht immer weniger vom Sollniveau ab. (Aus der Abbildung ist das des groben Auflösungsgrades wegen nicht ersichtlich.)

Die Versuchsperson verhält sich ingesamt sehr ruhig, bleibt in ihren Hypothesen «datenorientiert» und generalisiert nur wenig, sie notiert die Werte, die sie jeweils erfährt, und versucht auf diese Weise, die Informationen über die Zeitabläufe in «Rauminformationen» umzusetzen.

Betrachten wir nun das Verhalten der Versuchsperson 02 mjg, welches in Abb. 52 dargestellt ist. Man sieht deutlich, daß diese Versuchsperson mit der Aufgabe ungleich größere Schwierigkeiten hat als die Versuchsperson 13 mbw. Der Bestand der Schwärmer liegt entweder bei 0 oder schießt weit über das Sollwertniveau hinaus. Das Eingriffsverhalten der Versuchsperson ist weit «grobschlächtiger» als das Eingriffsverhalten der Versuchsperson 13 mbw. Im wesentlichen ist es dadurch gekennzeichnet, daß die Versuchsperson auf den jeweilig *aktuellen* Zustand von Räuber und Beute reagiert. Die Ablaufcharakteristika (Wachstum oder Verfall der Populationen, Beschleunigung, Abbremsung) werden nicht beachtet; die Versuchsperson gewinnt während des gesamten Versuches keinen Überblick über das, was eigentlich abläuft; sie bleibt dem Moment verhaftet.

Zunächst merkt sie, daß der Bestand der Schwärmer abnimmt. Deshalb vermindert sie die Wespenpopulation. Die hat den Effekt, daß der Bestand der Schwärmer fast explosionsartig zunimmt. Zu spät und zaghaft unterdosierend versucht die Versuchsperson in den Monaten 6 und 7 etwas dagegen zu unternehmen. Als dies erfolglos bleibt, kommen in den Monaten 8 und 9 viel zu starke Eingriffe. Diese richten die Schwärmerpopulation zugrunde. Unnötigerweise werden in den Monaten 10 und 11, fast unmittelbar nachdem zunächst große Mengen an Wespennestern ausgesetzt worden sind, wiederum große Mengen eingesammelt. (Dies ist im Hinblick auf die Niederhaltung der Schwärmerpopulation unnötig, weil die Wespen ohne ihre Hauptbeute sowieso relativ schnell verhungern würden. Andererseits ist es tierfreundlich und sichert den Lagerbestand an Wespen.)

Schon im Monat 8 entwickelt die Versuchsperson eine «Verschwörungstheorie»: «Hier geht es nicht mit rechten Dingen zu, der Computer schummelt!» – Im Mittelbereich des Versuchs geht die Versuchsperson dann langsam zu

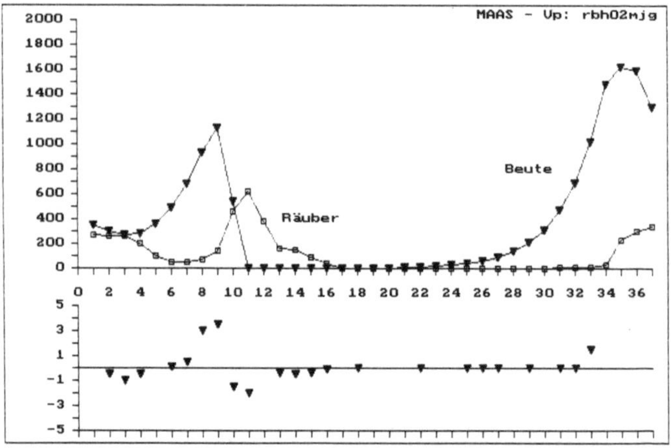

Abb. 52: Die Ergebnisse der Versuchsperson 02 mjg

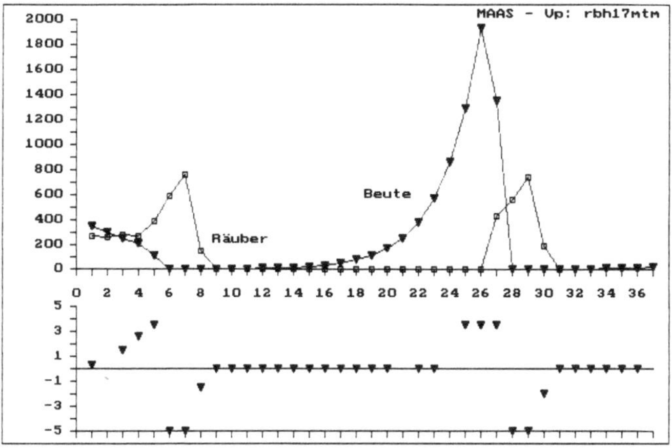

Abb. 53: Die Ergebnisse der Versuchsperson 17 mtm

einer Trendbetrachtung über. Der langsam ansteigende Bestand der Schwärmer führt sogar dazu, daß sie im Monat 18 eine Vorsorgemaßnahme durchführt: Sie setzt, wieder unterdosierend, ganz wenige Wespennester aus.

Während des ganzen Versuches stellt sich die Versuchsperson nicht richtig auf die *Verlauf*scharakteristika der Entwicklung ein. Im Monat Nr. 22 schwankt sie zwischen dem Aussetzen von Wespen, da sie eine zu starke Zunahme der Schwärmer befürchtet, und dem Einsammeln, da der Schwärmerbestand immer noch sehr weit unter dem Sollniveau liegt.

Das deutlich beobachtbare (fast) exponentielle Wachstum des Schwärmerbestandes – etwa vom Monat 22 an – unterschätzt die Versuchsperson vollkommen und versucht in den Monaten 25 bis 29 viel zu spät etwas gegen diese Entwicklung zu tun. Wiederum äußert sie eine Verschwörungshypothese über «böse Mächte» hinter dem Geschehen: «Der Computer mogelt!»

Der Schwärmerbestand schießt dann weit über das Ziel

hinaus, die Versuchsperson steuert nun viel zu stark dagegen. Die Schwärmerpopulation würde bei weiterer Fortdauer des Versuchs wiederum auf 0 absinken.

02mjg schließt den Versuch mit der Bemerkung: «Wie man's auch macht, man macht es verkehrt!»

Ein ganz ähnliches Bild wie bei der Versuchsperson 02mjg findet man bei der Versuchsperson 17mtm. Hier werden zunächst in den Monaten 3, 4 und 5 in großen Mengen Wespennester *ausgesetzt*, obwohl die Schwärmerpopulation deutlich absinkt. Die kaum ausgesetzten Wespennester werden dann in den Monaten 6, 7 und 8 hektisch wieder eingesammelt, und die Versuchsperson hat dann vom Monat 9 an weder Wespen noch Schwärmer.

Die Schwärmerpopulation erholt sich langsam, die Versuchsperson, inzwischen in einer aggressiv-hilflosen Stimmung, verfällt in blinden Aktionismus und sammelt vollkommen unnötigerweise in den Monaten 9 bis 20 jedes Wespennest ein, dessen sie habhaft werden kann. (Es tauchten auch ohne Zutun des jeweiligen Akteurs in der Region von Kuera Raubwespen in geringem Umfang auf.) Diese Maßnahme ist unnötig und sogar schädlich, da die zuwandernden Raubwespen den Anstieg der Schwärmerzahl ein wenig abgebremst hätten.

So explodiert dann der Schwärmerbestand etwa vom Monat 18 an, was die Versuchsperson bis zum 23. Monat nicht zur Kenntnis nimmt, sondern in ihrer aggressiven «Antiwespenpolitik» fortfährt. In den Monaten 25 bis 27 setzt 17mtm in überstarkem Maße Nester aus, was die über alle Grenzen hinaus wachsende Schwärmerpopulation sehr schnell zum Zusammenbruch bringt. Kaum sind die Wespennester ausgebracht, werden sie schon wieder panikartig eingesammelt (Monate 28, 29), und vom 31. Monat an haben wir dann wieder dieselben Verhältnisse wie schon einmal im 9. Monat.

Die Versuchsperson lernt fast nichts während der gesamten Entwicklung, verfällt immer mehr in eine aggressiv-hilflose Stimmung, rettet sich in effektlose Routineeingriffe, um sich selbst das Gefühl zu geben «ich tu ja was!».

Abb. 54 zeigt eine Versuchsperson, die ähnlich wie die Versuchspersonen 17mtm und 02mjg mit einer aggressiven Gegensteuerungsstrategie beginnt. Wenn zu wenig Schwärmer da sind, so werden Wespen eingesammelt, sind zu viele Schwärmer da, so werden Wespen ausgesetzt. Diese Strategie mit relativ hochdosierten und abrupt wechselnden Eingriffen hält bis etwa zum 12. Monat vor. Dann geht die Versuchsperson zu einer wirklichen Prozeßsteuerung über und versucht, vorausschauend zu handeln. Schon die Maßnahme im 13. Monat ist ein Beispiel dafür. Hier werden in einem geringen Umfang Wespennester ausgesetzt, obwohl der Schwärmerbestand noch längst nicht sein Sollwertniveau erreicht hat. Die Versuchsperson kommt nun auf die Idee, einen – wie sie sagt – «Nullwert» zu ermitteln. Darunter versteht sie einen Wert der Wespenpopulation, bei dem die Schwär-

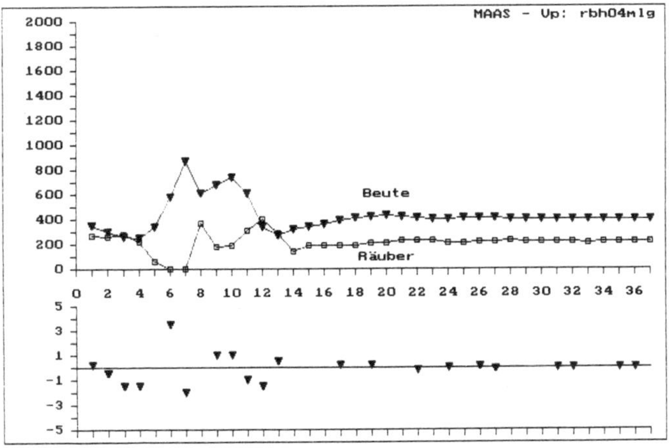

Abb. 54: Die Ergebnisse der «lernfähigen» Versuchsperson 04mlg

merpopulation konstant bleibt. Wie es sich im weiteren Gang des Versuchs zeigt, gelingt der Versuchsperson die Ermittlung dieses «Nullwertes» sehr gut. Mit relativ wenigen, wohldosierten Maßnahmen bringt sie den Schwärmerbestand in den Sollwertbereich. 17mtm ist ein Beispiel für eine Versuchsperson, die aus ihren Fehlern lernt und ihr Verhalten ändert. Dies geschieht sogar relativ abrupt: Der Strategiewechsel findet im 12. oder 13. Monat statt.

Die Versuchspersonen, die diese Art von biologischer Schädlingsbekämpfung durchführen mußten, zeigen eine große Vielfalt von Verhaltensweisen. Die Versuchsperson 13mbw ist zweifellos der Star. Gewöhnlich sind die Versuchspersonen schlechter, und man kann zeigen, daß im Durchschnitt die Versuchspersonen nicht viel lernen bei dem gesamten Versuch. Die Verhaltensweisen der Versuchspersonen 17mtm und 02mjg sind zwar Extremfälle, dennoch aber eher typisch für das «Durchschnittsverhalten». Es zeigt sich insgesamt, daß die Versuchspersonen große Schwierigkeiten haben, eine solche Steuerung zu bewältigen.

Alle Fehlverhaltensweisen, die wir in den vorausgehenden Abschnitten kennengelernt haben, finden sich in diesem Versuch. Wir finden massive, durch eine Mischung von Aggressivität und Hilflosigkeit gekennzeichnete Gegensteuerungsstrategien, wie wir sie ähnlich schon in dem Kühlhaus-Experiment kennenlernten. Wir finden abwartendes Verhalten, in dem sich die Versuchsperson zunächst darum bemüht, einen Überblick über den Prozeß*verlauf* zu bekommen. Wir finden ad hoc gebildete Hypothesen, die die tatsächlichen Daten weit hinter sich lassen, insbesondere in den «Verschwörungstheorien».

Wir finden die vernünftige Tendenz, sich durch Notizen, also durch «externe Speicher» (Schönpflug 1986, 1988), den zeitlichen Ablauf zu «verräumlichen», damit er auf diese Art und Weise besser verfügbar ist. Wir finden die Unterschätzung von partiell exponentiell verlaufenden Wachstumsprozessen. Wir finden Panikreaktionen und nutzlosen Aktionismus.

Insgesamt finden wir, daß die zunächst bei den Versuchspersonen vorhandene Fähigkeit, mit einem noch relativ einfachen zeitabhängigen System umzugehen, gering ist. Den Versuchspersonen hier bessere Strategien zu vermitteln, würde sich sicherlich lohnen.

Wenn man die Ergebnisse dieses Versuchs betrachtet, muß man wieder bedenken, daß die Versuchspersonen unter fast optimalen Bedingungen arbeiteten. Das System ist relativ einfach, und die Versuchspersonen bekommen alle Informationen richtig und ohne Zeitverzögerung. Die «Totzeiten» der Reaktionen sind relativ kurz und überschaubar. Daraus kann man wohl ableiten, daß unter anderen Bedingungen die Schwierigkeiten noch größer wären. Wenn also das System komplexer wäre, die Totzeiten größer, die Informationen verzögert eintreffen würden und außerdem unvollständig und zum Teil falsch wären, wenn die Zusammenhänge zwischen den Variablen komplizierter wären als in diesem einfachen System, so würden wohl die jeweiligen Akteure noch größere Schwierigkeiten haben.

Bei den «Schmetterlingen von Kuera» geht es keineswegs um ein System, welches «Übermenschliches» verlangt. Man kann die Probleme dieses Systems ganz gut bewältigen. Man muß nur wissen wie. Und dieses «Wie» ist nichts Geheimnisvolles, sondern besteht in der Berücksichtigung von einigen ganz einfachen Regeln: «Versuche die Ablaufcharakteristika des Prozesses zu erfassen! Mach dir dazu Notizen, damit du berücksichtigen kannst, was früher war, und du nicht nur dem Augenblick ausgeliefert bist! – Versuche zu antizipieren, was geschehen wird!» – Großmutterregeln!

7. Planen

Wenn man folgerichtig vorgeht beim Umgang mit einem komplexen Problem, so wird man sich zunächst einmal seine Ziele klarmachen (zumindest vorläufig). Dann wird man ein Modell der jeweiligen Realität konstruieren oder das vorhandene ergänzen und kritisch betrachten. Vielleicht muß man zu diesem Zweck das gesamte System zunächst eine geraume Zeit beobachten, um die Zusammenhänge aus den Kovariationen der Variablen zu erschließen. Dann darf man nicht vergessen, sich Informationen über den gegenwärtigen Zustand zu beschaffen, damit man weiß, was der Fall ist, und damit man weiß, wie sich das System vermutlich in Zukunft verhalten wird.

Und wenn man all das getan hat, kann man zum Planen von Maßnahmen übergehen. In diesem Kapitel wollen wir uns, nachdem wir uns mit all den genannten Themen befaßt haben, nun mit dem Planen von Maßnahmen beschäftigen.

«Ja, mach nur einen Plan…»

Was heißt Planen? Beim Planen *tut* man nicht, man überlegt, was man tun *könnte*. Planen besteht wohl im Kern darin, daß man sich die Konsequenzen bestimmter Aktionen vor Augen führt und prüft, ob sie eine Annäherung an das gewünschte Ziel erbringen. Wenn einzelne Aktionen dies nicht tun, bildet man wohl auch längere

Aktionsketten. «Erst den Bauer auf D4, dann muß er mit dem Läufer seine Dame decken, und dann kann ich mit dem Springer ...», so mag ein Ausschnitt aus einem Planungsprozeß bei einem Schachspieler aussehen.

Planen besteht darin, daß man einzelne Aktionen auf ihre Konsequenzen untersucht, Einzelaktionen probeweise zu Ketten zusammenfügt, um dann die Konsequenzen solcher Aktionsketten zu untersuchen. Man macht das nicht in der «richtigen» Realität, sondern im Kopf oder auf dem Papier oder mit dem Computer. Planen ist «Probehandeln». Man fragt sich: «Was kommt heraus, wenn ich die Aktion a durchführe? Und wenn ich dann an a die Aktion b anhänge, was ergibt sich dann ...?»

Beim Planen entstehen also mehr oder minder lange Sequenzen von gedachten Aktionen. Diese Ketten bestehen aus einzelnen Gliedern, die wiederum aus drei Einheiten bestehen, wenn sie vollständig sind, nämlich aus dem *Bedingungsteil*, dem eigentlichen *Aktionsteil* und dem *Ergebnisteil*. «Unter der und der Bedingung könnte ich dieses oder jenes machen, und dann kommt dieses oder jenes heraus!» Dies wäre die vollständige Form einer Einzeleinheit einer Planungssequenz.

Planungen können sich verzweigen. Dem Planenden mag einfallen, daß eine bestimmte Aktion nicht nur *ein* Ergebnis haben kann, sondern verschiedene, je nach den a priori nicht bekannten Umständen. «Und wenn er nun nicht seine Dame mit dem Läufer deckt, sondern seinen Turm auf A5 bringt? ... Dann kann ich ihm mit meinem schwarzen Läufer das Pferdchen wegnehmen und dann ...» So können sich Planungsprozesse verzweigen.

Planungssequenzen können auch Kreise bilden. Wenn man beispielsweise der Meinung ist, daß bei einer bestimmten Aktion manchmal das gewünschte Ergebnis herauskommt, manchmal einfach gar nichts, dann kann

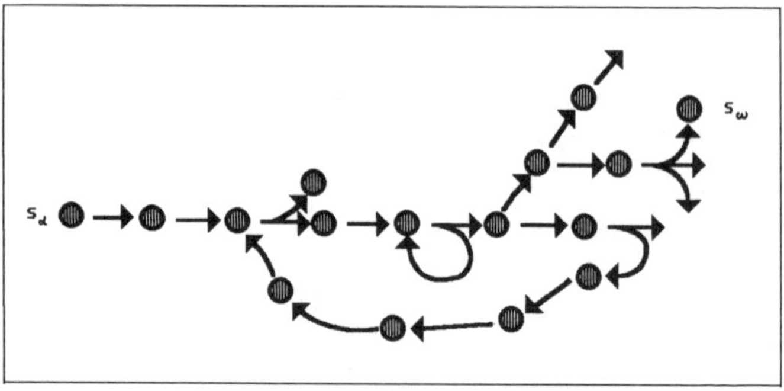

Abb. 55: Planungsstrukturen

man sich sagen: «...und wenn es dann nicht klappt, dann versuch ich es halt noch einmal!»

Das Ergebnis eines Planungsprozesses kann eine mehr oder minder komplizierte Struktur von der Art sein, wie sie in Abb. 55 dargestellt ist. Dort sieht man einmal eine sich verzweigende Struktur, die von einem bestimmten Punkt s_α ausgeht. In dieser Struktur gibt es auch Kreise. Zugleich sieht man eine Struktur, die auf einen Punkt s_ω zuläuft.

s_α ist der Startpunkt des Planungsprozesses, und s_ω ist der Zielpunkt. (Manchmal gibt es Planungsprozesse, die von verschiedenen Startpunkten ausgehen und verschiedene Zielpunkte anstreben, aber wir wollen es uns hier nicht allzu kompliziert machen.) – Die Pfeile in der Abbildung repräsentieren die Aktionen und die Kreise, auf die die Pfeile zeigen, die Ergebnisse, die man mit der Aktion meint, erzielen zu können. Ein «Gabelpfeil» repräsentiert eine Aktion, die mehrere Ergebnisse haben kann.

Abb. 55 zeigt so ziemlich sämtliche Bestandteile, die in einer Planung vorkommen können. Die Abbildung zeigt auch, daß man zwei Arten von Planungen unterscheiden kann, nämlich «Vorwärtsplanen» und «Rückwärtsplanen».

Beim Vorwärtsplanen geht man vom Startpunkt aus. Vorwärtsplanen ist gewissermaßen die «natürliche» Form der Planung; man plant so, wie man auch tatsächlich handelt, und das geht nur vorwärts, weil man leider die Zeit nicht umkehren kann. Rückwärtsplanen ist «unnatürlich», denn «rückwärts handeln» geht nicht in der Realität, allenfalls bei Anhängern gewisser esoterischer Geistesrichtungen.

Obwohl «Rückwärtshandeln» nicht geht, so geht doch «Rückwärtsplanen»! Man kann sich sehr wohl überlegen, welche Situation denn vor der angestrebten Zielsituation der Fall sein müßte, damit man sie mit einer bestimmten Aktion erreichen könnte. Wenn man von Bamberg nach Hamburg fahren möchte, so ist es nicht unbedingt die beste Strategie, der Reihe nach die Zugverbindungen von Bamberg nach Würzburg, von Würzburg nach Hannover, von Hannover nach Hamburg durchzugehen, um auf diese Weise seinen Fahrplan zu konstruieren. Man kann statt dessen auch ermitteln, welche Züge aus südlicher Richtung in dem Zeitraum der gewünschten Ankunft in Hamburg ankommen. Und man kann dann ermitteln, wann diese Züge zum Beispiel in Hannover oder in Dortmund abfahren und kann sich auf diese Weise «rückwärts» bis nach Bamberg durcharbeiten.

Und man kann natürlich auch beide Planungsformen kombinieren. Man kann zwischen dem Vorwärts- und dem Rückwärtsplanen abwechseln.

Für das Rückwärtsplanen ist es unerläßlich, ein ziemlich klares Ziel zu haben. Mit einem unklaren, wolkigen Ziel läßt sich nicht gut rückwärtsplanen, da man dann keinen vernünftigen Bezugspunkt für die Frage hat: «Welche Aktion hat das gewünschte Ziel als Ergebnis?» Dies ist ein weiterer Grund für die Forderung: «Mach dir deine Ziele klar!»

Die Tatsache, daß die Handlungsziele oft unklar sind, mag ein Grund für die geringe spontane Tendenz sein, die man bei Menschen für das Rückwärtsplanen findet. Oft aber planen Menschen selbst dann nicht «rückwärts», wenn es ganz gut ginge, weil die Ziele klar sind. So fand ich in einer Untersuchung des Verhaltens von Versuchspersonen beim Lösen von Beweisaufgaben in der formalen Logik unter 1304 protokollierten Elementen des «lauten Denkens» kein einziges Mal eine Rückwärtsplanung! (Siehe Dörner 1974, S. 137, S. 157.) – Bei Mathematikern und in der formalen Logik ist «Rückwärtsplanen» oft die kanonisierte Methode (s. Schütte 1960).

Vom Begriff her ist das Planen eigentlich etwas Einfaches. Man setzt in Gedanken Aktion an Aktion, kombiniert Vorwärts- und Rückwärtsplanung und hat irgendwann dann einen Weg vom Startpunkt zum Ziel! – Oder auch nicht?!

> «Ja, mach nur einen Plan
> Sei nur ein großes Licht!
> Und mach dann noch 'nen zweiten Plan
> Gehn tun sie beide nicht.»

singt Jonathan Jeremias Peachum, der Bettlerkönig, in der «Dreigroschenoper» in seinem «Lied von der Unzulänglichkeit menschlichen Strebens».

Die gereimte Feststellung ist allerdings in bezug auf Peachum selbst ein Understatement gröbster Art. Denn Peachums Pläne gelingen meist vorzüglich! So kann er zum Beispiel unmittelbar nach der obenstehenden Kundgabe dem erstaunten Polizeipräsidenten von London, Brown (genannt «Tiger-Brown»), ein ganzes Arsenal von Planungen für den Fall vorführen, daß Brown seine Absicht wahrmachen sollte, die Londoner Bettler von den Krönungsfeierlichkeiten fernzuhalten. Brown läßt sich von den umfassenden Planungen Peachums so außerordentlich beeindrucken, daß er sich gleich in den auf die Gefangennahme des Räubers Macheath – genannt Mackie Messer – gerichteten Plan des Herrn Peachum einspannen läßt. Auch dieser Plan gelingt vorzüglich; denn nur der reitende Bote des Königs rettet Macheath vorm Galgen. Nur: Wir sind nicht alle Peachums! Was ist schwierig am Planen?

Schwierig ist am Planen einmal, daß es nur selten und in relativ uninteressanten Bereichen *vollständig* sein kann. Letzten Endes beinhaltet das Planen ja das Absuchen eines Realitätsbereiches nach Transformationswegen. Klix (1971, S. 644) bezeichnet daher den Suchraum auch als Problemraum. Und auch nur mäßig komplexe Realitäten wie etwa ein Puzzle-Spiel bieten bereits eine solche Unmenge von verschiedenartigen Transformationsmöglichkeiten, die Vorwärts- und Rückwärtsplanungen verzweigen sich in so hohem Ausmaß, daß eine vollständige Absuche des gesamten Raumes gänzlich unmöglich ist.

Bekanntlich ist das Schachspiel ein Realitätsbereich mit endlich vielen Konstellationen. Also ist die Menge von Zügen und Gegenzügen ebenfalls endlich. Folglich kann man «im Prinzip» einen Schachzug «vollständig» vorausplanen – ja sogar eine gesamte Strategie! Tatsächlich aber geht's nicht, ganz einfach weil die Menge an möglichen Transformationen so riesig ist, daß bis zum heutigen Tage niemand, auch kein Computer, sie alle sichten und bewerten könnte.

Die große Ausdehnung eines Suchraumes macht es notwendig, den Suchraum *einzuengen*. Man kann ihn nicht vollständig durchsuchen. Die Problemlösepsychologie kennt eine ganze Menge von «Heurismen» (= «Findeverfahren») der Suchraumeinengung. Eine nannten wir schon, nämlich die Kombination von Vorwärts- und Rückwärtsplanung. Das Rückwärtsplanen schafft Zwischenziele für das Vorwärtsplanen und umgekehrt, und auf diese Weise wird der Planungs- und Problemlösevorgang eingeschränkt.

Ein weiteres «prominentes» Verfahren der Suchraumeinengung ist das *«hill-climbing»*. Diese Methode besteht darin, daß man nur solche Aktionen überhaupt in Betracht zieht, die einen Fortschritt in Richtung auf das Ziel versprechen, also die Unterschiede zwischen dem, was gegeben, und dem, was gesucht ist, vermindern. Auf den ersten Blick erscheint dies als eine fast selbstverständliche Methode. Sie hat aber ihre Tücken, da man bei der Annäherung an das Ziel, also beim «Aufwärtssteigen», möglicherweise auf einem Nebengipfel statt auf dem Hauptgipfel ankommt. Irgendwann einmal ist der Aufstieg zum Nebengipfel steiler als der Aufstieg zum Hauptgipfel, und schon ist man bei alleiniger Verwendung der «hill-climbing»-Methode auf dem falschen Weg! Allein die Steilheit des Anstieges, also das Ausmaß der Zielannäherung zum Kriterium zu machen, kann gefährlich sein. Man kann auf diese Weise keine Umwege gehen, denn diese enthalten immer eine zeitweise Entfernung vom Ziel, sonst hießen sie nicht «Umwege».

Ein weiteres Verfahren der Suchraumeinschränkung ist die Orientierung an *Zwischenzielen*. Zwischenziele können einmal durch Rückwärtsplanen (für das Vorwärtsplanen) oder Vorwärtsplanen (für das Rückwärtsplanen) entstehen. Darüber hinaus kann man solche Situationen anstreben, die viele Freiheitsgrade für das weitere Handeln bieten, ohne daß man von ihnen aus schon unmittelbar einen Weg zum Ziel sehen könnte. Im Schachspiel sind solche Situationen zum Beispiel eine gute Bauernstellung oder die Beherrschung der mittleren vier Felder. Solche «günstigen» Situationen sind Situationen hoher *«Effizienz-Divergenz»* (Oesterreich 1981), das heißt Situationen, von denen aus man *effizient* in viele verschiedene Richtungen handeln kann.

Und wenn man gar nicht weiß, was man machen soll, dann kann man Aktionen auch nach Maßgabe des vergangenen Erfolges auswählen! Was hat sich in der Vergangenheit oft als anwendbar erwiesen? (Reason [1988] nennt dieses Verfahren «frequency-gambling».) Auch die Auswahl von Aktionen nach Maßgabe der Häufigkeit ihres Gebrauchs in der Vergangenheit engt den Suchraum ein. Die Orientierung am Erfolg und an der Häufigkeit der Anwendung der Operationen führt unmittelbar zum «Methodismus», auf den wir gleich im nächsten Abschnitt zu sprechen kommen.

Wir wollen an dieser Stelle keine systematische Diskussion der verschiedenen Verfahren der Suchraumeinengung durchführen. Es gibt eben verschiedene!

Wenn es nun verschiedene Verfahren der Suchraumeinengung gibt, wann soll man welche anwenden? Wann eine Kombination von Vorwärts- und Rückwärtsplanung, wann «hill-climbing», wann «Effizienz-Divergenz-Methode», wann Orientierung am bisherigen Erfolg? Auf diese Fragen gibt es Antworten: «Rückwärtsplanen» geht nicht oder schlecht bei unklaren Zielen; in einem solchen Falle ist die «Effizienz-Divergenz»-Methode angebracht. Und nur bei vollkommener Orientierungslosigkeit über die Struktur des Suchraums sollte man «hill-climbing» anwenden – vielleicht ein wenig aufgelockert durch eine kleine Prise «Versuch und Irrtum», um ein Mutationsferment in den Gang des Planungsprozesses einzubringen.

Man sollte wissen, wann was!

Die Verwendung von Verfahren der Suchraumeinengung macht Heurismen der Suchraum*erweiterung* notwendig. Wenn man den Suchraum einschränkt, sucht man zwar in einem überschaubaren Umfeld, aber möglicherweise in dem falschen! Deshalb sollte man nach einiger Zeit der erfolglosen Suche doch einen Suchraumwechsel in Betracht ziehen. Auch dafür gibt es viele Verfahren.

Das einfachste ist das «freie Probieren». *«Versuch und Irrtum»* wurde oben schon als «Mutationsferment» für den Planungsprozeß genannt. Man beschränkt sich nicht auf die Betrachtung solcher Operationen, die zielführend erscheinen («hill-climbing»), die in die Richtung einer «günstigen» Position führen, die in der Vergangenheit erfolgreich angewendet wurden. Man probiert einfach alles, was in der entsprechenden Situation möglich ist. Dies ist eine primitive Methode, sie hat aber ihre Schwierigkeiten, da Menschen oft gar nicht merken, daß sie sich von ihren alten Vorstellungen nicht freimachen können und keineswegs alles bedenken, was sie bedenken könnten. (Eine Formalisierung dieser Methode stellt das System des «morphologischen Kastens» von Zwicky [1966] dar.)

Eine andere Methode der Suchraumerweiterung ist das *«Ausfällen des Gemeinsamen»* (Duncker 1965). Dieses Verfahren besteht darin, daß man sich klarmacht, welches die gemeinsamen Merkmale der bisherigen erfolglosen Lösungsansätze waren, und dann nach Aktionen sucht, die gerade diese Merkmale nicht aufweisen. Denn das, was man bisher gemacht hat, war ja erfolglos, also sollte man die Merkmale der bislang verwendeten erfolglosen Aktionen austauschen.

Dieses Verfahren ist besonders probat bei der *Überwindung von «heterogen funktionalen Gebundenheiten»* (Dunkker). Dabei handelt es sich um die Bindung von Operationen an bestimmte Bedingungen, die sich durch den bisherigen Gebrauch der jeweiligen Aktionen eingeschliffen haben, den andersartigen Gebrauch der Operationen aber verhindern.

Wenn man Versuchspersonen beispielsweise ein Kerzchenstümpfchen, einige Streichhölzer und einige Heftzwecken in einer Streichholzschachtel präsentiert und ihnen die Aufgabe gibt, das Kerzchenstümpfchen so an der Wand zu befestigen, daß man es anzünden und «für optische Experimente» verwenden kann, so kommen Versuchspersonen erheblich später und mit größeren Schwierigkeiten auf die Idee, einfach das Streichholzschächtelchen mit Hilfe der Reißzwecken an die Holzwand zu pinnen, als wenn man ihnen Kerzlein, Reißzwekken und Streichholzschachtel getrennt vorlegt. Im ersten Fall ist die Streichholzschachtel «heterogen funktional gebunden»; sie ist ein *Behälter* und nicht etwa ein mögliches Bord für die Kerze.

Vielleicht das wichtigste Verfahren der Suchraumerweiterung ist der *Analogieschluß*. Wenn eine Versuchsperson des Lohhausen-Versuchs die Uhrenfabrikation mit dem Drehen von Zigaretten analogisierte (s. «Information und Modelle»), so gewann sie mit dem präzisierten Bild des Produktionsprozesses neue Planungsmöglichkeiten.

In dem Kühlhausexperiment (s. «23 ist eine gute Zahl!») kam es darauf an zu erkennen, daß Maßnahmen mit Verzögerung wirken. Wenn eine Versuchsperson das Einstellen eines neuen Wertes des Stellrades mit dem Schreiben von Rechnungen an Kunden analogisierte («da krieg' ich mein Geld auch nicht sofort!»), so gewinnt sie nur eine winzige Idee. Aber es ist die entscheidende!

Es gibt Strategien zur Erzeugung von Analogieschlüssen. Man kann, ein ungelöstes Problem im Kopf, in ein reichhaltig bestücktes Kaufhaus gehen und sich, die Chromargan-Pfannen in der Küchenabteilung betrachtend, fragen, was eine Pfanne vielleicht mit dem gerade akuten Problem zu tun hat. Diese «Kaufhausmethode» mag merkwürdig und irgendwie unseriös erscheinen, sie hilft aber. (Statt des Kaufhauses kann man auch ein Lexikon nehmen, das man an einer beliebigen Stelle aufschlägt.)

Es gibt «professionelle» Verfahren zur Erzeugung von Analogieschlüssen, zum Beispiel die Gordonsche «Synektik» (s. Gordon 1961); wir wollen aber hier nicht weiter darauf eingehen.

Auch die Verfahren der Suchraumerweiterung wollen wir hier nicht «wissenschaftlich» diskutieren. Man kann auch bei ihnen eine «Platzzuweisung» betreiben: «Ausfällen des Gemeinsamen» ist wohl angebracht als «analytische» Methode der Suchraumerweiterung nach langer, erfolgloser Arbeit. «Freies Probieren» ist angebracht, wenn man keine Zwischenziele mehr aufstellen kann und merkt, daß man sich in «Denkschleifen» gefangen hat und immer wieder den gleichen Maßnahmenkatalog analysiert.

Wenn man den Eindruck hat, daß der Suchraum wirklich «ausgeschöpft» ist, sollte man einen Analogieschluß anstreben.

Man kann sich den gesamten Planungsprozeß vorstellen als einen Prozeß der Suchraumeinschränkung, der intensiven Suche im eingeschränkten Suchraum, der Suchraumerweiterung bei Erfolglosigkeit der Suche, der Einschränkung des neuen Suchraumes, der Fortsetzung der Suche in dem neuen Suchraum... Die Effektivität des gesamten Prozesses wird davon abhängen, welche Verfahren man zur Suchraumeinschränkung und -erweiterung zur Verfügung hat und ob man weiß, wann man was machen muß.

Suchraumeinengung hin, Suchraumerweiterung her: in manchen Situationen sollte man es nicht übertreiben! Natürlich kann Zeitdruck eine zu grobe Planung erzwingen oder den Abbruch der Planung. Darüber hinaus aber gibt es Realitätsbereiche, in denen man selbst dann nicht oder nicht zuviel planen sollte, wenn man genügend Zeit hat. Dies sind solche Realitätsbereiche, in denen die jeweiligen Situationen so vielfältig von einer großen Menge anderer Prozesse abhängig sind, daß einfach die Details der Situation nicht antizipierbar sind.

Statt vieler Erläuterungen dafür ein Beispiel, welches ich Grote (1988, S. 65) entnehme. Grote diskutiert die Planungsmöglichkeiten eines Fußballtrainers und meint: «Er wird also nicht der zweiten Sturmspitze erklären, wie sie in der 6. Spielminute unter einem Winkel von 22 Grad seitlich von rechts auf das gegnerische Tor zulaufend, 17 m vor dem Kasten den Ball mit einem Steigungswinkel von 10 Grad und 11 Minuten abfeuert, um mit Sicherheit einen Punkt zu machen.»

Allzu minutiöse Planung ist hier vergeudete Zeit, man sollte sich in diesem Fall lieber nach der Devise Napoleons richten, der für solche Fälle empfahl: «On s'engage et puis on voit!» (Frei übersetzt: «Man fängt einfach mal an, und dann sieht man schon, was man machen kann!»)

In sehr komplexen und sich schnell verändernden Situationen ist es wohl vernünftig, nur in groben Zügen zu planen und möglichst viele Entscheidungen nach «unten» zu delegieren. Dies setzt viel Selbständigkeit und Vertrautheit mit der «Generallinie» bei den ausführenden Stellen voraus. Man braucht in solchen Situationen das, was Malik (1985) «Redundanz potentieller Lenkung» nennt, also viele Beteiligte, die alle Leitungsaufgaben im Sinne der Generaldirektiven übernehmen können.

Zum Thema «Planen und Unsicherheit» gehört auch der Ratschlag von Moltke, Ratschläge nicht zu beherzigen:

«Man umgebe aber den Feldherrn mit einer Anzahl von einander unabhängigen Männern, je mehr, je vornehmer, je gescheiter, umso schlimmer –, er hörte bald den Rat des einen, bald des anderen; er führe eine an sich zweckmäßige Maßregel bis zu einem gewissen Punkte, eine noch zweckmäßigere in eine anderen Richtung aus, erkenne dann die durchaus berechtigten Einwände eines dritten an und die Abhilfevorschläge eines vierten, so ist hundert gegen eins zu wetten, daß er mit vielleicht lauter wohlmotivierten Maßregeln seinen Feldzug verlieren würde.» (v. Schmerfeld 1925, S. 54)

Man würde Moltke sehr mißverstehen, wenn man aus seinen Ausführungen ableiten würde, man dürfe keine Ratschläge annehmen. Was er ausdrücken will, ist, daß man sich eben nicht allzu sehr an Regeln binden solle, die immer nur lokale Gültigkeit haben, also nur gelten, wenn... und wenn... und wenn... – Wichtig ist es, den vorurteilsfreien Blick für die Situation zu bewahren. (Auf des älteren Moltke Schriften zum Planen und zum strategischen Denken machte mich dankenswerterweise Hans Hinterhuber, Universität Innsbruck, aufmerksam.)

Maliks Forderung einer «Redundanz potentieller Lenkung» mag oft «unpsychologisch» sein. Denn damit hat man außer schwierigen Problemen auch noch die Selbständigkeit der ausführenden Organe als zusätzliches unbestimmtheitsstiftendes Moment.

Brehmer & Allard (1985, 1986) stellten dementsprechend bei ihren Untersuchungen des «Waldbrandproblems» (s. «Primzahlen und Fremdenverkehr...») fest, daß die Versuchspersonen als «Feuerwehrkommandanten» die starke Tendenz hatten, den einzelnen Einheiten ihre (geringen) Selbststeuerungsfähigkeiten zu *entziehen*. Sie unterstellten sie lieber ihrem zentralen Kommando, als sie selbständig handeln zu lassen, obwohl nach Maßgabe der Situation (großer Zeitdruck!) es anders wohl besser gewesen wäre. Wenn's auch nichts nützt: man hat dann doch das Gefühl, alles unter dem eigenen Kommando zu haben! Sunshine und Horowitz (1968) (nach Roth 1986, S. 50) fanden, daß unter Stress die Verwendung des Personalpronomens «ich» häufiger wird als bei Problemlösern in entspannten Situationen. Deutet dies auf eine Tendenz hin, in Stress-Situationen zu einem «zentralistischen Regime» überzugehen?

Auch beim Planen stellt sich wieder das Problem des Auflösungsgrades, welches uns schon im Zusammenhang mit der Informationssammlung beschäftigt hat. Man kann zu grob planen und zu fein; es kommt darauf an, mit dem *richtigen* Auflösungsgrad zu planen. (Und was, bitte, ist richtig?)

Daß nicht notwendigerweise für alle Realitätsbereiche die gleichen Formen der Planung angebracht sind, kann man wieder Grote (1988) entnehmen, der über seine Erlebnisse mit der «Netzplantechnik» berichtet. Er beschreibt, wie er – zunächst von dieser Technik sehr angetan – mit gutem Erfolg den Bau eines Klärwerkes damit plant und den Bau viel schneller beenden kann als bei vergleichbaren Projekten üblich. Er versuchte dann, die gleiche Planungstechnik bei dem Bau eines Gymnasiums zu verwenden und schreibt folgendes über seine Erfahrungen (Grote 1988, S. 81 f):

«Wir fanden sehr schnell heraus, daß die Netzpläne vor dieser größeren Komplexität des Bauprozesses versagten.

1. waren sie in ihrer Übersichtlichkeit mit Hunderten von Operationen für jeden, der an der Baustelle damit arbeiten sollte, eine Zumutung,

2. kam an der Baustelle ständig alles anders als die noch so fachmännisch und intelligent vernetzten Modelle, und

3. hatten wir die größten Störungen selbst einprogrammiert, weil wir die erforderliche Zahl der Arbeitskräfte in fast jedem Gewerk falsch bemessen hatten. Wir wußten vorher nicht, daß den Unternehmern und Handwerksmeistern – auch den Ingenieuren in den Unternehmen – bei der Komplexität eines solchen Projektes schon selbst grobe Fehlschätzungen der Arbeitskräftezahlen unterliefen.»

Grote resümiert: «Der vollständigen Planung kann man das Konzept der ‹Nichtplanung› gegenüberstellen.»

Mit der Schwierigkeit der Wahl des richtigen Auflösungsgrades bei der Planung hängen manche «Entartungen» des Planungsprozesses zusammen. Gerade der Unsichere wird die Tendenz haben, zu genau zu planen. In einer Situation, die ihm sowieso bedrohlich erscheint, wird er versuchen, alle Eventualitäten vorauszusehen und alle Störfälle einzukalkulieren. Das kann fatale Konsequenzen haben. Der Planungsprozeß selbst führt ihm, je mehr er in die Materie eindringt, in desto größerem Ausmaß die ganze Vielfalt des möglichen Geschehens vor Augen. Planen, wie die Sammlung von Information (Planen ist ja auch eine Form der Informationsgewinnung!), kann die Unsicherheit vergrößern statt sie zu verkleinern.

Um bei dem Fußballtrainer zu bleiben: Wenn man schon einmal dabei ist, die Schußwinkel der jeweiligen Fußballspieler situationsspezifisch festzulegen, so sollte man auch berücksichtigen, daß feuchte Erde an den Fußballschuhen festkleben kann. Und ein Erdklümpchen zwischen Fußballschuh und Ball kann sich verheerend auf den geplanten Schußwinkel auswirken! Also ist eine Untersuchung ihrer mittleren Größe und Auftretenshäufigkeit angebracht, sowie eine Untersuchung der Prädilektionsstellen der Erdklümpchen am Fußballschuh. Wenn nun der Fußballplatz im nördlichen Teil eher sandigen, im südlichen Teil eher lehmigen Boden aufweist, dann muß man...

Kommt nicht vor?! O doch!

Eine Versuchsperson in dem Lohhausen-Versuch, die wir schon auf Seite 44 kurz erwähnten, kam irgendwie auf die Probleme der alten Leute in Lohhausen zu sprechen und fand, daß man auf jeden Fall etwas dafür tun müßte, die Kommunikation der alten Leute mit Kindern und Enkeln nicht abreißen zu lassen. Daraus ergab sich die Frage nach den Telefonen in den Altersheimen von Lohhausen. Da nun nicht alle alten Leute in Altersheimen wohnen, ging es dann um die private Versorgung mit Telefonapparaten und um die öffentlichen Telefonzellen. Die Versuchsperson erfragte vom Versuchsleiter alle Standorte von Telefonhäuschen in Lohhausen, trug sie in den Stadtplan ein und machte sich daran, die mittlere Weglänge eines mittleren Rentners zu einer mittleren Telefonzelle mit Lineal und Taschenrechner zu ermitteln, um auf der Basis dieser Informationen die Standorte neuer Telefonzellen zu planen.

Natürlich ging es hier gar nicht mehr um die alten Leute! Sie waren nur noch der Vorwand, vor der großen Komplexität der Entscheidungssituation und der eigenen Hilflosigkeit in einen minutiösen Planungsprozeß zu entfliehen. Genaues Hinsehen mag oft die Unsicherheit erhöhen, und die Einkapselung in einem das Kleindetail betreffenden Planungsprozeß vermittelt einerseits das Gefühl, der Unbestimmtheit der Situation die ganze Kraft der Rationalität entgegenzusetzen, und auf der anderen Seite muß man ja zunächst planen, ehe man etwas tut! Also braucht man erst mal nichts zu tun und enthebt sich auf diese Weise der möglichen Konfrontation mit Mißerfolgen.

Die Sequenz «Unsicherheit» → «genaue Planung» → «größere Unsicherheit» → «noch genauere Planung (möglichst in einem gut bekannten Teilbereich)» → «dunkle Ahnung, dem eigentlichen Problem nicht gerecht zu werden» → «Entscheidungsverweigerung» braucht bei der letztgenannten Station nicht zu Ende zu sein. Es kann so weitergehen, wie schon in dem Abschnitt «Von des Gedankens Blässe...» angedeutet: aus dem immer differenzierteren und auf einen immer engeren Bereich gerichteten Planungsprozeß kommt der Ausbruch in die «befreiende Tat», die dann mit der gesamten Planung nichts mehr zu tun haben braucht und eher blinder Aktionismus ist.

Selbst, wenn allzu minutiöses Planen nicht zur Erhöhung der Unsicherheit des Planenden führt, kann es sich verhängnisvoll auswirken.

Denn wenn man glaubt, alle Eventualitäten vorausgesehen und berücksichtigt zu haben, und es geht einem *dann* etwas schief, dann wird dies erheblich stärker treffen und die Sicherheit des Handelns erheblich mehr beeinflussen, als wenn man von vornherein an ein Problem mit der napoleonischen Devise im Kopf herangeht und annimmt: «Dies oder jenes geht bestimmt schief! Ich muß dann eben sehen, wie ich zurechtkomme!» Mit einer solchen Einstellung läßt sich mit dem dann erwarteten Unerwarteten besser umgehen, als wenn man, nach ausgedehnter Planung, nichts Unerwartetes mehr erwartet hat.

Nicht nur allzu detailliertes Planen ist gefährlich, auch

das Gegenteil, nämlich zu grobes Planen. Dies aber wird gewöhnlich mehr gescholten als allzu detailreiches Planen, daher haben wir uns letzterem etwas mehr gewidmet. Wichtig erscheint uns, daß die psychologische Determinante, die jemanden dazu bringen kann, zu grob oder gar nicht zu planen, die gleiche sein mag, wie diejenige, die zu allzu minutiöser Planung verleitet. In beiden Fällen kann die Unsicherheit, die den Planenden angesichts einer Entscheidungssituation befällt, die Ursache sein.

Der Versuch, der Unbestimmtheit einer komplexen Situation zu entgehen, kann einmal darin bestehen, daß man sich in die «heile Welt» einer minutiösen Detailplanung begibt, möglichst verbunden mit einem hohen Aufwand an formalen Mitteln, denn was beim Rechnen herauskommt, ist sicher!

Ist das der Grund für die große Beliebtheit formaler Methodik in «unbestimmten» Wissenschaften wie der Psychologie, der Wirtschaftswissenschaften, der Soziologie? Grote (1988, S. 56), selbst Bauunternehmer, warnt dementsprechend vor einer Überschätzung der Mathematisierbarkeit und spricht ausdrücklich von «mathematisierter Inkompetenz» (S. 87). Nun soll man die Mathematik nicht für ihren Gebrauch verantwortlich machen; mir ist ein mathematisch klar formulierter Gedanke allemal lieber als ein umgangssprachlich-unklar formulierter Gedanke. Bedenklich aber wird es, wenn man Sachverhalte so lange reduziert und vereinfacht, bis sie schließlich in ein bestimmtes formales Gerüst passen. Denn dann paßt der so veränderte Gedanke nicht mehr zum ursprünglichen Sachverhalt.

Andererseits kann man der Unbestimmtheit auch entgehen, indem man zu den *Patentrezepten* flieht und immer schon weiß, was zu machen ist. Das enthebt einen der mühseligen, zeitraubenden und unsicherheitsvergrößernden Planung und Diskussion von Alternativen. Und in der Politik ist ein einfacher Plan außerdem leichter zu verkaufen als ein differenzierter. Wer will schon all die «Wenn» und «Aber» hören? Wiegand (1981) nennt das «Profilierungsbedürfnis» von Politikern als Grund für allzu grobe Planungen.

Aber mit dem Thema «Planung nach Patentrezepten» sind wir schon beim nächsten Abschnitt!

Rumpelstilzchen

Zu Beginn des letzten Abschnitts hatten wir eine «Planungseinheit» definiert als ein Gebilde, welches aus drei Elementen besteht, nämlich aus einem «Bedingungsteil», einem «Ausführungsteil» und einem «Ergebnisteil». Beim Planen ist natürlich der «Ergebnisteil» ein «Ergebniserwartungsteil». Denn was bei der Ausführung einer Aktion tatsächlich herauskommt, muß nicht unbedingt mit dem übereinstimmen, was der Planende erwartet hat.

Wenn man unter Berücksichtigung dieser drei Elemente plant, kann es kompliziert werden. Bestimmte Aktionen lassen sich nur unter bestimmten Bedingungen durchführen. Wenn man die Aktion durchführen möchte, muß man die Bedingungen erst schaffen, wenn sie nicht vorhanden sind. Die Ausführung bestimmter Aktionen kostet Zeit und Mühe, auch das will in Rechnung gestellt sein. Das erwartete Ergebnis mag nicht ganz mit dem identisch sein, welches man eigentlich haben will. Dies kann zusätzliche Aktionen notwendig machen. Summa summarum: es plant sich erheblich leichter, wenn man den Bedingungsteil einer Aktion nicht betrachtet und annimmt, daß die Aktion *allgemein* anwendbar ist, wenn man die Ausführungsumstände nicht weiter betrachtet und wenn man annimmt, daß die Aktion zu dem erwünschten Ziele führt.

Da Planen nun bedeutet, daß man die jeweiligen Aktionen nicht tatsächlich durchführt, sondern «intern probehandelt», ist man ja beim Planen auch von den lästigen Bedingungen der Realität weitgehend frei, und es verbietet einem niemand, zum Beispiel die Bedingungen für die Ausführungen einer Operation einfach fallenzulassen. Wir Menschen neigen sowieso zum Denken in Abstrakta (s. «Primzahlen und Fremdenverkehr...»), daher fällt es uns ziemlich leicht, die spezifischen Bedingungen, an die die Ausführung einer Operation geknüpft ist, in der Planung nicht zu berücksichtigen.

> «Heute back ich,
> morgen brau ich,
> übermorgen hole ich der Königin ihr Kind»

plante Rumpelstilzchen. Diese Planung ging schief, weil Rumpelstilzchen die Bedingung der Geheimhaltung des eigenen Namens nicht hinreichend beachtete. Vielleicht wäre der Plan auch sonst schiefgegangen, denn vielleicht hätte das Holz zum Backen nicht gereicht oder das Malz zum Brauen. Und dann wäre die Zeit knapp geworden für die geplante Kindesübernahme.

Solche Rumpelstilzchen-Planungen gibt es nicht selten! «Heute tippe ich die Daten in den Rechner, morgen werte ich sie aus, und übermorgen schreibe ich das Ergebniskapitel meiner Diplomarbeit!» Solche Pläne mag ein Student bei der Anfertigung seiner Diplomarbeit machen. Daß leider, als er in den Rechnerraum der Universität kommt, alle Terminals schon besetzt sind, daß, nachdem er schließlich doch einen Terminal gefunden hat, die Belegschaft das Rechenzentrum wegen eines Betriebsausflugs stillegt, daß leider die Bedienungsvorschriften für das Auswertungsprogramm geändert worden sind, so daß es nicht mehr richtig funktioniert, daß sich schließlich herausstellt, daß die Laufzeit der Rechennummer abgelaufen ist und aus diesem Grunde die Ausgabe der Daten verweigert wird usw.: all das wird bei einem solchen Plan nicht einkalkuliert. Und deshalb geht es dann so schief wie beim Rumpelstilzchen.

Natürlich gibt es solche Rumpelstilzchen nicht nur im wissenschaftlichen Bereich, auch in der Politik sind sie auffindbar. So berichtet Ministerialrat Thilo Sarrazin im «Spiegel» (13/1983, S. 102) über die Verhandlungen der Rentenreform im Deutschen Bundestag im Jahre 1972:

«Die Vorausberechnungen in den Rentenanpassungsberichten wiesen aus, daß diese Überschüsse in den kommenden 15 Jahren auf über 200 Milliarden Mark anwachsen würden. Unterstellt waren dabei ein andauerndes, kräftiges Wirtschaftswachstum, ein andauernd hoher Beschäftigungsstand und starke Zuwächse der Löhne von nominal sieben bis acht Prozent jährlich.

Einfache Alternativrechnungen zeigten zwar, daß die Milliarden zu einem Nichts zusammenschrumpften, wenn die optimistischen Annahmen etwas verändert wurden. Aber das fand keine Beachtung. Koalition und Opposition behandelten die 200 Milliarden Mark als schon erwirtschaftete, reale Verfügungsmasse. Also wurde sie verteilt.»

Rumpelstilzchen!

Die Dekonditionalisierung der Anwendungsbedingungen von Aktionen macht das Planen leicht. Aber nicht das Handeln! Hier ist die Berücksichtigung der jeweils lokalen Bedingungen sehr notwendig. Der preußische Strategietheoretiker Carl von Clausewitz meint hierzu:

«Im Kriege ist alles einfach! Aber das Einfache ist schwierig!»

Der Grund dafür, daß Pläne nicht funktionieren, liegt oft darin, daß man all die kleinen, lästigen, lokalen Bedingungen (Clausewitz nennt sie «Friktionen» – also etwa: Reibungsverluste) nicht einkalkuliert hat, die erfüllt sein müssen, damit der Plan «geht». Der Plan mag einfach sein, seine Durchführung ist schwer! Die «Friktionen» können sich so anhäufen, daß Planen, über die Festsetzung grober Direktiven hinaus, ganz unmöglich ist, wie wir im letzten Abschnitt dargelegt haben.

Nachdem wir über die dekonditionalisierte Planung nach dem Rumpelstilzchenprinzip nun weidlich geschimpft haben, wollen wir sie nun noch ein wenig loben! Denn etwas gewinnt man oft dabei, nämlich Optimismus und damit Wagemut! Viele Dinge würde man sich vielleicht gar nicht getrauen, wenn man nicht zunächst einmal die Angelegenheit sehr einfach sähe. Und wenn man sich dann getraut hat, schafft man es vielleicht auch. Man erinnere sich: «On s'engage et puis on voit!»

In den Wissenschaften sind oft die Außenseiter erfolgreich, zumindest in bestimmten Phasen der Wissenschaftsentwicklung. Der Biokybernetiker Ludwig von Bertalanffy schreibt: «Oversimplifications, progressively corrected in subsequent development are the most potent or indeed the only means toward conceptual mastery of nature.» (Frei übersetzt: «Überstarke Vereinfachungen, die man im weiteren ständig korrigiert, sind die wirksamsten oder sogar eigentlich die einzigen Mittel, um die Natur zu verstehen.») Die Fachleute sehen die Dinge jeweils natürlich differenziert, deshalb ja sind sie Fachleute. Und gerade deshalb übersehen sie unter Umständen andere Sichtmöglichkeiten.

Dekonditionalisierungen sind nicht auf einzelne Aktionen oder einzelne Planungselemente beschränkt; sie können große Handlungseinheiten bestimmen. Unser Alltagshandeln ist von «Automatismen» beherrscht; wir brauchen keine Pläne mehr aufzustellen, weil wir sie schon haben. Die Sequenz der Aktionen ist für die meisten unserer Alltagshandlungen festgelegt. Diese Automatismen laufen fast reflexhaft ab – eben «automatisch». Wir kleiden uns an und aus, wir rasieren uns, schmieren unser Frühstücksbrötchen, bereiten Kaffee, kochen Eier, starten unser Auto und fahren damit die wohlbekannte

Strecke zur Arbeit, ohne uns über die Sequenz der Aktionen Gedanken zu machen. Solche Automatismen sind notwendig; sie entlasten uns davon, ständig über jede Kleinigkeit nachdenken zu müssen. Wir würden zu nichts kommen im Laufe eines Tages, wären nicht größere Anteile unseres Tuns gewissermaßen vorprogrammiert.

Diese Entlastung müssen wir allerdings bezahlen: Eventuell ginge es viel einfacher, reibungsloser, leichter, nebenwirkungsfreier, als wir es bislang gemacht haben, wenn wir uns nur ein wenig Gedanken machen würden über die Sequenz unserer Aktionen.

Ein in der Denkpsychologie wohlbekanntes Experiment zeigt die Blindheit, die man zugleich mit der Hilfe, die Automatismen bieten, und mit der Kapazitätsentlastung erwerben kann: Das amerikanische Psychologenpaar Abraham und Edith Luchins (1942) gab seinen Versuchspersonen die Aufgabe, eine bestimmte Wassermenge mit Hilfe von drei Krügen abzumessen. Dabei konnten die Krüge jeweils aufgefüllt, umgefüllt oder ganz ausgeleert werden. Man kann mit einem 5-Liter-Krug und einem 2-Liter-Krug 3 Liter Wasser abmessen, indem man erst den 5-Liter-Krug füllt und diesen dann in den 2-Liter-Krug leert. Der Rest, der sich dann im 5-Liter-Krug befindet, beträgt genau 3 Liter.

Die Luchins stellten ihren Versuchspersonen mehrere solcher Aufgaben, die aber die Eigenschaft hatten, daß sie immer mit der gleichen Sequenz von Operationen lösbar waren. Wenn zum Beispiel der Krug A ein Fassungsvermögen von 9 Litern hat, Krug B 42 Liter faßt und Krug C 6 Liter, dann kann man die Aufgabe, 21 Liter abzumessen, lösen, indem man zuerst B füllt, dann C zweimal aus B füllt und sodann A aus B füllt. Dann bleiben in B 21 Liter übrig. Diese Lösungssequenz «B-2(BC)-BA» war nun durchgehend in fünf aufeinanderfolgenden Aufgaben anwendbar.

Die sechste Aufgabe lautete: Gegeben sind die Krüge A mit 23 Litern Fassungsvermögen, B mit einem Volumen von 49 Litern und C mit einem Volumen von 3 Litern. Gefordert sind 20 Liter.

Das geht mit der Handlungsfolge «B-2(BC)-BA». Aber viel einfacher mit «A-AC»! Aber darauf kamen die meisten Versuchspersonen nicht! (Nebenbei: Dies ist ein Beispiel für die Tatsache, daß Erfahrung nicht notwendigerweise immer klug macht; Erfahrung kann auch dumm machen.)

Nicht nur beim Umfüllen von Wasser spielt der Methodismus, also die unreflektierte Verwendung einer einmal erlernten Sequenz von Aktionen eine bedeutsame Rolle. Gerade, wenn es sich zeigt, beim eigenen Handeln oder beim Handeln anderer, daß eine bestimmte Form des Handelns sehr erfolgreich ist, wird man dazu neigen, diese Form des Handelns zu dekonditionalisieren und immer wieder anzuwenden. Clausewitz, von dem wir den Begriff «Methodismus» übernehmen, schreibt darüber:

«Solange es keine erträgliche Theorie, d. h. keine verständige Betrachtung über die Kriegführung gibt, muß der Methodismus auch in den höheren Tätigkeiten über die Gebühr um sich greifen, denn die Männer, welche die Wirkungskreise ausfüllen, sind zum Teil nicht imstande gewesen, sich durch Studien und höhere Lebensverhältnisse auszubilden; in die unpraktischen und widerspruchsvollen Räsonnements der Theorien und Kritiken wissen sie sich nicht zu finden, ihr gesunder Menschenverstand stößt sie von sich, und sie bringen also keine andere Einsicht mit als die der Erfahrung; daher sie denn bei denjenigen Fällen, die einer freien, individuellen Behandlung fähig und bedürftig sind, auch gern die Mittel anwenden, die ihnen die Erfahrung gibt, d. h. eine Nachahmung der dem obersten Feldherrn eigentümlichen Verfahrungsweise, wodurch denn von selbst Methodismus entsteht. Wenn wir Friedrichs des Großen Generale immer mit der sogenannten schiefen Schlachtordnung auftreten, die französischen Revolutionsgenerale immer das Umfassen in lang ausgedehnten Schlachtlinien anwenden, die Bonapartischen Unterfeldherren aber mit der blutigen Energie konzentrischer Massen hineinstürmen sehen, so erkennen wir in der Wiederkehr des Verfahrens offenbar eine angenommene Methode und sehen also, daß der Methodismus bis zu den an das Höchste grenzende Regionen hinaufreichen kann.»

Man mag diese kriegerischen Töne nach den schrecklichen Erfahrungen der modernen Kriege (die «unmodernen» Kriege waren auch nicht gerade unschrecklich!) anstößig finden, aber man kann, denke ich, von Clausewitz mehr lernen als Kuriositäten der Kriegsgeschichte. Lassen wir ihn noch einmal zu Worte kommen:

«Der Krieg in seinen höchsten Bestimmungen besteht nicht aus einer unendlichen Menge kleiner Ereignisse, die in ihren Verschiedenheiten sich übertragen, und die also durch eine bessere oder schlechtere Methode besser oder schlechter beherrscht würden, sondern aus einzelnen großen, entscheidenden, die individuell behandelt sein wollen. Er ist nicht ein Feld voll Halme, die man ohne Rücksicht auf die Gestalt der einzelnen mit einer besseren oder schlechteren Sense besser oder schlechter mäht, sondern es sind große Bäume, an welche die Axt mit Überlegung, nach Beschaffenheit und Richtung eines jeden einzelnen Stammes angelegt sein will.» (Clausewitz 1880, S. 130, 131)

Man kann die Clausewitzsche Aussage so zusammenfassen: In vielen komplexen Situationen kommt es nicht nur darauf an, wenige «charakteristische» Merkmale der Situation zu betrachten und sich gemäß dieser Merkmale zu bestimmten Aktionen zu entschließen, vielmehr kommt es darauf an, daß man die jeweils ganz spezifische, «individuelle» *Konfiguration* der Merkmale betrachtet, der jeweils auch nur eine ganz individuelle Sequenz von

Aktionen angemessen ist. Der jeweiligen individuellen Konfiguration wird der «Methodizist» nicht gerecht. Denn er hat seine zwei, drei Verfahren, und die werden nach Maßgabe allgemeiner Merkmale der Gesamtsituation angewendet. Die Individualität der Situation, die in ihrer spezifischen Merkmalskonfiguration liegt, bleibt unberücksichtigt.

Dies ist gefährlich, da oft die Änderung eines winzigen Umstandes, die die Gesamtansicht der Situation gar nicht sonderlich verändert, ganz andere Maßnahmen nötig macht. Die Clausewitzsche Metapher des Baumfällens ist sehr gut geeignet, um sich das klarzumachen. Man muß sehr sorgfältig analysieren, wie die Hanglage ist, wie die Nachbarbäume stehen, von welcher Gestalt die Krone des zu fällenden Baumes ist, welche Windrichtung herrscht, ob der Stamm vielleicht verdreht gewachsen ist, um den richtigen Ansatz des Schnittes zu finden. Die Änderung nur eines Merkmals kann es mit sich bringen, daß man den Schnitt ganz anders ansetzen muß.

Die Verfügung über Methoden kann, wir sind darauf eben schon eingegangen (s. Seite 254), zu Planungsoptimismus führen. Dieser mag die positive Folge haben, daß man sich traut. Er kann aber auch sehr negative Folgen haben. «Hochmut kommt vor dem Fall!»

Man hat bestimmte Methoden und ist der Meinung, aus diesem Grunde allen auftretenden Problemen gerecht werden zu können. Gerade wenn diese Methoden sich tatsächlich eine Zeitlang bewähren, kann es zu einer Überschätzung der Wirksamkeit dieser Methoden kommen. Man denke an das «Fremdenverkehrsbeispiel» in dem Abschnitt «Primzahlen…» oder an Tschernobyl! Eine bestimmte Handlungssequenz, mehrfach nur mit den positiven Folgen der Arbeits- und Zeitersparnis und ohne negative Folgen durchgeführt, wird zur (unreflektierten) «Methode» und damit zum Mitauslöser der Katastrophe.

Die Bedingungen für die Entwicklung von Methodismus sind wohl besonders gut in solchen Situationen, in denen man über die Folgen seiner Handlungen nur selten oder erst nach langer Zeit Rückmeldungen erhält. Und wenn man in einem Bereich eigentlich fast nie handelt, sondern nur plant, dann degeneriert mit der Zeit das Planen zum Anwenden von Ritualen.

Eine interessante Experimentalserie, die die Tendenz zum dekonditionalisierten Planen demonstriert, führte Kühle durch (s. Kühle 1982 und Kühle & Badke 1986). Kühle und Badke betrieben etwas, was man vielleicht als «Experimentalhistorie» oder «Experimentalpolitik» bezeichnen könnte. Sie gaben ihren Versuchspersonen zum Beispiel die Situation von Ludwig XVI. im Jahre 1787 als Problemsituation vor.

In diesem Jahr weigerte sich im vorrevolutionären Frankreich eine vom König einberufene außerordentliche Versammlung aller Notabeln, dem Vorschlag einer Abgabenreform von Ludwigs Chefminister Calonne zuzustimmen und forderte statt dessen den Rücktritt des Ministers. Die Abgabenreform sah vor allem den Abbau einiger Privilegien des Adels und des Klerus vor und war zur Sanierung der französischen Finanzen dringend notwendig.

Den Versuchspersonen wurde die Situation im Land, die Stimmung der Bevölkerung, die ökonomische, militärische und politische Situation mit dem unmittelbar vorausgegangenen Krieg gegen England (beim Eintreten Frankreichs in den amerikanischen Unabhängigkeitskrieg auf seiten der amerikanischen Kolonien) geschildert. Sicherlich wurden hier nicht alle Feinheiten berücksichtigt; das ist in einem solchen Experiment natürlich schon aus Zeitgründen nicht möglich.

Die gesamte Situation wurde allerdings, zur Vermeidung von Reminiszenzen aus dem Geschichtsunterricht, in das alte China im Jahre 300 v. Chr. verlegt. So konnte es den Teilnehmern an dem Experiment nur bei intimen historischen Kenntnissen gelingen, die Situation des vorrevolutionären Frankreichs wiederzuerkennen. Die Versuchspersonen wurden nun aufgefordert, sich in die Rolle des Königs zu versetzen und Maßnahmen zu planen. Sie hatten für diese Planungsaufgabe 45 Minuten Zeit. Nach dieser Zeit sollten sie dem Versuchsleiter eine Liste von Maßnahmen übergeben, welche nach ihrer Meinung geeignet waren, die Situation zu bewältigen. (Eine Versuchsperson, die die Situation *nicht* als die Situation Ludwigs XVI. erkannt hatte, äußerte nach der Lektüre der Instruktion und der Versuchsbeschreibung: «Ich glaube, in dieser Situation lande ich auf dem Schafott!» – So schlecht war die Instruktion also anscheinend nicht?!)

Das Maßnahmenpaket jeder Versuchsperson wurde bewertet. Zum einen wurden die einzelnen vorgeschlagenen Maßnahmen der Versuchspersonen bewertet nach dem Ausmaß an «Elaboration». Der «Elaborationsindex» einer Maßnahme wurde nach der Spezifität der Angaben gebildet, die die Versuchsperson über die Einzelaspekte der Durchführung der Maßnahme und über das zu erreichende Ziel gemacht hatte. Waren diese beiden Angaben sehr detailliert, so bekam die Maßnahme einen Elaborationsindex von 2. Fehlten einzelne Angaben bei bestimmten Maßnahmen oder waren sie sehr unspezifisch, so wurde der Elaborationsindex entsprechend gesenkt. Weiterhin wurde das Ausmaß an «Bedingtheit» der Maßnahmen festgestellt, also das Ausmaß, in dem die Versuchsperson festlegte, welche Bedingungen für die Durchführung der Maßnahmen vorhanden sein oder geschaffen werden müßten.

In den beiden Untersuchungen von Kühle und Kühle & Badke gab es viele Versuchspersonen, die gut elaborierte Maßnahmen vorschlugen, andere aber beschränkten sich auf die Angabe von Zielen unter nur kursorischer

Erwähnung der Bedingungen und der Durchführungsaspekte.

Versuchspersonen äußerten zum Beispiel: «Ich hole mir das Geld vom Adel, um auf diese Weise den Etat aufzubessern!»

Hier bleibt völlig offen, auf welche Weise das Geld vom Adel denn «geholt» werden soll. Er wird dies ja keineswegs freiwillig hergeben, wie die Notabelnversammlung gerade gezeigt hat.

Eine andere Versuchsperson dekretierte schlicht: «Zunächst ist ein Exportüberschuß zu erwirtschaften!»

Dies sind Negativbeispiele für «Maßnahmen»; viele Versuchspersonen waren durchaus in der Lage, sehr detaillierte Planungen anzustellen. Der mittlere Elaborationsindex lag knapp unter 50 Prozent des Maximums. Interessant ist nun, daß der Elaborationsindex mit der Berücksichtigung von Bedingungen für die Maßnahmen ziemlich hoch korrelierte (die Korrelation betrug 0,58). Weiterhin ergab es sich, daß beide Parameter für die Maßnahmen, also die Bedingtheit von Maßnahmen und der Elaborationsindex, ziemlich hoch mit der geschätzten *Wirkungssicherheit* der Maßnahmen korrelierten, nämlich mit 0,64 bzw. 0,67.

Kühle untersuchte weiterhin das Ausmaß, in dem die verschiedenen Maßnahmen der einzelnen Versuchspersonen koordiniert waren. Bei den Versuchspersonen mit hohem Elaborationsindex und mit einem hohen Ausmaß an Konditionalisierungen fand er jeweils *zentrale* Maßnahmen (meistens ging es um die Durchführung der Abgabenreform zur Verhinderung des drohenden finanziellen Kollapses), denen jeweils verschiedene flankierende Maßnahmen zugeordnet waren.

Bei den «schlechten» Versuchspersonen häuften sich die Zielangaben ohne Operatoren, eine Unterscheidung von «zentralen» und «flankierenden» Maßnahmen ließ sich nicht erkennen. Die «schlechten» Versuchspersonen produzierten mehr einen «Maßnahmenhaufen» als ein «Maßnahmenkonzert». (Ein Ergebnis übrigens, welches auch in dem Lohhausen-Versuch wiederkehrte, s. «Einige Beispiele».)

(Man gerät natürlich mit so etwas sehr weit in den Bereich der Spekulation, aber Kühle versuchte auch eine Einstufung des Verhaltens von Ludwig XVI. selbst, und er kommt zu dem Schluß, daß der König als «schlechte Versuchsperson» einzustufen gewesen wäre. Aber das nur so als Schnörkel am Rande; so ernst sollte man die Übereinstimmung der historischen Situation mit unserer ja sehr eingeschränkten Experimentalsituation nicht nehmen.)

In der zweiten Untersuchung (Kühle & Badke 1986) korrelierten die beiden Autoren den Elaborationsindex der Maßnahmen bei verschiedenen solcher politischen Entscheidungssituationen, unter anderem auch wieder bei der Situation «Ludwig XVI.», mit dem Ergebnis in dem Planspiel «Moro». Es ergab sich, daß die Personen mit dem hohen Elaborationsindex in den politischen Situationen auch bei «Moro» eher erfolgreich waren. Die Problemlöser mit dem hohen Elaborationsindex produzierten im Durchschnitt (und statistisch signifikant!) weniger Katastrophen oder «Beinahkatastrophen» als die Teilnehmer mit dem niedrigen Elaborationsindex. Was immer also die «guten» Versuchspersonen dazu bewogen haben mag, ihre Maßnahmen «bedingter» und «elaborierter» zu planen: es scheint mit der Handlungsfähigkeit in einem komplexen Planspiel zusammenzuhängen.

Zu interessanten Spekulationen reizt die Betrachtung des Zusammenhangs der Ergebnisse von Kühle und Kühle & Badke mit Ergebnissen von Roth (1986). Roth untersuchte den Sprachstil «guter» und «schlechter» Problemlöser in einem Computersimulationsspiel «Taylor-Shop». In diesem Simulationsspiel geht es darum, eine kleine

Schneidermanufaktur zu leiten. Wir wollen diese Untersuchung hier nicht im einzelnen schildern. Roth untersuchte die Merkmale des *Sprachstils*, so wie sie sich aus den Protokollen des «lauten Denkens» der Versuchspersonen während des Versuchs ergaben. Er verwendete dabei ein von Ertel (s. zum Beispiel Ertel 1978) vorgeschlagenes Verfahren, nämlich das DOTA-Verfahren.

Roth fand, daß «schlechte» Problemlöser eher solche Ausdrücke in ihrem «lauten Denken» aufweisen wie «beständig», «immer», «jederzeit», «alle», «ausnahmslos», «absolut», «gänzlich», «restlos», «total», «eindeutig», «einwandfrei», «fraglos», «gewiß», «allein», «nichts», «nichts weiter», «nur», «weder... noch...», «müssen», «haben zu».

Bei «guten» Problemlösern finden sich im lauten Denken an den korrespondierenden Stellen eher Begriffe wie «ab und zu», «im allgemeinen», «gelegentlich», «gewöhnlich», «häufig», «ein bißchen», «einzelne», «etwas», «gewisse», «besonders», «einigermaßen», «allenfalls», «denkbar», «fraglich», «unter anderem», «andererseits», «auch», «darüberhinaus», «dürfen», «können», «in der Lage sein» usw.

Betrachtet man diese beiden Listen, so wird deutlich, daß die «guten» Problemlöser eher Ausdrücke verwenden, die auf Bedingungen und Sonderfälle hinweisen, Hauptrichtungen betonen – Nebenrichtungen aber noch zulassen, Möglichkeiten angeben, wohingegen die «schlechten» Problemlöser eher «absolute» Begriffe verwenden, die keinen Raum lassen für andere Möglichkeiten und Bedingungen.

Die folgenden Textbeispiele, die natürlich zu kurz sind, um die gesamte Vielfalt der Ergebnisse widerzuspiegeln, demonstrieren die Unterschiede:

Zunächst eine gute Versuchsperson:

«Woran liegt das jetzt, daß ich nur 503 produziert habe, bei einer Kapazität von 550?» (Versuchsleiter: «Dazu darf ich nichts sagen!») «Das kann ja an verschiedenen Gründen liegen. Wie soll ich denn rauskriegen, ob ein Arbeiter krank war oder ob die Maschine kaputtgegangen ist – oder woran das gelegen hat?» (Versuchsleiter: «Die Maschinen sind gelaufen!») «Die sind gelaufen! Auch mit ihrer vollen Kapazität? Und woraus kann ich das feststellen? ...»

Und nun ein «schlechter» Problemlöser:

«Nichts, da würde ich gar nichts mehr machen, weil ich da keinen Nutzen darin sehen kann. Ich gehe jetzt davon aus, die Hemden haben sich vorher verkauft, die müssen sich wieder verkaufen lassen... Und warum lassen die sich nicht verkaufen? Es liegt nur an den Hemden! Entweder gibt es etwas Neues, oder die Kragen sind unmodern – oder sonst was. Ich habe jetzt eine optimale Geschäftslage... Ich habe Werbung intensiviert, mehr kann ich nicht tun. Warum soll ich denn jetzt Reparatur kürzen? Warum soll ich mir noch einen Lkw anschaffen oder nicht?...»

Die Unterschiede sind bemerkenswert! In dem einen Fall das Bemühen um Analyse und die Suche nach Gründen. In dem anderen Fall Rechthaberei und Feststellungen statt Analyse.

(Die Beispiele sind der Dissertation von Roth 1986, S. 69, entnommen.)

Wir wissen nun nicht, ob die «guten» Versuchspersonen von Roth tatsächlich mehr «bedingte» und elaborierte Maßnahmen gebraucht haben als die «schlechten». Da sie erfolgreicher waren als die «schlechten» Versuchspersonen, liegt dies aber nahe. Lassen sich also Handlungsstile am Redestil erkennen? Man sollte mal, wenn man im Fernsehen...

Das zentrale Thema dieses Abschnitts war die Behandlung, die Berücksichtigung oder das Weglassen von Bedingungen beim Planen. Wie kommt es, daß manche «bedingt» planen, andere nicht? Wir sind hier auf Mutmaßungen angewiesen. Immerhin mag es im Hinblick auf diese Frage wichtig sein, sich daran zu erinnern, daß das Planen ohne Bedingungen leichter wird, schneller geht und zu überschaubareren Handlungskonzepten führt. Wer mag so etwas? Vielleicht derjenige, der sich sowieso sehr unsicher fühlt in einer komplexen Entscheidungssituation?

Wären dann die Entschiedenen mit ihren klaren, einfachen Plänen eigentlich die Ängstlichen, Unentschlossenen? Sicher nicht nur! Es soll auch *gute* einfache Pläne geben, und manchmal stammt Entschlossenheit tatsächlich aus dem Wissen, es richtig machen zu können.

Wie kann man das eine vom anderen unterscheiden? Derjenige, der «unbedingt» plant im wesentlichen, um die eigene Unbestimmtheit zu vermindern, wird das vielleicht insgeheim wissen oder doch ahnen. Und dann wird er die Tendenz haben, zu vermeiden, seine Planungen in die Realität umzusetzen. Denn dann würden sich ihre Mängel herausstellen.

Für solches Planen ohne Bedingungen gilt dann, was Kant davon sagt: «Pläne machen ist mehrmalen eine üppige, prahlerische Geistesbeschäftigung, dadurch man sich ein Ansehen von schöpferischem Genie gibt, indem man fordert, was man selbst nicht leisten, tadelt, was man selbst nicht besser machen kann, und vorschlägt, wovon man selbst nicht weiß, wo es zu finden ist.» (Immanuel Kant: «Prolegomena zu einer jeden künftigen Metaphysik», S. 10)

Aus Fehlern lernen? Das muß nicht sein!

Hat man geplant und eine Entscheidung gefällt und dafür gesorgt, daß die Entscheidung realisiert wird, indem man entweder selber etwas getan hat oder anderen den Auftrag gegeben hat, die entsprechenden Maßnahmen zu vollziehen, so werden sich (meistens) Folgen dieser Maßnahmen einstellen.

(Es müssen allerdings Maßnahmen nicht unbedingt Folgen haben! Es gibt auch solche [mitunter nicht unbeliebte!], die einfach gar nichts bewirken. Aber über die wollen wir hier nicht sprechen.)

Die Betrachtung der Folgen von Maßnahmen bietet hervorragende Möglichkeiten zur Korrektur eigener falscher Verhaltenstendenzen und zur Korrektur falscher Annahmen über die Realität. Denn wenn sich etwas einstellt, was man als Folge einer Maßnahme eigentlich nicht erwartet hat, so muß das ja seine Gründe haben. Und aus der Analyse dieser Gründe kann man lernen, was man in Zukunft besser oder anders machen sollte.

Sollte man meinen!

Man kann sich, wenn etwas eintritt, was man nicht erwartet hat, fragen, ob man vielleicht von falschen Voraussetzungen ausgegangen ist und ein falsches oder unvollständiges oder zu ungenaues Bild von der Realität hatte. Und man kann sich dann wiederum nach den Gründen dafür fragen, warum das Bild von der Realität so unvollkommen war.

Hat man falsche Methoden der Informationssammlung verwendet? Oder hat man einfach nur nicht lange genug Informationen gesammelt? Hat man die falschen Hypothesen gebildet? Oder waren die unerwarteten Folgen aufgrund der Undurchschaubarkeit der Realität und ihrer Komplexität ganz einfach unvermeidbar?

Wurde vielleicht die richtige Maßnahme falsch durchgeführt? Dann muß man den «ausführenden Organen» in Zukunft schärfer auf die Finger sehen.

Auf jeden Fall sollte man sich über unerwartete Folgen Gedanken machen. Denn dann bieten auch die negativen Folgen von Maßnahmen zumindest die Möglichkeit zur Korrektur und sind insofern für die Organisation zukünftigen Verhaltens von allergrößter Wichtigkeit. Dies zu akzeptieren kann nicht schwerfallen – sollte man meinen!

Personen suchen und finden allerdings durchaus Möglichkeiten, die Konfrontation mit negativen Konsequenzen ihrer eigenen Handlungen zu vermeiden. Eine dieser Möglichkeiten ist das «ballistische Verhalten».

Ballistisch verhält sich zum Beispiel eine Kanonenkugel. Wenn man sie einmal abgeschossen hat, kann man sie nicht mehr beeinflussen, sondern sie fliegt ihre Bahn allein nach den Gesetzen der Physik. Anders eine Rakete: Ein solches Flugobjekt verhält sich nicht ballistisch, sondern der jeweilige Steuermann, also der Pilot oder der Fernlenkoperateur, kann die Flugbahn der Rakete verändern, wenn er sieht oder den Eindruck hat, daß die Rakete nicht die Flugbahn hat, die er wünscht.

Allgemein läßt sich wohl die Maxime aufstellen, daß Verhalten nicht ballistisch sein sollte. In einer nur teilweise bekannten Realität sollte man nachsteuern können. Die Analyse der Konsequenzen eigenen Verhaltens ist für diese Nachsteuerung von großer Bedeutung.

Dies eingesehen habend betrachte man nun die Abbildung 56. Sie zeigt die Ergebnisse eines Experimentes von Franz Reither (1986), dem Dagu-Experiment. In diesem Experiment ging es darum, daß Versuchspersonen in Gruppen zu jeweils 5 Personen in einem fiktiven Land der Sahelzone Entwicklungshilfe leisten sollten. Es handelte sich also um ein Experiment vom Moro-Typ (vgl. «Eins nach dem andern ...»), nur daß die Moros diesmal Dagus hießen. Die Versuchspersonen konnten zum Beispiel die Verwendung neuer Düngersorten empfehlen, sie konnten neue Viehrassen einführen, sie konnten für die Anschaffung von Traktoren, Mähdreschern oder sonstigem Ackergerät sorgen oder andere – mehr oder minder sinnvolle – Maßnahmen durchführen. In Abb. 56 sieht man nun links die Häufigkeit, in welcher diese Maßnahmen

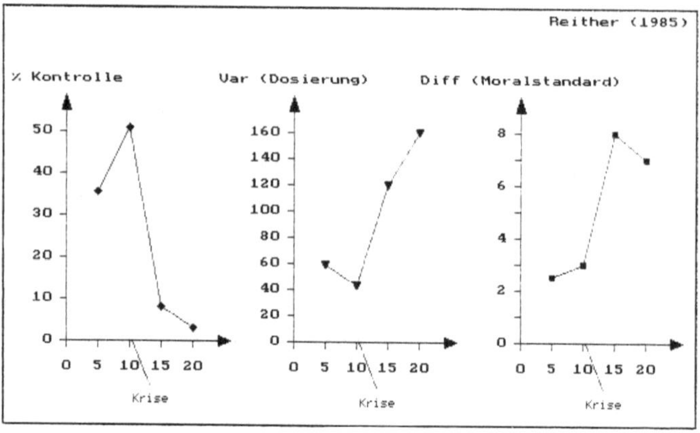

Abb. 56: Kontrolle der Maßnahmen, Variabilität der Dosierung und Abweichungen vom moralischen Standard im Reither-Experiment

«kontrolliert» wurden. «Kontrolle» heißt in diesem Fall, daß die Versuchspersonen zum Beispiel nachfragten: «Was ist denn nun der Effekt der neu eingeführten Kunstdüngung gewesen?»

Man sieht, daß die Kontrolle innerhalb der ersten fünf Jahre der Regierungszeiten der jeweiligen Leitungsteams im Durchschnitt etwa 30 Prozent betrug. Bei 30 von 100 der gefällten Entscheidungen fragten die Versuchspersonen später nach den Ergebnissen. Das ist nicht gerade viel! Aber, wie man in Abb. 56 auch sieht: hier tut sich im Laufe des Versuchs etwas! Im zweiten Fünf-Jahre-Block steigt die Kontrolle auf über 50 Prozent!

Das Bestreben nach Effektivitätskontrolle scheint also zwar zu steigen, insgesamt aber nicht sehr stark ausgeprägt zu sein. Dies verwundert, da man eigentlich doch annehmen müßte, daß rationale und vernünftige Versuchspersonen, die in einer Situation stehen, die sie nicht voll durchschauen, jede Möglichkeit ergreifen, um sich selbst möglicherweise fehlerhafte Annahmen über das System, mit dem sie operieren müssen, vor Augen zu führen und um ihr Verhalten dementsprechend «nichtballistisch» zu korrigieren.

Aber: Die Versuchspersonen verhielten sich in hohem Maße anders. Sie schossen ihre Entscheidungen gewissermaßen wie die Kanonenkugeln ab und kümmerten sich kaum noch darum, wo die Kugeln denn nun eigentlich landeten.

Merkwürdig – sollte man meinen. Andererseits findet man wohl ziemlich schnell eine Erklärung für die «Ballistik»: Wenn ich die Folgen meiner eigenen Handlungen gar nicht erst zur Kenntnis nehme, so bleibt mir die «Kompetenzillusion»! Hat man eine Entscheidung getroffen, um einen bestimmten Mißstand zu beseitigen, so kann man, wenn man nur die Folgen der Maßnahme nicht betrachtet, der Meinung sein, daß der Mißstand behoben ist. Das Problem ist gelöst, und man kann sich neuen Problemen zuwenden. Ballistische Entscheidungen haben also für den Akteur durchaus Vorteile. Er kann nach der «Julchen-Maxime» verfahren: «Wohlgetan ist dieses nun, Julchen kann was andres tun!»

In einer Situation mit hoher Unbestimmtheit ist es gar nicht so unwahrscheinlich, daß jemand seine Kompetenzillusionen ballistisch hätschelt. Er hat etwas davon, nämlich geringe Unbestimmtheit und die Möglichkeit zur Beibehaltung einer hohen Auffassung von der eigenen Kompetenz und Handlungsfähigkeit. Und das ist doch auch etwas! Oder?

Die Geschichte mit den Reitherschen Entwicklungshelfern geht aber noch weiter. Man sieht in der Abb. 56, daß der Versuch über insgesamt 20 (simulierte) Jahre ging. Nach dem zehnten Jahr war im Versuchsablauf ein markantes Ereignis vorgesehen, nämlich eine «Krise». Diese bestand aus der bewaffneten Aggression eines Nachbarstaates, der Ansprüche auf Teile des Gebietes der Dagus erhob. Dies tat er in brutaler Weise dadurch, daß er 30 Prozent des Landes der Dagus einfach besetzte.

(Den Dagus blieb auch so noch genügend Land übrig; und dies wurde den Versuchspersonen auch mitgeteilt. Es war also nicht unbedingt notwendig, aus der Okkupation Konsequenzen zu ziehen.)

Ein solches Ereignis ist natürlich schwerwiegend. Die Akteure konnten nun leicht auf die Idee kommen, daß sie ihr Verhalten ganz umstellen müssen. Darunter aber wird ihre Auffassung von der eigenen Handlungskompetenz zwangsläufig leiden. Im Hinblick auf den «ballistischen Charakter» des Entscheidungsverhaltens hat dies, wie man Abb. 56 entnehmen kann, massive Folgen. Es werden in den Jahren 11–15 und 16–20 nur noch 10 Prozent und weniger aller Entscheidungen kontrolliert; die große Masse der Entscheidungen ist ballistischer Art. Dieser Effekt verstärkt den Verdacht, daß unsere Interpretation des ballistischen Verhaltens als Mittel zur Aufrechterhaltung der Kompetenzillusion richtig ist.

Reither selbst bietet noch eine zusätzliche Interpretation an: Die Versuchspersonen widmeten sich nach der Intervention des Nachbarstaates vermehrt Planungsaufgaben, die mit ihrem eigenen Wertsystem keineswegs mehr konkordant waren. Reither schreibt: «Mit vergleichsweiser Einhelligkeit werden Entscheidungen zum Ankauf von Waffen und zur militärischen Ausbildung der bis dahin in diesen Fertigkeiten ungeübten Bevölkerung getroffen. Zur Finanzierung dieser Mehrausgaben wird dann beschlossen, die Erträge von Land- und Viehwirtschaft deutlich zu steigern und zwar durch drastisch verstärkten Einsatz von Dünger und Pestiziden sowie eine erhöhte Grundwasserausbeutung. Der Einsatz eines Teiles der männlichen Bevölkerung zum Militärdienst und der damit verbundene Arbeitsausfall wird dadurch auszugleichen versucht, daß der verbleibende Rest, insbesondere Frauen und Kinder zu höherer Arbeitsleistung aufgefordert werden. Flankiert wird diese Maßnahme dann häufig noch durch Lebensmittelrationierungen...»

Reither meint, daß die Diskrepanz der Wertvorstellungen der Versuchspersonen und ihrer Handlungen dazu führte, daß diese sich lieber gar nicht mehr so genau ansehen wollten, was sie da taten, und daß darauf die verminderte Kontrolle zurückzuführen sei.

Der Versuch, möglichst dem Anblick der Diskrepanz des Wertsystems mit den eigenen Handlungen aus dem Wege zu gehen, und der Versuch, seine Kompetenzillusion aufrechtzuerhalten, können natürlich Hand in Hand gehen. Allein aus den Daten ist nicht mehr zu entscheiden, welche dieser Tendenzen in welchem Ausmaß gewirkt hat.

Die Verstärkung der ballistischen Tendenzen bei den Versuchspersonen war nicht der einzige Effekt der Krise nach dem zehnten Jahr. Abb. 56 zeigt im mittleren Diagramm noch einen anderen Effekt, der in diesem Zusammenhang sehr interessant ist: das Ausmaß der Variabilität der Dosierung der jeweiligen Maßnahmen. Unter Dosierung ist zu verstehen: die Stärke, in der eine Maßnahme ergriffen wird. Wenn man beispielsweise auf einen Hektar 30 Doppelzentner Dünger streut, so ist die Dosierung dieser Maßnahme höher, als wenn man nur 20 Doppelzentner Dünger ausbringt. Wenn man den Befehl gibt, 30 Brunnen zu bohren, so ist die Dosierung dieser Maßnahme höher, als wenn man den Befehl gibt, nur 10 Brunnen zu bohren.

Reither maß nun die Variabilität der Dosierung. Ist diese niedrig, so verwenden alle Versuchspersonen ungefähr die gleiche Dosis. Ist die Variabilität der Dosierung aber hoch, so dosieren relativ viele Versuchspersonen ihre Maßnahmen extrem hoch. Desgleichen dosieren dann viele Versuchspersonen ihre Maßnahmen extrem gering. Reither maß die Variabilität als Verhältnis der Standardabweichung der jeweiligen Verteilungen zur mittleren Dosierung. Den so erhaltenen «Variabilitätskoeffizienten» sieht man in Abb. 56 in der Mitte in seinem Verlauf über die vier Fünf-Jahre-Blöcke des Versuchs. Man sieht, daß die Maßnahmen der Versuchspersonen vor der Krisensituation moderate Variabilität aufweisen. Nach der Krise ändert sich das stark (und statistisch signifikant). Nach der Krise griffen also unsere Versuchspersonen deutlich entweder mehr zu «stärkeren» Mitteln oder aber zu «resignativ» schwach dosierten Maßnahmen. Auch dieser Effekt stützt unsere These von der «Kompetenzillusion». Wer so richtig massiv eingreifen kann, belegt damit seine Kompetenz, seine Fähigkeit, die Situation in den Griff zu bekommen – zumindest bestätigt er sich das selbst! Und andererseits liegt dann, wenn man es nötig hat, sich oder anderen die eigene Handlungskompetenz deutlich zu demonstrieren, die Resignation auch nicht fern.

Eine dritte Folge der «Krise» in dem Reither-Experiment ist auch nicht ohne Interesse. Vielleicht ist sie sogar von noch größerem Interesse als die bislang geschilderten Ergebnisse. Die rechts stehende Graphik der Abb. 56 zeigt den entsprechenden Effekt.

Reither legte nach dem Experiment seinen Versuchspersonen die einzelnen Maßnahmen in «entpersonalisierter» Form noch einmal vor. Er bat sie, die einzelnen Maßnahmen einzustufen hinsichtlich der Abweichungen von ihren eigenen moralischen und ethischen Standards. Die Abb. 56 zeigt rechts das Ergebnis der Einstufung. Man sieht, daß die durchschnittliche Anzahl von Abweichungen von den eigenen moralischen Standards in den beiden ersten Sitzungen bei den Versuchspersonen relativ gering war. Nach der Einführung der Krise aber wurden die Abweichungen ziemlich groß. Sie beliefen sich durchschnittlich auf 6 bis 7 Punkte. Die Krise und der damit verbundene Verlust an Kompetenz hatten also nicht nur die Folge, daß die Versuchspersonen nunmehr zu einem stark «ballistischen» Handeln übergingen und die Dosierung ihrer Maßnahmen erhöhten. Zusätzlich ergab sich, daß die Versuchspersonen nach dem Prinzip «Der Zweck heiligt die Mittel» zu handeln beginnen und übergeordnete moralische Standards bei ihrer Handlungsorganisation weniger beachten. Man sieht hier also eine Entwicklung zum Zynismus und zum Aufgeben moralischer Standards. So etwas kennt man natürlich! Aber daß sich eine solche Entwicklung als statistisch signifikanter Effekt, also als eine allgemeine Tendenz in einer doch eigentlich ganz unbedrohlichen Spielsituation erzeugen läßt, stimmt zumindest nachdenklich.

Ballistisches Handeln ist nicht die einzige Form, mit der man sich die Konfrontation mit den negativen Konsequenzen des eigenen Handelns ersparen kann. Wenn es gar nicht anders geht, und wenn man tatsächlich die Konsequenzen des eigenen Agierens zur Kenntnis nehmen muß, dann lassen sich die Folgen ja immer noch, wie die Psychologen so schön sagen, *fremdattribuieren*: «Ich habe das Beste gewollt, aber die Umstände haben verhindert, daß das, was ich wollte, auch eintrat!» Und «Umstände» finden sich natürlich immer. Besonders gern die «bösen Mächte», die arg- und hinterlistig mein gutes Handeln torpedieren und konterkarieren. Man findet die Juden, Jesuiten und Freimaurer, die Kommunisten, Kapitalisten, die CIA oder den KGB oder – in unseren Experimenten – die bösen Versuchsleiter, die hinterlistigerweise das System so programmiert haben, daß dabei eben nichts Vernünftiges herauskommen kann.

Man kann auch – eine weitere Form des Weginterpretierens – die Ziele invertieren. Wir sind darauf schon eingegangen. Man kann aus «schlecht» «gut» machen und der selbsterzeugten Hungersnot in Tanaland eine wichtige Rolle für die Verbesserung der Bevölkerungsstruktur zuschreiben.

Und man kann schließlich die eigene Handlungskompetenz dadurch bewahren und aufrechterhalten, daß man eine «immunisierende Marginalkonditionalisierung» (ein schönes Wort, nicht wahr? Der Begriff stammt von Stefan Strohschneider.) der eigenen Maßnahmen durchführt:

«Allgemein hat die Maßnahme a den Effekt b! Nur unter ganz bestimmten Umständen, die leider nun gerade in diesem Moment eintraten, hat sie auch andere Effekte!»

Eine Versuchsperson in dem Kühlhausexperiment (s. «23 ist eine gute Zahl!») war der Meinung, daß man generell mit ungeraden Zahlen die Temperatur im Kühlhaus erhöhen, mit geraden dagegen senken kann. Nun ergebe sich einmal eine Temperatursenkung bei einer ungeraden Zahl. Hat sich damit gezeigt, daß man unrecht hatte? Aber wieso denn? Denn das mit den geraden und den ungeraden Zahlen stimmt natürlich! Nur wenn man unmittelbar vor einer ungeraden Zahl eine 100 eingegeben hat, dann tritt die Wirkung nicht auf. In diesem Spezialfall wirken ungerade Zahlen anders!

In dem Kühlhausexperiment sind nun die Rückkoppelungen und die Konfrontationen mit den Folgen der eigenen Handlungen allzu häufig, als daß man eine solche Strategie der Absicherung der eigenen Hypothesen durch Konditionalisierung auf lokale und daher irrelevante Umstände sehr lange durchhalten kann. In Situationen mit anderen Charakteristika kann das anders sein. Wenn die Rückmeldungen über die Folgen des eigenen Tuns selten sind und sich zudem gut «übersehen» lassen, so ist eine solche immunisierende Marginalkonditionalisierung eine prächtige Methode, um sich jeden Zweifel an der eigenen Handlungskompetenz zu ersparen.

8. Was tun?

Das Neue Denken

Angesichts von Umweltverschmutzung, Atomkriegsgefahr, Aufrüstung, Terrorismus, Überbevölkerung usw. ist es wohl jedem klar, daß die Menschheit sich heute in einer problematischen Situation befindet. Die Probleme unserer Welt sind zahlreich und offensichtlich nicht einfach zu lösen, denn dann wären sie gelöst. Für diese Probleme hat man viele Instanzen und viele Wirkkräfte verantwortlich gemacht: zum Beispiel bestimmte Gruppen wie die Kapitalisten, die Kommunisten, die Imperialisten, die Wissenschaftler. Für die globalen Probleme soll die angeborene Bösartigkeit der Menschen verantwortlich sein oder der Egoismus, die Machtgier und andere der weniger erfreulichen Bestandteile unserer Seelenmöblierung.

Da nun Probleme Herausforderungen sind für einen bestimmten Teil der psychischen Ausstattung des Menschen, nämlich für seine Denkfähigkeit, hat es auch nicht daran gefehlt, für die Probleme dieser Welt beziehungsweise für die Tatsache, daß diese Probleme nicht gelöst werden können, die Unzulänglichkeiten des menschlichen Denkens verantwortlich zu machen.

Rupert Riedl (1978/79) beklagt, daß die Menschheit letzten Endes mit dem Gehirn der «prähistorischen Zeit» auf das Industriezeitalter losgelassen worden ist. Er sieht das «Ursachendenken», genauer: das Denken in Ursachen*ketten*, als genetisch vorprogrammiert an (ich bin nicht sicher, ob ich ihm da folgen kann!) und meint, daß in dieser Tendenz zum Erleben der Welt als zusammengesetzt aus einzelnen Kausalketten die Unzulänglichkeiten unserer Problembewältigung liegen (worin ich ihm sehr gut folgen kann; man denke an die «Juden, Jesuiten und Freimaurer»).

Frederic Vester (1976, 1978, 1980) beklagt, daß Menschen nicht in Systemen denken und fordert und fördert «vernetztes» Denken, ein Denken «innerhalb der realen Wechselbeziehungen der Dinge. Ein Denken, das den naturgesetzlichen Gegebenheiten entspricht und damit nicht mehr so leicht zu so gewaltigen Fehlern führen kann, wie wir sie mit dem bisherigen isolierten Fachdenken... zunehmend begangen haben» (Vester 1980, S. 489).

Gerhard Vollmer (1986) weist auf die Bedingungen hin, die die Evolution für die Entwicklung des menschlichen «Erkenntnisapparats» setzte. Er zeigt, daß wir die starke Tendenz haben, bei der Bildung von Hypothesen über die Welt und die Ereignisse in ihr Anschaulichkeit anzustreben (wir *bilden* uns Hypothesen!), und daß eben dies die Unzulänglichkeit unseres Denkens beim Erfassen unanschaulicher Sachverhalte begründet.

Nicht selten wird sogar das «analytische» abendländische Denken en bloc für die gesamte Misere verantwortlich gemacht. Auf jeden Fall: mit unserem Denken scheint nicht viel los zu sein.

Beim Klagen bleibt es nicht. Nicht wenige Autoren sind schon dabei, den Mißständen abzuhelfen. Edward De Bono (1971) präsentierte in einer vor etwa zehn Jahren viel gekauften Schrift eine Methode, mit der man in vierzehn Tagen Denken lernen sollte. Viele Personen und Institutionen empfehlen «Kreativitätstechniken» (und sie empfehlen sie meist nicht nur, sondern wollen sie für teures Geld verkaufen). Da gibt es Brainstorming, Synektik, die 3-W-Methode, die Q5P-Methode usw.

In Funk- und Fernsehzeitschriften findet man Anzeigen, in denen das Bild von Albert Einstein garniert wird mit der Behauptung, daß wir nur 10 Prozent unseres geistigen Potentials nutzen, die restlichen 90 Prozent aber lägen brach. Zur Freilegung der restlichen 90 Prozent wird die Bestellung eines Buches empfohlen. (Spottbillig nebenbei: für DM 19,80 ein Intelligenzgewinn von 900 Prozent! Allerdings würde ich gern mal jemanden kennenlernen, der seine 90 Prozent Reservekapazität erfolgreich freigelegt hat!) Es gibt Firmen, die «Superlernen» empfehlen (und verkaufen), auch im Schlaf soll man lernen und auf diese Art und Weise seine Erkenntnisfähigkeit steigern können.

Fritjof Capra (1987) lehrt uns das «Neue Denken» – doch bei genauerem Hinsehen lehrt er uns überhaupt nichts, denn was dieses sogenannte «Neue Denken» eigentlich ist, darüber schweigt er sich aus. Verzeihung: natürlich schweigt er sich darüber keineswegs aus, sondern berichtet ausgiebig, wann er mit wem tiefe Gedanken austauschte, nur die tiefen Gedanken behält er für sich.

Es gibt Leute, die Gehirnkarten vorlegen, in denen das Gehirn in rote, grüne und weiße Bezirke eingeteilt wird, und uns, also die gesamte denkende Menschheit dazu aufrufen, die grünen, vor allem die grünen Bereiche mehr zu nutzen als bisher.

Andere Leute haben entdeckt, daß die rechte und die linke Hirnhälfte unterschiedliche Funktionen haben, und empfehlen insbesondere die verstärkte Nutzung der rechten Hirnhälfte, die nach ihrer Meinung hauptsächlich für so etwas wie Kreativität verantwortlich ist.

Was ist von all dem zu halten? Die Wahrscheinlichkeit, daß es einen bisher geheimen Kunstgriff gibt, der das menschliche Denken mit einem Schlag fähiger macht, der es mehr in die Lage versetzt, die komplizierten Probleme, die sich darbieten, zu lösen, ist praktisch wohl Null! Wir müssen mit dem Gehirn umgehen, welches wir bekommen haben. Wir haben keine 90 Prozent ungenutzte Gehirnkapazität, und wir haben keinen verschütteten Zugang zu einer Schatzhöhle der Kreativitätstechniken, die wir nur zu öffnen brauchen, um auf einen Schlag kreativ und bei weitem intelligenter zu werden. Gäbe es so etwas, es würde genutzt. Es gibt auf der Welt kein Tier, welches auf drei Beinen herumläuft und ein viertes, äußerst nützliches Bein ungebraucht mit sich herumschleppt. Die Evolution oder wer sonst immer hat uns mit einem Gehirn versehen, welches so funktioniert, wie es funktioniert und nicht wesentlich anders. Wir müssen damit zurechtkommen, und jeder, der uns erklärt, daß es anders wäre, soll uns dies zunächst einmal zeigen. Es gibt keinen Zauberstab, welcher mit einem Schlag unser Denken verbessern könnte.

Die soeben aufgeführten Rezepte für ein besseres Denken beruhen alle auf Hypothesen vom «reduktiven» Typ (s. «Juden, Jesuiten und Freimaurer...»). «Nur weil die Leute nur mit ihrer linken Gehirnhälfte denken...!» – «Nur weil die Menschen nicht vernetzter denken...!», geht alles schief! Dabei ist bestimmt an vielen der eben etwas mokant behandelten Methoden «etwas dran». Wenn man sich zum Beispiel im richtigen Moment zwingt, für einen abstrakten, unscharfen, schemenhaften Gedanken eine konkrete, sehr bildhafte Vorstellung zu entwickeln, so kann das sehr viel helfen! Wenn man sich wirklich vor Augen führt, wie bei den Moros ein Brunnen aussieht, wie der Brunnenrand beschaffen ist («Ist es ein Schlammloch, oder hat er eine Wellblechfassung?»), wenn man sich eine Rinderherde in einer kargen Steppe vorstellt, dann kann das zu neuen Gedanken führen. Bilder, auch Vorstellungsbilder sind viel informationsreicher als Gedanken in sprachlicher Form. Und daher erleichtern Bilder den *plastischen* Umgang mit Problemen; es mag in einer bestimmten Situation durch ein Bild leichter fallen, den Standort bei der Betrachtung des Problems zu ändern.

Andererseits können Bilder zur Erstarrung des Denkens führen. Bilder wird man gerade wegen ihrer Ganzheitlichkeit nur schwer wieder los. Das «analytische», sprachliche Denken ist notwendig, um mit Gedanken *flexibel* umzugehen. Sprache besteht aus disjunkten Bedeutungsträgern, den Wörtern, und aus «Kombinationsregeln» dafür, der Syntax. Damit erlaubt Sprache die weitgehend freie Rekombination von Bedeutungsträgern; und damit haben wir eine gar nicht zu überschätzende Fähigkeit zur Neu- und Umbildung von Gedanken.

Wir können das hier nicht vertiefen. Auf alle Fälle: weder in der rechten Hirnhälfte, wenn sie denn auf den Umgang mit Bildern spezialisiert sein sollte, noch in der linken, «sprachbegabten» liegt das Heil, sondern im Zusammenspiel beider. Wie pflegen Großmütter zu sagen? «Alles zu seiner Zeit!» Die Schwierigkeit bei der Befolgung solcher Regeln liegt darin, zu erkennen, wann es denn nun Zeit ist.

Daß es keinen Zauberstab gibt, heißt nun keineswegs, daß man Denken und Problemlösen nicht lernen und trainieren kann. Wir haben kein festes Denkprogramm im Kopf, welches nur in einer einzigen Weise abgerufen werden kann. Um bei der Computermetapher zu bleiben: wir haben mehr Bruchstücke von einzelnen Programmen im Kopf, die jeweils ad hoc zu einer jeweiligen Problemlösung zusammengefügt werden. Und hier läßt sich sicherlich etwas tun. Man kann das «Zusammenfügen» lernen!

Wir scheitern beim Lösen von vielen Problemen nicht, weil wir 90 Prozent unserer Gehirnkapazität nicht nutzen oder weil wir unsere rechte Hirnhälfte nicht gebrauchen. In Wirklichkeit liegt das Scheitern daran, daß wir dazu neigen, hier diesen, dort jenen kleinen Fehler zu machen, und in der Addition kann sich das häufen. Hier haben wir vergessen, ein Ziel zu konkretisieren, dort haben wir auf die Ablaufcharakteristika eines Prozesses nicht geachtet, da haben wir übergeneralisiert, dort haben wir den Schutz des eigenen Selbstgefühls über die Kenntnisnahme des Mißerfolges gestellt, hier haben wir zu viel geplant, dort zu wenig, da waren wir «heterogen funktional gebunden».

Und bei diesen kleinen Unzulänglichkeiten kann man ansetzen. Man kann versuchen, die Fehlermöglichkeiten aufzuzeigen, man kann versuchen bewußtzumachen, in welcher Situation man zu welchen Fehlern neigt. Und wenn man das erst einmal weiß, so mag es auch mehr oder minder leicht möglich sein, hier etwas zu ändern. Aber: ganz einfach ist das nicht!

Man kann Denken lernen, man soll aber nicht der Meinung sein, daß dies leicht ist. Mark Twain sagte einmal, schlechte Gewohnheiten solle man nicht zum Fenster hinauswerfen, sondern Stufe für Stufe die Treppe hinuntertragen, wenn man sie wirklich loswerden möchte. So ähnlich ist es mit dem Denken. Man muß hart arbeiten, um diese oder jene Unzulänglichkeit des eigenen Denkens zu erkennen und dann auch zu vermeiden. Das Erkennen einer Unzulänglichkeit ist ja leider nicht notwendigerweise mit der Vermeidung gekoppelt. Viele Menschen wissen über ihre Fehler durchaus Bescheid, ohne sie vermeiden zu können.

Indianer sind die besseren Menschen!

Statt nun auf das Denken zu setzen, kann man auch ganz andere Auswege wählen: Daß Indianer bessere Menschen sind als wir geldgierigen Weißen, ist uns inzwischen klar! Zumindest all denen von uns, die an ihren Autos einen Aufkleber befestigen, der eine dem Häuptling Seattle (fälschlich!) zugeschriebene Botschaft jedem, der dicht genug auffährt, verkündet. Die Botschaft lautet:

«Erst wenn der letzte Fisch gefangen,
Der letzte Bär getötet,
Der letzte Baum gefällt ist,
Werdet ihr merken, daß man Geld nicht essen kann.»

Das folgende Zitat dokumentiert sowohl, daß Indianer tatsächlich die besseren Menschen sind, als auch, welchen Weg aus den Gefahren des gegenwärtigen Zustandes der Menschheit manch einer für möglich hält. Ich zitiere Theodor Binder aus dem Buch «Die Erde weint», welches von Jürgen Dahl und Hartmut Schickert herausgegeben wurde.

Vor einigen Jahren weilte ich zu Gast in..., einem Zufluchtsort traditionsbewußter Hopi-Indianer. Durch Hopi-Freunde in Hotevilla (Arizona) war ich dorthin gebracht worden und fand selbstverständliche Aufnahme im Hause eines seiner Bewohner. Ich nahm am Leben meiner Gastgeber teil, half auf dem Feld mit, durfte den schönen Zeremonien in einer Kiva beiwohnen und saß des Abends mit der Familie beim Schein einer Öllampe zusammen.

Bei einer solchen Gelegenheit war es, daß spät noch ein weiterer Gast eintraf – unerwartet, wie mir schien. Und doch war sein Kommen seltsam vorbereitet durch eine gesammelte Stille, die nicht lastete, sondern erhob.

Der Neuankömmling war ein älterer Hopi-Indianer aus Hotevilla, dem ich bei früheren Gelegenheiten kurz begegnet war, ohne daß es zu einem Gespräch gekommen war. Aufgefallen war mir die große Würde, die dieser Mann ausstrahlte. Jetzt setzte er sich schweigend zu uns, trank den hier so beliebten Kaffee und genoß sichtlich das von der Hausfrau gebackene Brot, zu dem er ein Stück Schaffleisch aß. Über sein bronzefarbenes Gesicht flackerte der Schein der Öllampe.

Nach einer Weile, in der nur wenig und mir Unverständliches in der Hopisprache gesprochen wurde, zog der Gast ein Blatt aus der Tasche und legte es vor mich hin. Eine Swastika war darauf gezeichnet. Und dann sprach er langsam und bedächtig ungefähr folgendes:

«Meine Landsleute haben mir berichtet, Du stammest aus Deutschland. Wir wissen, daß auch dort die Menschen seit unzähligen Jahren die Swastika gekannt haben. Uns ist sie ein heiliges Zeichen. Du bist ihr ja in der Kiva begegnet.

Als zu uns die Kunde kam, daß in Deinem Volke die Swastika

wieder zu Ehren komme, richteten viele Hopis ihre Hoffnung auf Deutschland. Du weißt, daß wir hier in unserem eigenen Land von den weißen Eindringlingen verfolgt werden. Und jetzt werden wir auch von eigenen Landsleuten bedrängt, die sich an die Weißen verkauft haben, deren Güter sie höher achten als die Lehren und die Einfachheit der Alten.

Bevor Du zu uns kamst, haben einige von uns traditionellen Hopis von Deinem Kommen geträumt: Du schrittest auf einem hellen Weg dahin und wurdest von einem der Unseren begleitet, der in der Hand eine leuchtende Swastika trug.

Wir wissen, was in Deinem Land geschah und daß die Männer, die die Swastika zu ihrem Zeichen gewählt hatten, es nur taten, um Dein Volk in die Irre zu führen. Als wir den Mann, der sich Euer Führer nannte, auf Photographien mit der Hakenkreuzbinde am Arm sahen, träumten ihn unsere Leute. Und sie sahen, daß seine Swastika nicht leuchtete, sondern einen düsteren, gefährlichen Glanz ausstrahlte. Da wußten wir, daß böse Kräfte bei Euch am Werk waren. Wir haben Warnungen an Euch geschickt; aber sie wurden nicht beachtet.

Die falsche Swastika ist bei Euch untergegangen; aber wenn wir von Euch träumen, sehn wir Euer Land immer noch in bedrohliche Finsternis gehüllt.

Wir haben gesehn, daß Du die Weisheit unseres Volkes so hoch achtest wie Deinen eigenen Glauben. Oft scheint es meinen Landsleuten, daß Du einer der Unsern seist. Du achtest Tiere und Pflanzen gleich wie Menschen, weil Du weißt, daß wir allesamt Geschöpfe des Großen Geistes sind. So haben wir beschlossen, Dir eine Botschaft mitzugeben an die Menschen Deines Landes und an alle, die zu hören bereit und fähig sind.

Unsere Alten haben in ihren Träumen gesehn, daß die Dunkelheit und Bosheit auf der Erde zunehmen. Die Weißen und diejenigen, die sich ihrem Weg angeschlossen haben, verwandeln die Erde in eine Wüste – eine Wüste, in der nichts mehr blühen kann, auch wenn fruchtbarer Regen auf sie fällt. Es ist eine Wüste aus Zement und Stahl. Die Erde kann dort nicht mehr atmen. Und wo sie es nicht mehr kann, verdorren die Seelen derer, die auf ihr wohnen. Auf der Reise zu anderen Indianerstämmen bin ich durch solche Wüsten gekommen – Chicago war eine, Detroit eine andere. Kälte und Bangigkeit haben mich durchdrungen. In den Gesichtern der Menschen sah ich nur noch «Abwesenheit» und nur selten einmal Bitterkeit oder sehnsuchtsvolle Trauer.

Wenn wir uns in den Kivas versammeln und zum Großen Geist beten, spüren wir, wie die Erde bebt. Es ist ein leises Zittern, das aber jedesmal stärker wird. Einer unserer Weisen sagte uns, daß die Erde sich anschickt, diejenigen zu vertilgen, die sie entheiligen, statt ihr zu dienen. Im Traum wurde ihm gezeigt, daß ein großes Feuer vom Himmel fallen wird, das Menschen und Zement und Stahl verbrennen wird, wenn die Menschen nicht in letzter Stunde noch umkehren und wieder zu wahren Menschen werden, die Gott, den wir den Großen Geist nennen, ehren und ihm dienen, indem sie der Erde dienen.

Sage Deinen Landsleuten, es sei höchste Zeit. Auch Euer heiliges Buch, die Bibel, hat den Abtrünnigen den Untergang prophezeit. Man sagt uns, daß Eure Kirchen leer geworden sind und daß es Länder gibt, wo man Kinos und Museen aus ihnen gemacht hat.

Wenn Du unsre Botschaft ausgerichtet hast, komm zu uns! Wir haben gesehn, daß Du unser karges Leben, in dem es so viel inneren Reichtum gibt, zu leben vermagst. Gemeinsam mit uns wirst Du das Wissen vom Großen Geist in die Zukunft tragen. Wenn die Umkehr nicht erfolgt, werden nicht viele überleben. Der Große Geist hat uns geoffenbart, daß wir zu diesen Wenigen gehören werden. So werden wir unbeirrbar auf seinem Weg weitergehn. Ich habe gesprochen.»

Nichts Weiteres erfolgte, keine Geste, kein Anzeichen, daß etwas Besonderes gesagt worden sei. Der Gast zog sich zurück. Nie werde ich seine dunklen Augen vergessen, die im Lampenlicht ab und dann *[sic]* aufleuchteten. In ihrer Tiefe waren Ruhe und Frieden daheim.

Ich ging noch hinaus und sah der schwindenden Gestalt nach. Die Sterne begleiteten sie auf ihrem Gang und als sie hinter einem Hügel verschwand, schien mir in den Sternenglanz etwas eingegangen zu sein von der Wärme der Augen und des Herzens des einsamen Wanderers.

Seine Botschaft habe ich – sinngemäß zumindest – an viele weiterzugeben versucht. Diejenigen, die etwas hätten ändern müssen und können, haben nicht auf sie gehört. Befremdet oder gelangweilt oder gar unwillig schauten sie mich an. Drum spreche ich über diese Dinge jetzt zu den «Unmündigen», zu denen, die weder Macht oder Machtwillen noch Geld haben, zu solchen, die zu den Bewahrenden gehören, welche die Botschaft von Geist und Erde in jedwede Zukunft tragen werden, auch wenn für sie auf dieser Erde das Licht einer besseren Gegenwart nicht mehr scheinen sollte. Gibt es für sie auch Vergänglichkeit wie für alles Irdische – Vergeblichkeit gilt nicht für sie.

Was kann man diesem Text entnehmen? Zum einen, daß unsere Umwelt immer mehr durch Beton und Stahl aus einer natürlichen in eine «menschengemachte» verwandelt wird, und dies keineswegs immer zu ihrem Vorteil. Zum anderen, daß die Welt durch die Möglichkeit eines

Atomkrieges bedroht ist. Beides ist nicht neu und wohl jedem hinlänglich bekannt. Darauf kommt es bei diesem Text aber auch nicht an. Interessant ist, in welche Form diese Nachricht hier verpackt wird. Betrachten wir einmal die Ingredienzien des Berichtes: Da haben wir die archetypische Figur des «Alten Weisen». Dieser entstammt zudem einem Naturvolk, und zwar demjenigen Teil eines Naturvolkes, der sich noch seiner alten Traditionen bewußt ist. Diese alten Traditionen bestehen aus einem kargen Leben und aus innerem Reichtum. Bei diesem alten Naturvolk gibt es offensichtlich eine besondere Form des Erkenntnisgewinns, die darin besteht, daß besondere Personen in der Lage sind, «träumend» sowohl Zeit als auch Raum zu überblicken und in ihren Träumen im helleren oder dunkleren Widerschein der Dinge «gute» oder «böse» Kräfte am Werke zu sehen.

Diese Fähigkeit zur Vorausschau hat schon bemerkenswerte Ergebnisse gebracht: Das böse Ende des Nazireiches wurde prognostiziert, nur hat leider niemand darauf gehört. Wichtiger und bedeutsamer fast ist es, zumindest für die Angehörigen dieses traditionsbewußten Teils des Hopi-Volkes, daß sie selbst zu den Auserwählten gehören, die den nahen Weltuntergang überstehen werden.

Eben dieser Weltuntergang wird nicht von irgendwelchen Personen in Gang gesetzt, sondern, wie man vernimmt, von der Erde selbst, die in irgendeinem nicht näher definierten Zusammenhang mit dem «Großen Geist» steht. Vermutlich ist sie selbst dieser «Große Geist».

Ich muß gestehen, daß mich beim Lesen dieses Textes immer mehr ein unbehaglich-peinlich-klebriges Gefühl beschlich. Woran lag das? An der vermittelten Botschaft? Vielleicht auch ein wenig daran, zumindest an deren Form. Denn daß unsere Umwelt bedroht ist und daß die Möglichkeit eines Atomkrieges besteht, diese Nachricht ist nicht neu, nur wird sie hier in eine mythisch-feierliche Form gepackt. Warum?

Auch das empfohlene Remedium ist nicht neu: Es ist die alte Forderung «Zurück zur Natur!».

Aber all das war es nicht – oder nicht hauptsächlich –, was in mir dieses unangenehme Gefühl erweckte. Bei weitem unangenehmer war mir die Aufteilung der Menschheit in «Gute» und in «Böse». Es gibt Auserwählte, und es gibt Verdammte. Folgt daraus nicht, daß es wertvolle Menschen gibt und wertlose? Und folgt daraus nicht, daß man die Angehörigen dieser beiden Gruppen vielleicht, wenn es notwendig werden sollte, verschieden behandelt? Selbst der «Große Geist» schickt sich ja bereits an, derlei zu tun, indem er den größeren Teil der Menschheit dem Holocaust auszuliefern gedenkt, wohingegen der kleinere Teil errettet werden soll. Und wenn schon der Große Geist so etwas vorhat, wäre es dann nicht angebracht oder doch zumindest verständlich, daß in dem Versuch, dieses große Übel abzuwenden, einige der «Erwählten» die «Bestrafungsaktionen» an den wertlosen anderen schon einmal ein wenig vorwegnehmen?

Eine Anleitung zum Gruppenhaß, zur Elitebildung (was heißt «Elite» anderes als «Auserwähltsein»?) ist den Ausführungen von Binder leicht zu entnehmen. Dies ist einer der Aspekte dieses Textes, der in mir Unwohlsein erzeugte. Ich sah plötzlich in dem Text auch wieder das Hakenkreuz in durchaus «düsterem Glanze» aufleuchten.

Noch ein zweiter Aspekt erscheint mir bedeutsam. Hier entscheidet oder plant oder handelt nicht irgendwer oder irgendeine Gruppe aus bestimmten Gründen, aus irgendwelchen Interessen heraus, aufgrund bestimmter Vorstellungen über die Welt, aus irgendwelchen Motiven. Vielmehr sind «Kräfte» am Werk, undefinierte, böse und gute. Diese sind nicht faßbar, durchdringen aber auf geheimnisvolle Weise alles.

Hier gibt es nichts mehr, was zu erfassen oder zu analysieren wäre. Die «Kräfte» sind am Werk; sie führen Menschen zum Unheil oder zum Heil. Man kann allenfalls ihr Wirken erkennen und sich danach richten; im wesentlichen aber ist man ihnen ausgeliefert. Das Erkennen des Wirkens kann – auch das ist hier charakteristisch – nicht mit Hilfe des Nachdenkens oder anderer Verstandestätigkeiten erfolgen, sondern durch «Träumen». Hier gibt es nichts mehr zu erklären, hier gibt es nur eine Art von traumhaft-ganzheitlicher Wesensschau der herrschenden Kräfte. Gefühl, ganzheitliche Wesensschau, Wärme, Einfachheit, Kargheit der äußeren Umstände, aber innerer Reichtum auf der einen Seite, Denken, «Verstand», «Angst», Bangigkeit und ewige Verdammnis auf der anderen Seite.

Auch mit dem Vertreter jener «Kräfte» gibt es keine Diskussion oder Argumentation. Er überbringt lediglich «Botschaften», die nicht analysiert und elaboriert werden, vielmehr folgt «nichts Weiteres», worauf der Alte Weise dann entschwindet.

(Alte Weise scheinen diese Art von Entfernung – oder sollte man lieber sagen «Enthebung» oder noch besser: «Entrückung» – so an sich zu haben; Empedokles von Agrigent entschwand am Ende seines Lebens im Krater des Ätna, und es geht das Gerücht, eben dieses spurlose Entschwinden habe er inszeniert, um

«... sich göttliche Ehren zu sichern
Und durch geheimnisvolles Entweichen,
  durch einen schlauen
Zeugenlosen Sturz in den Ätna die Sage
  begründen wollen, er
Sei nicht von menschlicher Art,
  den Gesetzen des Verfalls nicht unterworfen ...»

wie Brecht in dem Gedicht «Der Schuh des Empedokles», des Respektes vor «Alten Weisen» etwas ermangelnd, anmerkt.)

Wie soll man bei einer solchen Begegnung noch denkend und analysierend argumentieren? Denken und Analyse sind da unwesentlich, wesentlich ist das Träumen. Und hier gibt es keine Berufungsinstanz: entweder man erfaßt die Wahrheit, oder man erfaßt sie nicht. Sie wird einem offenbart oder nicht. Darüber noch zu räsonnieren wäre fast Gotteslästerung – Verzeihung: Lästerung des «Großen Geistes». Dies sind wohl die Gründe, die in mir beim Lesen dieses Textes jenes Gefühl der Bedrohtheit aufkommen ließen.

Natürlich ist dies alles nicht so gemeint. Theodor Binder, wenn er diese Zeilen liest, wird entsetzt sein. (Oder er wird milde lächeln: wieder ein Unverständiger!) Es ist nie so gemeint, aber all das, was eben beschrieben wurde, kommt dabei heraus. Beabsichtigt ist das Gute, und es folgt das Schlechte. Es folgt die Verdammnis der rationalen Analyse, es folgt das erhebende Elitegefühl des Besserseins und des Auserwähltseins, und diese Mischung ist zu bedenklich, als daß man sie einfach nur belächeln dürfte.

Wie bekommt man eine derartige Weltsicht? Was sind die Bedingungen dafür, daß man solche Auffassungen entwickelt, wie sie Binder hier offenbart?

«Vertikale Flucht», Abheben in die Welt des nicht mehr zu Denkenden, des nicht Analysierbaren, des Unfaßbaren. Auch das gibt Ruhe und Frieden! Wenn manche unserer Versuchspersonen in dem Kühlhausexperiment meinten, «23 ist eine gute Zahl», so beginnen ihre Gedankengänge in ähnliche Richtungen zu laufen wie die von Theodor Binder. Die mystischen Kräfte «hinter» den Dingen werden beschworen. Binder allerdings hat die «23» schon weit hinter sich gelassen!

Um nicht mißverstanden zu werden: Auf Theodor Binder kommt es mir hier nicht an!

Die Ursachen

Wir haben in den vorstehenden Kapiteln eine ganze Reihe von Unzulänglichkeiten des menschlichen Denkens beim Umgang mit komplexen Systemen kennengelernt. Wir haben festgestellt, daß Ziele nicht konkretisiert werden, daß kontradiktorische Teilziele nicht als kontradiktorisch erkannt werden, daß keine klaren Schwerpunkte gebildet werden, daß die notwendige Modellbildung nur unzureichend oder gar nicht erfolgt, daß Informationen nur einseitig oder unzulänglich gesammelt werden, daß falsche Auffassungen über die Gestalt von Zeitverläufen gebildet werden, daß falsch oder gar nicht geplant wird, daß Fehler nicht korrigiert werden.

In diesem Abschnitt wollen wir herausarbeiten, welches die hauptsächlichen psychologischen Determinanten dieser Unzulänglichkeiten des Denkens beim Umgang mit Unbestimmtheit und Komplexität sind (s. hierzu auch Kluwe 1988).

Die erste Ursache für eine Reihe von Unzulänglichkeiten ist die schlichte Langsamkeit des Denkens. Wir meinen das menschliche *Denken* – nicht die menschliche Informationsverarbeitung im allgemeinen. In mancher Beziehung sind Menschen sehr fix und keineswegs langsam. Die Geschwindigkeit, in der ein durchschnittlicher Autofahrer die vielgestaltigen Informationen einer belebten Verkehrssituation verarbeiten und darauf richtig reagieren kann, nötigt jedem, der einmal versucht hat, ein entsprechendes künstliches System sich auch nur auszudenken, außerordentliche Hochachtung ab. Das, was künstliche Systeme in dieser Beziehung bislang leisten, ist wenig beeindruckend, und die Mühe, die solche Systeme dabei haben, aus einer komplexen und vielgestaltigen Umwelt die richtigen Informationen für das richtige Agieren herauszufinden, kann man nur belächeln. (Dies wird sicherlich nicht der Endpunkt sein, und ich glaube durchaus nicht, daß künstliche Systeme sehr komplexe Gestaltidentifikationen und Informationsfilterprozesse prinzipiell nicht vollziehen können.) Bei den eben diskutierten Prozessen geht es um hochgeübte Abläufe, die vermutlich innerhalb des Nervensystems weitgehend parallel abgewickelt werden (das erklärt das Interesse der Forschung zur «Künstlichen Intelligenz» an parallel arbeitenden Computern).

Auf der anderen Seite: Wenn ein Computer lachen könnte, so würde er unsere Geschwindigkeit bei der Lösung der Aufgabe, die Zahl 341 573 durch 13,61 zu teilen, außerordentlich lächerlich finden. Wir können derlei Aufgaben trainieren und unsere Geschwindigkeit steigern. Wir können die Primzahlzerlegungen der Zahlen von 1 bis 10 000 auswendig lernen und auf diese Weise viele Verkürzungen in solche Denkprozesse hineinbringen (s. zum Beispiel Bredenkamp 1988). All das ändert nichts an der Tatsache, daß unser bewußtes Denken hübsch Schritt für Schritt vor sich geht, «eins nach dem andern», und nur wenige Informationen pro Zeiteinheit verarbeiten kann.

Ausgerechnet dasjenige «Werkzeug», welches erforderlich ist, wenn man mit unbekannten, bislang nicht durch hochautomatisierte Mustererkennungssysteme analysierbaren Realitäten umgehen muß, ist also ziemlich langsam und auch nicht in der Lage, sehr viele Informationen gleichzeitig zu verarbeiten.

Was Wunder, daß die schlichte Langsamkeit uns Abkürzungen aufnötigt und generell danach streben läßt, mit der knappen Ressource möglichst ökonomisch umzugehen. Solche Ökonomietendenzen kann man im Hintergrund vieler der dargestellten Unzulänglichkeiten und Denkfehler ausfindig machen. Sehen wir uns das einmal im einzelnen an!

Die Devise «first things first» («eins nach dem anderen und das Wichtigste zuerst!») mag dafür verantwortlich sein, daß Personen, wenn ihnen eine Aufgabe gestellt wird, statt sich um die Zielkonkretisierung, die Balancierung kontradiktorischer Teilziele, die Rangierung der Ziele zum Zweck der Schwerpunktbildung zu kümmern, sofort anfangen, das Handeln zu planen und Informationen zu sammeln. Das Problem ist da, also sollte man es lösen und nicht erst viel Zeit vergeuden, um sich über die genaue Gestalt des Problems Klarheit zu verschaffen.

Wenn wir, statt uns das komplizierte Geflecht der Abhängigkeit der Variablen eines Systems klarzumachen, eine Zentralreduktion durchführen, also *eine* Variable als zentral ansehen, so ist dies in zweierlei Weise ökonomisch: Zum einen spart man auf diese Weise eine ganze Menge an weiterer Analysetätigkeit. Zum anderen spart eine solche reduktive Hypothese späterhin Zeit bei der Informationssammlung und beim Planen. Denn wenn *eine* Variable im Zentrum des gesamten Geschehens steht, dann braucht man auch nur über diese eine Variable Informationen. Der Rest ist dann ja sowieso abhängig von der Kernvariablen; um den Zustand der anderen Variablen braucht man sich nicht mehr zu kümmern. Auch die Planung von Maßnahmen kann man auf diese eine Zentralvariable beschränken. Die Zentralreduktion ist also an Ökonomie kaum zu übertreffen: sie erlaubt den sparsamsten Umgang mit der kostbaren Ressource «Nachdenken».

Wenn Personen bei der Konfrontation mit einem System sehr generelle Regeln aufstellen und von der Vielfalt der tatsächlichen Bedingungen für Handlungen abstrahieren, so ist auch dies in zweierlei Hinsicht ökonomisch. Erstens erspart man sich auf diese Weise, sich die verwirrende Vielfalt der Umstände, unter denen eine bestimmte Handlung erfolgreich war, vor Augen zu führen. Zweitens läßt es sich mit wenigen, allgemeinen Regeln erheblich leichter planen als mit einer Vielzahl von nur lokal bedeutsamen Regeln, für die man das Vorhandensein der Bedingungen jeweils im Einzelfall prüfen muß. «Strategisches Denken», so wie es in der Holzfäller-Metapher von Clausewitz als notwendig dargestellt wurde für den Umgang mit komplexen, vernetzten Systemen, ist erheblich aufwendiger als der Umgang des Schnitters mit einem Kornfeld gemäß einem einzigen Handlungsprinzip.

Wenn man beim Umgang mit Zeitabläufen linear extrapoliert oder wenn man die Strukturbilder der Gegenwart auf die Zukunft überträgt, so ist auch dies erheblich ökonomischer, als wenn man die spezifischen Gesetze des jeweiligen Zeitablaufs durch komplizierte und langwierige Beobachtungen und Analysen erforscht.

Planen ohne die Berücksichtigung von Neben- und Fernwirkungen ist natürlich erheblich ökonomischer, als zu analysieren, was alles an Neben- und Fernwirkungen bei der Lösung eines Problems auftreten könnte.

Methodismus ist erheblich ökonomischer, als in jedem Einzelfall zu überlegen, was denn nun die jeweils lokalen Bedingungen an spezifischen Handlungen erfordern.

«Ballistische Entscheidungen», bei denen man auf die Betrachtung der Effekte verzichtet, sparen gleichfalls sehr viel Nachdenken. Man vermeidet auf diese Weise zeitraubende (und verunsichernde) Überlegungen über die Art und Weise, wie man es vielleicht doch anders besser hätte machen können.

Alles in allem: Ökonomietendenzen, durch die der Denkende dazu bewogen wird, bestimmte Denkschritte einfach auszulassen oder aber sie soweit wie möglich zu vereinfachen, scheinen eine große Rolle beim Umgang mit komplexen Systemen zu spielen.

Ein weiterer Grund für viele Unzulänglichkeiten und Fehler des menschlichen Denkens muß wohl ganz außerhalb des Bereiches der kognitiven Prozesse gesucht werden. Nach unserer Meinung spielt die Bewahrung eines positiven Bildes von der eigenen Kompetenz und Handlungsfähigkeit eine sehr große Rolle als Determinante der Richtung und des Ablaufs von Denkprozessen.

Wenn Menschen handeln sollen, so werden sie dies nur tun, wenn sie sich zumindest in minimaler Weise dafür kompetent fühlen. Sie brauchen die Erwartung, daß ihr Handeln letztlich doch erfolgreich sein könnte. Ohne jegliche Erfolgserwartung würden wir kaum mehr handeln, sondern resigniert dem Schicksal seinen Lauf lassen. Man kann nun nicht selten beobachten, daß das Denken von seinem eigentlichen Ziel abschweift und statt dessen auf das Ziel ausgerichtet wird, das eigene Gefühl der Kompetenz zu bewahren. Die Bewahrung des Gefühls der eigenen Kompetenz ist ein Akt des Selbstschutzes, der notwendig ist, um ein Minimum an Handlungsfähigkeit aufrechtzuerhalten. Sehen wir uns einmal im einzelnen an, an welchen Stellen das Denken von einer solchen «Selbstschutztendenz» beeinflußt werden mag.

Man sollte sich zunächst durchaus vor Augen führen, daß viele Abkürzungen und Unterlassungen beim Denken, in denen man Ökonomiebestrebungen am Werk sehen kann, auch als Selbstschutzbestrebungen interpretierbar sind. Wenn ich eine reduktive Hypothese aufstelle und alles auf eine zentrale Variable zurückführe, mache ich mir nicht nur das Denken leichter, sondern es ergibt sich daraus auch das beruhigende Gefühl, die Dinge im Griff zu haben. Der Zweifel an der Hypothese würde dazu führen, daß ich in ein Meer von schwierig analysierbaren Informationen und Abhängigkeiten geriete. Und das Gefühl «lost at sea» ist nicht angenehm. Die Bildung von einfachen Hypothesen, die Beschränkung der Informationssammlung, kürzen nicht nur den Denkvorgang ab, sondern erfüllen darüber hinaus die Funktion, daß ich mich in der Situation kompetenter fühle.

Abkapselungstendenzen, endlos verlaufende Planungs-, Informationssammlungs- und -strukturierungsprozesse können gleichfalls Ausdruck von Selbstschutztendenzen sein. Wenn ich durch exzessives Planen und Informationssammeln jeden direkten Kontakt mit der Realität vermeide, so hat die Realität auch keine Gelegenheit, mir mitzuteilen, daß das, was ich mir da so ausgedacht habe, nicht funktioniert oder grundfalsch ist.

Die Assimilation von Handlungssituationen an solche, für die man bestimmte Handlungsschemata bereits besitzt, die man dann nur noch «starten» muß, also das, was wir zusammenfassend als Methodismus bezeichnet haben, mag seine Hintergründe gleichfalls in Selbstschutztendenzen haben. Ehe ich mir, entsprechend der Holzfäller-Metapher von Clausewitz, Gedanken mache über die spezifischen Erfordernisse der spezifischen Situation, und dann vielleicht merke, daß die Handlungsschemata, über die ich verfüge, nicht anwendbar sind, nehme ich doch lieber an, es handle sich bei dem neuen Problem um eines von demjenigen altbekannten Typ, von dem ich schon viele gelöst habe. Das wiegt mich in Sicherheit und gibt mir das Gefühl, daß ich mit der Situation schon fertig werden kann. Und wenn ich dann tatsächlich das, was ich mir so denke, auch tun muß, kann ich mir meine Fehlschläge – oder die schlichte Tatsache, daß einfach nichts passiert – durch «ballistische» Entscheidungen vom Leibe halten. Ich sehe mir einfach die Konsequenzen nicht an!

Ein weiteres probates Mittel zum Kompetenzschutz ist das Lösen nur solcher Probleme, die ich lösen kann. Wenn man die Probleme löst, die man lösen kann, aber diejenigen ausläßt, die man nicht lösen kann, so hebt das ebenfalls das Kompetenzgefühl.

Eine weitere Determinante der Schwierigkeiten, die wir beim Umgang mit komplexen und zeitabhängigen Systemen haben, liegt wohl einfach in der relativ geringen Geschwindigkeit, in der neues Material in das Speichersystem des menschlichen Gedächtnisses hineingebracht werden kann. Das menschliche Gedächtnis mag eine sehr große Kapazität haben, seine «Zuflußkapazität» ist eher gering. Das, was wir im Moment wahrnehmen, mag reichhaltig, farbig und wohlkonturiert sein. In dem Moment aber, in dem wir die Augen schließen, verschwindet sofort ein großer Teil dieser Reichhaltigkeit, unklare und blasse Schemata bleiben übrig, und je weiter wir in die Vergangenheit zurückgehen, desto informationsärmer werden unsere «Gedächtnisprotokolle» der Ereignisse.

Vielleicht hat dieses Verblassen der aufgenommenen Information seine Funktion. Vielleicht dient es dazu, uns mit jenen abstrakten Schemata zu versorgen, die wir für die «Äquivalenzklassenbildung» (s. Abschnitt «Primzahlen ...») brauchen. Das Vergessen mag also zwar auf der einen Seite oft bedauerlich sein, auf der anderen Seite aber schützt es uns vor einem Übermaß an unwichtiger Information. Zweifellos aber bringt es Nachteile mit sich. Wir sind nicht umsonst in dem Kapitel «Zeitabläufe» so ausführlich darauf eingegangen, welche Schwierigkeiten wir mit Zeitabläufen haben. Diese Schwierigkeiten mögen zum Teil auf eine Überfülle von Information zurückzuführen sein. Zum Teil mögen sie aber auch darin begründet sein, daß die Informationen einfach «weg» sind. Ich habe kein Bild der entsprechenden zeitlichen Abläufe und stelle mich aus diesem Grunde auch auf die zeitlichen Muster der Ereignisse nicht ein. So kommt es dann in dem Kühlhaus-Experiment zum ad-hocistischen Reagieren, und so kommt es bei den «Schmetterlingen von Kuera» dazu, daß die Versuchspersonen nur eben gerade immer den augenblicklichen Stand der Dinge beachten. Alles, was vorangegangen ist, können sie nicht beachten, ganz einfach weil es in ihrem Gedächtnis nicht mehr vorhanden ist.

Ein vierter Kandidat scheint uns verantwortlich zu sein für – nicht so sehr die Unzulänglichkeiten, sondern für die – *Auslassungen* im Denkprozeß. An die Probleme, die man nicht hat, denkt man nicht! Warum sollte man auch? Man muß aber bei dem Umgang mit Problemen in komplexen, dynamischen Realitäten auch an die Probleme denken, die man im Moment nicht hat und die sich erst als Neben-

oder Fernwirkungen des eigenen Handelns ergeben können.

Daß man an die «impliziten» Probleme einer Situation nicht denkt, liegt unter Umständen gar nicht so sehr daran, daß man überfordert ist mit dem Mitbedenken aller Fern- und Nebenwirkungen der geplanten Maßnahmen, sondern daran, daß man eben diese Probleme nicht hat und unter den damit verbundenen Mißständen daher nicht leidet. Die «Überwertigkeit des aktuellen Motivs», auf die wir verschiedentlich eingegangen sind, ist also ein weiterer Grund dafür, daß man in einer Entscheidungssituation zu wenig bedenkt und auf diese Weise Fehler macht.

Die Langsamkeit des Denkens und die geringe Zahl gleichzeitig zu verarbeitender Informationen, die Tendenz zum Schutz des Kompetenzgefühls, die geringe «Zuflußkapazität» zum Gedächtnis und die Fixierung der Aufmerksamkeit auf die gerade aktuellen Probleme: das sind sehr einfache Ursachen für die Fehler, die wir beim Umgang mit komplexen Systemen machen. Zugleich sind es aber sehr faßbare Ursachen, und man sollte Möglichkeiten finden können, diese Faktoren als Fehlerbedingungen weitestgehend auszuschalten. Wir wollen nachfolgend auf einige dieser Möglichkeiten eingehen.

Was tun?

Kehren wir noch einmal zurück zu den Moros! Abb. 57 zeigt den durchschnittlichen Rinderbestand, die Vegetationsfläche, das Grundwasser, das Kapital und die Hirseernte am Ende der «Regierungszeit» von zwei Gruppen (P und L) von jeweils 15 Versuchspersonen. P und L stehen für «Praktiker» und «Laien». Wir meinen damit «Praktiker» im Planungs- und Entscheidungsverhalten und «Laien» in eben diesem Bereich.

Wir haben mit dem Moro-System eine Untersuchung durchgeführt, in der wir Manager großer Industrie- und Handelsfirmen auf der einen Seite und Studenten auf der anderen Seite mit den Moro-Anforderungen konfrontiert haben. Die Manager verbergen sich hinter dem Kürzel P, die Studenten hinter dem Kürzel L. (Als dieser Abschnitt geschrieben wurde, war die Untersuchung noch nicht fertig. Wir haben also eine Vorauswertung durchführen müssen, die jeweils 15 Personen aus beiden Gruppen umfaßt.) Das Ergebnis der Untersuchung ist, wie aus Abb. 57 ersichtlich, daß die Manager (P) mit dem Moro-System erheblich besser zurechtkommen als die Studenten (L).

Die «Entscheidungspraktiker» hinterlassen das Land der Moros in einem weitaus besseren Zustand als die «Entscheidungslaien», und zwar hinsichtlich fast sämtlicher Kriterien. Hinsichtlich einiger Variablen gibt es keine Unterschiede; so sind die Hirseerträge bei beiden Gruppen im Durchschnitt nicht verschieden, das gleiche gilt für den Grundwasserbestand. Bei den wesentlichen Variablen aber, nämlich bei dem Kapital, den Rindern und den Vegetationsflächen, gibt es hochsignifikante Unterschiede.

Worauf ist das zurückzuführen? Unsere «Entscheidungspraktiker» waren allesamt Personen aus den Führungsetagen von Industrie- und Handelsunternehmen. Sie waren erheblich älter als unsere studentischen Versuchspersonen. Und sie hatten daher natürlich auch eine ganze Menge mehr Berufs- und Lebenserfahrung. Wir konnten leider in dieser Studie nicht die Testintelligenz der Probanden aus dem Bereich von Industrie und Handel erheben und sind daher auf Vermutungen angewiesen, ob unsere beiden Stichproben im Hinblick auf die Testintelligenz vergleichbar sind. Wir möchten aber annehmen, daß unsere Studenten *in dieser Hinsicht* keineswegs hinter den Managern zurückstanden. Unser Eindruck ist, daß sie eher etwas geschwinder waren und

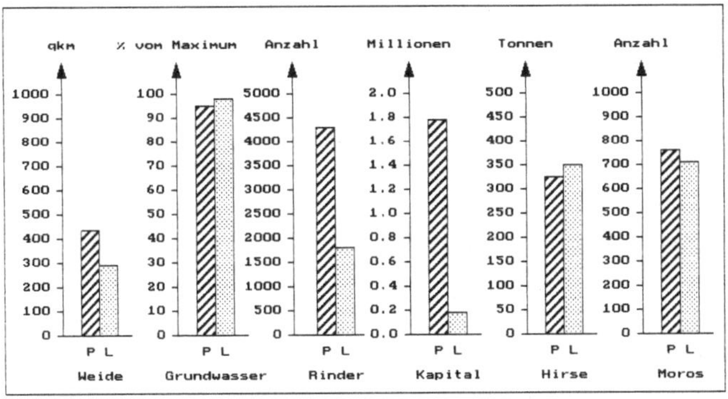

Abb. 57: Die Zustände kritischer Variablen des Morogebietes nach 20jähriger Regierungstätigkeit von «Entscheidungspraktikern» und «Laien»

besser in der Lage, sich Dinge schnell einzuprägen und zu merken, als die älteren Probanden. Solche Unterschiede sollte man zwischen älteren und jüngeren Versuchspersonen ja auch vermuten. Dennoch schnitten unsere älteren, planungs- und entscheidungserfahrenen Probanden im Durchschnitt erheblich besser ab. Ganz ähnliche Ergebnisse fand Wiebke Putz-Osterloh (1987) mit einem ökonomischen System, nämlich mit dem System «Taylor-Shop». Sie untersuchte Professoren der Betriebswirtschaft und Studenten dieses Faches. Die Professoren unterschieden sich nicht nur im Fachwissen, sondern vor allem in ihren Vorgehensstrategien von den Studenten und waren «besser» als diese.

Die Versuchspersonen beider Gruppen konnten auf Vorerfahrungen im Bereich des «Managements» eines Landstrichs der Sahel-Zone nicht zurückgreifen. Vermutlich waren aber, entsprechend der «studentischen Interessenlage», bei den jüngeren Probanden eher mehr Interesse und Erfahrungen im Hinblick auf Ökologie und «Dritte Welt» vorhanden als bei den älteren Probanden.

Genaues können wir über die Wert- und Interessenstruktur unserer Probanden im Augenblick aber nicht aussagen.

Auch das unmittelbare Interesse an dem Versuch schien uns bei den Probanden beider Gruppen gleich zu sein.

Wenn aber weder Intelligenz noch Vorerfahrung noch Motivation bei den beiden Gruppen unterschiedlich waren, was war dann unterschiedlich? Was bewirkt die unterschiedlichen Leistungen?

Ich nehme an, daß die Unterschiede in Merkmalen der «operativen Intelligenz» zu suchen sind. Operative Intelligenz nennen wir all das, was jemand mitbringt an Wissen über den Einsatz seiner intellektuellen Fähigkeiten und Fertigkeiten. Ich möchte dies etwas erläutern:

Beim Umgang mit einem komplexen Problem kann man die Behandlung der verschiedenen Situationen gewöhnlich nicht «über einen Kamm scheren».

Manchmal ist es notwendig, genau zu analysieren, manchmal sollte man nur grob hingucken. Manchmal sollte man sich also ein umfassendes, aber nur «holzschnittartiges» Bild von der jeweiligen Situation machen, manchmal hingegen sollte man den Details viel Aufmerksamkeit widmen.

Manchmal sollte man viel Zeit und Energie in die Planung stecken, manchmal sollte man genau dies bleiben lassen.

Manchmal sollte man sich seine Ziele ganz klar machen und erst genau analysieren, was man eigentlich erreichen will, bevor man handelt. Manchmal aber sollte man einfach «loswursteln».

Manchmal sollte man mehr «ganzheitlich», mehr in Bildern denken, manchmal mehr «analytisch».

Manchmal sollte man abwarten und beobachten, was sich so tut; manchmal ist es vernünftig, sehr schnell etwas zu tun.

«Es kommt weniger darauf an, unser Gehirn umzugestalten, als darauf, seine Möglichkeiten besser zu nutzen.» (G. Vollmer 1986, S. 59)

Alles zu seiner Zeit, jeweils unter Beachtung der Umstände. Es gibt nicht die eine, allgemeine, immer anwendbare Regel, den Zauberstab, um mit allen Situationen und all den verschiedenartigen Realitätsstrukturen fertig zu werden. Es geht darum, die richtigen Dinge im richtigen Moment und in der richtigen Weise zu tun und zu bedenken. Dafür mag es auch Regeln geben. Diese Regeln sind aber lokaler Art, also in hohem Maße an die jeweiligen Bedingungen gebunden. Und dies bedeutet wieder, daß es sehr viele Regeln gibt.

Ich möchte annehmen, daß hier die Unterschiede zwischen den Experten und den Laien liegen. Wer würde nicht solchen «Großmutterregeln» zustimmen wie «Denk nach, bevor du handelst!» – «Mach dir deine Ziele klar!» – «Beschaffe dir möglichst viel Information über eine Sache, bevor du handelst!» – «Lerne aus deinen Fehlern!» – «Handle nicht in Ärger und Wut!» – «Frage um Rat!» Das Arge an ihnen ist, daß sie nicht immer stimmen. Es gibt Situationen, in denen es besser ist, zu handeln als nachzudenken, manchmal sollte man mit der Informationsbeschaffung über eine Angelegenheit frühzeitig aufhören, usw.

Unsere «Handlungsexperten» kennen nicht nur solche «Großmutterregeln»; sie wenden sie auch an, und zwar an der richtigen Stelle, und sie verzichten auf ihre Anwendung an der falschen Stelle.

Die Umgangssprache kennt viele Begriffe für ein hohes Maß an geistigen Fähigkeiten: man kann intelligent, klug, raffiniert, gerissen, schlau oder weise sein. Diese Begriffe unterscheiden sich, und ein Unterschied, der beispielsweise zwischen dem «intelligenten» und dem «klugen» oder «weisen» Menschen besteht, scheint mir in der Fähigkeit zu liegen, die jeweiligen Probleme *in der angemessenen Art* zu behandeln (s. Baltes et al., 1988).

Wenn dies aber so ist, dann müßte das Denken in komplexen Handlungssituationen lehr- und lernbar sein. Daß sich Personen in einem gewissen Ausmaß auf die Bedingungen von Situationen und den richtigen Umgang mit den jeweiligen Realitätsbereichen einstellen können, zeigen ja auch manche der in diesem Buche vorgestellten Ergebnisse. Man betrachte im Abschnitt über die «Schmetterlinge von Kuera» das Verhalten der Versuchsperson 04mlg der Abb. 54. Diese Versuchsperson hat sich zunächst sehr inadäquat verhalten, lernte aber dann aus ihren Fehlern. Das, was hier im Kleinen stattfand, sollte auch im Größeren erreichbar sein.

Wie lehrt man den Umgang mit Unbestimmtheit und Komplexität? Es wird wohl auch hier auf die richtige Strategie ankommen. Ein Patentrezept, um Personen den Umgang mit komplexen, unbestimmten und dynamischen Realitäten beizubringen, gibt es wohl nicht; denn es gibt ja auch für solche Realitäten keine Patentrezepte.

Mitunter reichen recht einfache Methoden aus, um eine Verbesserung der Denkfähigkeit zu erreichen. Abb. 58 zeigt die Ergebnisse eines Versuches von Reither (1979). Versuchspersonen mußten in diesem Versuch eine Reihe von ziemlich komplizierten Problemen lösen. Diese bestanden darin, ein aus drei verschiedenen Komponenten bestehendes Leuchtfeld von einem «Startzustand» in einen «Zielzustand» zu bringen. Das Leuchtfeld konnte zum Beispiel solche Zustände wie «rot-grün-rot» oder «blau-gelb-grün» haben.

Die Versuchspersonen hatten ein Feld mit Tasten vor sich, mit deren Hilfe sie die Komponenten des Leuchtfeldes beeinflussen konnten. Es gab dabei einfache «Operatoren», die zum Beispiel darin bestanden, daß der Druck auf eine bestimmte Taste die dritte Komponente des Leuchtfeldes einfach «im Kreis» herumschaltete. Wenn die dritte Komponente «rot» war, wurde durch Druck auf die Taste daraus «grün», ein erneuter Druck auf die Taste machte aus «grün» nun «gelb», ein weiterer Druck «blau», ein erneuter Druck wieder «rot».

Es gab «Vertauschungsoperatoren», die die Zustände von zwei Komponenten des Leuchtfeldes tauschten. Aus «rot-gelb-grün» wurde durch Druck auf die entsprechende Taste «grün-gelb-rot».

Und es gab schließlich sehr komplizierte, von bestimmten Bedingungen abhängige Operationen etwa der folgenden Art: Wenn das Feld 1 «rot» und das Feld 2 «grün» ist, dann bewirkt ein Druck auf die Taste, daß das dritte Feld «gelb» wird. Wenn aber Feld 1 «grün» und Feld 2 auch «grün» ist, dann bewirkt ein Druck auf die Taste, daß das dritte Feld «blau» wird. – Die Wirkung der Tasten war den Versuchspersonen vor dem ersten Problem unbekannt.

Probleme hatten auf dieser Apparatur etwa folgende Gestalt: «Wandle die Kombination ‹rot-rot-rot› in die Kombination ‹grün-grün-grün›.» Probleme dieser Art können sehr verzwickt sein.

Reither ließ seine Versuchspersonen zehn Probleme die-

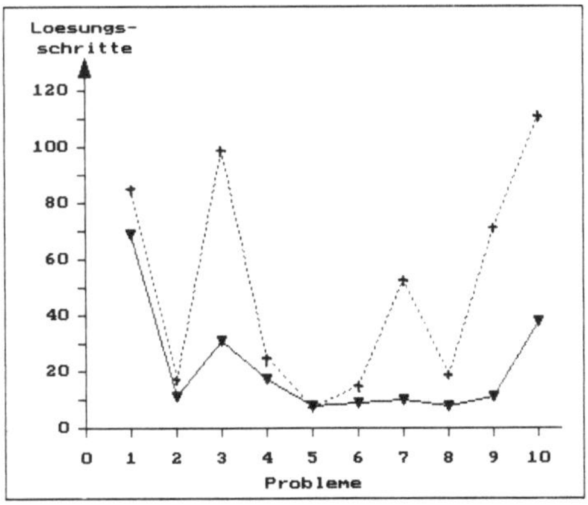

Abb. 58: Die Anzahl der Lösungsschritte der Selbstreflexions- (▼) und der Kontrollgruppe (+) des Reither-Versuchs

ser Art lösen. Er arbeitete mit zwei Gruppen von Versuchspersonen, einer Versuchs- und einer Kontrollgruppe. Die Probanden der Kontrollgruppe mußte nach jeder Lösung ihre Hypothesen über die Wirkung der Tasten beschreiben. Die Probanden der Experimentalgruppe mußten einfach nur über ihr eigenes Denken nachdenken. Sie mußten also darüber reflektieren, was sie bei der Lösung des letzten Problems alles gemacht und gedacht hatten, um zu einer Lösung zu kommen.

Wie man in Abb. 58 sieht, hat diese einfache Anleitung zur Selbstreflexion eine durchschlagende Wirkung. Die Versuchspersonen der Reflexionsgruppe sind bedeutend besser als die Versuchspersonen der Kontrollgruppe. Die Betrachtung des eigenen Denkens also, ohne jede Anleitung, kann zu einer bedeutsamen Verbesserung des eigenen Denkens führen. Zu ähnlichen Ergebnissen kam Hesse (1979).

Die Ergebnisse von Hesse und von Reither sind Beispiele dafür, daß sehr einfache Verfahren geeignet sind, die Denkfähigkeit von Personen – mehr oder minder nachhaltig – zu verbessern. Ob sich derlei auch für komplexere Systeme sagen läßt, wissen wir nicht. Selbstreflexion kann auch stören und unsicher machen und dadurch negative Effekte haben.

Daß kompliziertere Strategien der Belehrung fehlschlagen können, zeigt der Lohhausen-Versuch. Hier hatten wir die Versuchspersonen von vornherein in drei Gruppen aufgeteilt: eine Kontrollgruppe, eine Strategiegruppe und eine Taktikgruppe. Die Strategiegruppe und die Taktikgruppe wurden in der Anwendung bestimmter, mehr oder minder komplizierter Prozeduren für den Umgang mit komplexen Systemen unterrichtet. Den Versuchspersonen der Strategiegruppe wurden Begriffe wie «System», «positive Rückkopplung», «negative Rückkopplung», «kritische Variable» usw. beigebracht, und sie wurden darin unterrichtet, daß man Ziele zu bilden

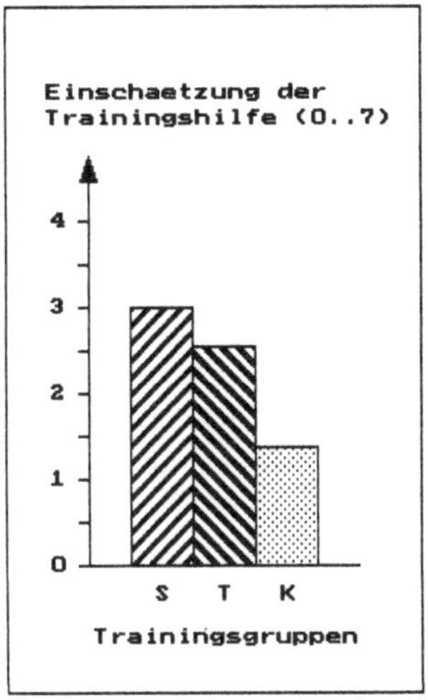

Abb. 59: Die Einschätzung des Trainings durch die Strategie-, die Taktik- und die Kontrollgruppe (S, T, K) des Lohhausen-Versuchs

habe, Schwerpunkte zu formulieren und zu ändern habe usw.

Die Versuchspersonen der Taktikgruppe wurden in einem Verfahren zur Entscheidungsfindung, nämlich in der Zangemeisterschen Nutzwert-Analyse (s. Zangemeister 1974) unterrichtet. Die Ergebnisse zeigt Abb. 59. Nach dem gesamten, meist viele Wochen dauernden Experiment befragt, was ihnen das jeweilige Training gebracht habe, waren die Versuchspersonen der Strategie- und der Taktikgruppe übereinstimmend der Meinung, daß das Training «in mittlerem Ausmaß» geholfen hätte. Die Versuchspersonen der Kontrollgruppe, die ein «Kreativitätstraining» absolvieren mußten, waren nur in geringem Maße der Meinung, daß ihnen das Training etwas geholfen hätte. Der Unterschied der Einschätzungen ist statistisch signifikant.

Betrachtet man nun neben den Einschätzungen der Versuchspersonen über die Hilfe, die sie ihrer Meinung durch das Training beim Denken und Planen gehabt haben, ihre tatsächlichen Leistungen, so finden sich zwischen den drei Gruppen überhaupt keine Unterschiede.

Wie kommt es, daß die mit bestimmten Verfahren «behandelten» Versuchspersonen der Meinung waren, daß ihnen das effektiv unnütze Training etwas geholfen hat? Ich meine, daß die Versuchspersonen durch das Training so etwas wie eine «Verbalintelligenz» des Handelns in komplexen Bereichen gewonnen haben. Sie konnten mit vielen schönen, neuen Begriffen über ihr Denken und Tun und über die jeweiligen Probleme *reden*. Ihr Tun blieb aber von diesem Zugewinn an Eloquenz ganz unbeeinflußt.

Ein solches Auseinanderfallen von verbaler Intelligenz und Handlungsintelligenz berichten auch Broadbent et al. (1986). Broadbent unterscheidet «explizites» und «implizites» Wissen. Daß Versuchspersonen über eine bestimmte Sache reden können, bedeutet nicht notwendigerweise, daß sie in der Lage sind, auch tatsächlich entsprechend zu handeln.

Den Zugewinn an «Intelligenz» der im Lohhausen-Versuch entsprechend trainierten Versuchspersonen könnte man, drastisch, auch «Eunuchenwissen» nennen. Sie wissen, wie es geht, können es aber nicht. (Der treffende Ausdruck «Eunuchenintelligenz» stammt von dem norwegischen «Simplicissimus»-Zeichner Olaf Gulbransson.) Die reine Belehrung muß also nicht unbedingt nützen, selbst wenn der Zwang zum Tun damit verbunden ist. – Was also kann man tun?

Es mag auf eine gewisse Computerobsession bei uns hindeuten, wenn wir meinen, daß das Forschungsmittel, welches wir bei unseren Untersuchungen häufig eingesetzt haben, auch als Belehrungsmittel brauchbar ist.

Gewöhnlich ereignen sich kritische und komplizierte Situationen selten, und in der «richtigen» Realität sind die «Totzeiten» lang. Es dauert lange, bis man merkt, daß man Fehler gemacht hat. (Mitunter dauert es länger als eine

Legislaturperiode!) Man hat dadurch wenig Möglichkeiten, aus Fehlern zu lernen. Ein auf einem Computer simuliertes Planungs- und Entscheidungsszenario mag einfacher als die «wahre» Realität sein, aber es hat den großen Vorteil, daß es als Zeitraffer funktioniert. Es stellt den unmittelbaren Kontakt mit den eigenen Fehlern her.

Wir meinen daher, daß man solche Simulationsszenarios sehr gut als Belehrungsmittel verwenden kann. Es reicht aber wohl nicht, wenn man die Lernenden nur «tun» läßt. Das Agieren allein wird wenig nützen!

Es wäre wahrscheinlich vernünftig, eine Batterie sehr verschiedenartiger Szenarios mit sehr verschiedenartigen Anforderungen zusammenzustellen, und die zu trainierenden Personen einer solchen «Anforderungssymphonie» verschiedener Systeme auszusetzen. Man sollte aber zugleich ihr Handeln und ihr Planen in solchen Situationen beobachten lassen durch Spezialisten, die in der Lage sind, die jeweiligen Denkfehler zu orten und ihre Determinanten auszumachen.

In sorgfältig vorbereiteten Nachgesprächen könnte die Art und die Ursache der jeweiligen Handlungsfehler erläutert und den Versuchspersonen bewußtgemacht werden.

Was kann man aus all dem lernen?

Man kann daraus lernen, daß es notwendig ist, sich seine Ziele klarzumachen. Daß man das machen sollte, weiß jeder. Aber die Notwendigkeit dazu ergibt sich selten!

Man kann daraus lernen, daß man nicht alle Ziele zugleich erreichen kann, da zwischen verschiedenen Zielen Kontradiktionen existieren können. Man kann also lernen, Kompromisse zwischen verschiedenen Zielen zu bilden.

Man kann daraus lernen, daß man Schwerpunkte bilden muß, und zugleich, daß man Schwerpunkte nicht ewig beibehalten kann, sondern sie wechseln muß.

Man kann daraus lernen, daß man beim Umgang mit einem bestimmten Gebilde sich ein «Modell» des Systems schaffen sollte, damit man die Neben- und Fernwirkungen von Maßnahmen nicht nur erleiden muß, sondern antizipieren kann.

Man kann daraus lernen, wie man Informationen mit dem richtigen Auflösungsgrad sucht; weder zu fein, noch zu grob.

Man kann daraus lernen, was sich aus allzu forscher Bildung abstrakter Konzepte ergeben kann.

Man kann daraus lernen, was die Folgen einer allzu vorschnellen Reduktion aller Geschehnisse in einem bestimmten Bereich auf nur eine «zentrale» Ursache sind.

Man kann daraus lernen, wie lange man Informationen sammeln und wann man damit Schluß machen sollte.

Man kann daraus lernen, daß man mitunter zu «horizontalen» oder «vertikalen» Fluchtbewegungen neigt; und man kann lernen, sich in entsprechenden Situationen zu kontrollieren.

Man kann daraus lernen, daß man mitunter nur deshalb etwas tut, weil man sich beweisen möchte, daß man etwas tun kann.

Man kann daraus die Gefahren des unreflektierten Methodismus erlernen.

Man kann daraus lernen, daß es notwendig ist, die eigenen Fehler zu analysieren und daraus Schlüsse für die Umorganisation des eigenen Denkens und Verhaltens zu ziehen.

Kann man all das daraus lernen? Und wird es dann auch im Verhalten wirksam?

Es kommt, so glaube ich, nicht darauf an, daß man irgendwelche exotischen «Denkfähigkeiten» schult. Es kommt nicht auf die «fernöstlichen» Weisheiten an. Es kommt nicht darauf an, die rechte, «unbenutzte» Hirnhälfte in Gebrauch zu nehmen. Es kommt nicht darauf an, geheimnisvolle Kreativitätspotentiale freizusetzen und die angeblich zu 90 Prozent brachliegenden Gehirnreserven zu mobilisieren. Es kommt eigentlich nur auf eines an, nämlich auf die Förderung des «gesunden Menschenverstands».

Es kommt allerdings darauf an, diesen «gesunden Alltagsverstand» in der richtigen Weise einzusetzen. Der Umgang mit Zeit zum Beispiel, dem wir in diesem Buch so viel Aufmerksamkeit gewidmet haben, ist dem normalen «gesunden Menschenverstand» unvertraut. Wir berücksichtigen die Ablaufcharakteristika der Ereignisse gewöhnlich nur unzulänglich. Was wir gestern taten, liegt in der Dunkelheit des Vergessenen, und was wir morgen tun sollen, liegt in Finsternis. Wir Menschen sind Gegenwartswesen. Heutzutage aber *müssen* wir in Zeitabläufen denken. Wir *müssen* lernen, daß Maßnahmen «Totzeiten» haben, bis sie wirken. Wir *müssen* es lernen, «Zeitgestalten» zu erkennen. Wir *müssen* es lernen, daß Ereignisse nicht nur die unmittelbar sichtbaren Effekte haben, sondern auch Fernwirkungen.

Weiterhin müssen wir es lernen, in *Systemen* zu denken. Wir müssen es lernen, daß man in komplexen Systemen nicht nur *eine* Sache machen kann, sondern, ob man will oder nicht, immer *mehrere* macht. Wir müssen es lernen, mit Nebenwirkungen umzugehen. Wir müssen es lernen einzusehen, daß die Effekte unserer Entscheidungen und Entschlüsse an Orten zum Vorschein kommen können, an denen wir überhaupt nicht mit ihnen rechneten.

Wie soll man all das lernen?

In der «wahren» Realität geht es nicht. Die Fehler, die wir dort machen, werden viel zu spät sichtbar, als daß wir sie ausnutzen könnten zur Reorganisation unseres Verhaltens. Die Nebenwirkungen unserer Handlungen in der «wahren» Realität sehen wir vielleicht überhaupt nie. Und die Zeit in der «wahren» Realität vergeht so langsam, daß wir es schwer haben, die Charakteristika der Abläufe zu erfassen, weil sie sich nur so langsam zeigen, daß wir über der Wahrnehmung der augenblicklichen Situation ihre Einordnung in einen Ablauf vergessen.

Daher mein Plädoyer für das Simulationsspiel! Die Zeit in einem computersimulierten System läuft schnell. Ein computersimuliertes System ist ein Zeitraffer. Die Konfrontation mit einem solchen Zeitraffersystem macht triviale Fehler, die wir im Umgang mit Systemen machen, sichtbar. Ein Simulationssystem führt uns die Neben- und Fernwirkungen von Planungen und Entscheidungen schnell vor Augen. Und so gewinnen wir Sensibilität für die Realität.

Fehler sind wichtig. Irrtümer sind ein notwendiges Durchgangsstadium zur Erkenntnis. Beim Umgang mit «wahren» komplexen, vernetzten Systemen haben wir es aber schwer, unsere Irrtümer festzustellen. Sie zeigen sich dort erst lange Zeit, nachdem wir sie begangen haben, und wir erkennen sie vielleicht gar nicht mehr als Konsequenzen unseres Verhaltens. Das Zeitraffersystem eines Simulationsspiels bringt hier Abhilfe. Es zeigt die Kontingenzen. Es kann uns sensibilisieren für solche Fehler und vielleicht etwas vorsichtiger und nachdenklicher machen oder auch wagemutiger.

Krisensituationen sind in der «wahren» Realität selten (zum Glück!). Wenn sie auftreten, treffen sie uns daher meist unvorbereitet. Wir haben gewöhnlich keine Gelegenheit, uns auf sie einzustellen. Wir haben keine Gelegenheit, aus unseren Fehlern in solchen einmaligen Situationen zu lernen. Simulationsspiele bieten die Möglichkeit, Personen in Krisensituationen zu bringen und ihre Sensibilität für die jeweils spezifischen Eigenarten von Situationen zu schärfen.

Es kommt nicht darauf an, einen bestimmten «Denkstil» zu fördern. Ich hoffe, hinlänglich klargemacht zu haben, daß man das, was oftmals pauschal «vernetztes Denken» oder «systemisches Denken» genannt wird, nicht als eine Einheit, als eine bestimmte, isolierte Fähigkeit betrachten kann. Es ist ein Bündel von Fähigkeiten, und im wesentlichen ist es die Fähigkeit, sein ganz normales Denken, seinen «gesunden Menschenverstand» auf die Umstände der jeweiligen Situation einzustellen. Die Umstände sind immer verschieden! Mal ist dieses wichtig, mal jenes. Es kommt darauf an! Den Umgang aber mit verschiedenen Situationen, die verschiedene Anforderungen an uns stellen, kann man lernen. Man kann ihn lehren, indem man Menschen mal in diese, mal in jene Situation bringt und ihre Verhaltensweisen und besonders ihre Fehler mit ihnen diskutiert. Man hat keine Chancen, etwas Derartiges in der «wahren» Realität zu tun.

Wir haben heute die Möglichkeit, solche Lernprozesse in Gang zu setzen. Spielen war immer eine wichtige Methode zur Vorbereitung auf den Ernstfall. Man sollte es in gezielter Weise verwenden. Wir haben dafür heute viel bessere Möglichkeiten als früher. Wir sollten sie nutzen!

Ist das eine frivole Forderung? Spielen, um Ernst zu machen? Nun: Wer Spiel nur als Spiel betrachtet und Ernst nur als Ernst, hat beides nicht verstanden!

Dank

Jeder, der einmal ein Buch geschrieben hat, weiß, daß er es nicht allein war.

Ich danke meiner Frau Sigrid für viele Verbesserungsvorschläge und für den «Hintergrund».

Meinem Vater danke ich für den Anstoß zu diesem Buch und für zahlreiche Gespräche.

Michael Koch danke ich für einen guten Titeleinfall.

Frau Lydia Kacher danke ich für umsichtige und geschwinde Arbeit und für Geduld.

Frau Kristin Härtl danke ich für die Wiedererfindung der Fermat-Formel und für das Literaturverzeichnis.

Allen meinen Mitarbeitern am Lehrstuhl Psychologie II der Universität Bamberg danke ich für viele Donnerstage.

Herrn Hermann Gieselbusch vom Rowohlt Verlag danke ich für Geduld, Verständnis, viele Verbesserungsvorschläge und für Druck an der richtigen Stelle und zur richtigen Zeit.

Und zuletzt möchte ich mich an dieser Stelle dankbar an Bjela erinnern! D. D.

Über den Autor

Dietrich Dörner, geboren am 28.9.1938 in Berlin. Aufgewachsen in Berlin und Düsseldorf (zumindest hauptsächlich). Studium der Psychologie in Kiel: dort auch Promotion und Habilitation. Seit der Studienzeit Beschäftigung mit Denk- und Problemlöseprozessen. Nach der Habilitation Hochschullehrer in Düsseldorf (1973), Gießen (1974–1979), Bamberg (1979–1989). Seit 1990 Leiter der Projektgruppe «Kognitive Anthropologie» der Max-Planck-Gesellschaft in Berlin. Zahlreiche Publikationen über Denken, Problemlösen, Planen und Entscheiden, aber auch über Probleme der Ästhetik, über die menschlichen Emotionen und über methodologische Fragen. 1983 «Fellow» am Wissenschaftskolleg zu Berlin. 1986 Leibniz-Preis der Deutschen Forschungsgemeinschaft.

Buchpublikationen:
«Die kognitive Organisation beim Problemlösen» (1974)
«Problemlösen als Informationsverarbeitung» (1976)
«Lohhausen: Vom Umgang mit Unbestimmtheit und Komplexität» (als Herausgeber und Mitautor) (1983)
«Psychologie» (als Mitherausgeber und Mitautor) (1985)

Literaturverzeichnis

Badke-Schaub, P. & Dörner, D.: Ein Simulationsmodell für die Ausbreitung von AIDS (erweiterte Fassung). Memorandum Lehrstuhl Psychologie II, Universität Bamberg, No. 59, 1988
Baltes, P., Smith, J., Staudinger, U. & Sowarka, D.: Wisdom: One Facet of Successful Aging? In: Perlmutter, M. (Ed.): Late-Life potential, Washington, D. C., 1988
Bergerud, A. T.: Die Populationsdynamik von Räuber und Beute. Spektrum der Wissenschaft, 1984, Heft 2, S. 46–54
Bertalanffy, L. v.: General System Theory. New York: Braziller, 1968
Birg, H.: Die demographische Zeitwende. Spektrum der Wissenschaft, Heft 1, S. 40–49, 1989
Brecht, B.: Die Gedichte von Bertolt Brecht in einem Band. Frankfurt/Main: Suhrkamp, 1986
Bredenkamp, J.: Kognitionspsychologische Untersuchungen eines Rechenkünstlers. Sprache und Kognition, 1988
Brehmer, B. & Allard, R.: Learning to Control a Dynamic System. In: de Corte, E. et al. (Eds.), Learning and Instruction. Amsterdam: North Holland, 1986
Broadbent, D. E., Fitzgerald, P. & Broadbent, M. H. P.: Implicit and Explicit Knowledge in the Control of Complex Systems. British Journal of Psychology, 1986, 77, S. 33–50
Bürkle, A.: Eine Untersuchung über die Fähigkeit, exponentielle Entwicklungen zu schätzen. Gießen: Universität – Semesterarbeit am FB 06 Psychologie, 1979
Capra, F.: Das Neue Denken. Bern–München–Wien: Scherz, 1987
Clausewitz, C. v.: Vom Kriege. Berlin: Dümmler, 1880
Csikszentmihalyi, M.: Das Flow-Erlebnis – Jenseits von Angst und Langeweile: im Tun aufgehen. Stuttgart: Klett-Cotta, 1985
Dahl, J. & Schickert, H. (Hg.): Die Erde weint. Frühe Warnungen vor der Verwüstung. München: dtv 10751
De Bono, E.: Die 4 richtigen und die 5 falschen Denkmethoden. Reinbek: Rowohlt, 1972
Devlin, K.: Mathematics: The New Golden Age. London: Penguin Books, 1988
Dörner, D.: Die kognitive Organisation beim Problemlösen. Bern: Huber, 1974
Dörner, D.: Ein Simulationsprogramm für die Ausbreitung von AIDS. Memorandum Lehrstuhl Psychologie II, Universität Bamberg, No. 40, 1986
Dörner, D., Kreuzig, H. W., Reither, F. & Stäudel, Th. (Hg.): Lohhausen: Vom Umgang mit Unbestimmtheit und Komplexität. Bern: Huber, 1983
Dörner, D. & Preussler, W.: Prognose der Entwicklung eines Räuber-Beute-Systems. Memorandum Lehrstuhl Psychologie II, Universität Bamberg (in Vorbereitung), 1988
Duffy, Ch.: Friedrich der Große: Ein Soldatenleben. Köln: Benziger, 1986
Duncker, K.: Zur Psychologie des produktiven Denkens. Berlin: Springer, 1935
Ertel, S.: Liberale und autoritäre Denkstile: Ein sprachstatistisch-psychologischer Ansatz. In: Thadden, R. v. (Hg.): Die Krise des Liberalismus zwischen den Weltkriegen. Göttingen: Vandenhoeck & Ruprecht, 1978, S. 234–255
Gadenne, V. & Oswald, M.: Entstehung und Veränderung von Bestätigungstendenzen beim Testen von Hypothesen. Mannheim: Fakultät für Sozialwissenschaften, 1986
Gebsattel, L. F. v.: Das K. B. 1. Ulanen-Regiment – «Kaiser Wilhelm II. König von Preußen» – Erinnerungsblätter deutscher Regimenter. Augsburg: Buch- und Kunstdruckerei J. P. Himmer, 1924
Goebbels, J.: Tagebücher 1945. Hamburg: Hoffmann & Campe, 1977
Gonzales, J. J. & Koch, M. G.: On the Role of Transients (Biasing Transitional Effects) for the Prognostic Analysis of the AIDS-Epidemic. American Journal of Epidemiology, 1987, Nr. 126, S. 985–1005
Gonzales, J. J. & Koch, M. G.: On the Role of Transients for the Prognostic Analysis of AIDS and the Anciennity Distribution of AIDS-Patients. AIDS-Forschung (AIFO), 1986, Nr. 11, S. 621–630
Gordon, W. J. J.: Synectics. New York: Harper & Row, 1961

Grote, H.: Bauen mit KOPF. Berlin: Patzer, 1988
Gruhl, H.: Ein Planet wird geplündert. Frankfurt/Main: S. Fischer, 1975
Hesse, F.W.: Zur Verbesserung menschlichen Problemlöseverhaltens durch den Einfluß unterschiedlicher Trainingsprogramme. Aachen: Dissertation, RWTH, 1979
Janis, I.: The Victims of Groupthink. Boston: Houghton Mifflin, 1972
Kaiser, R. (Hg.): Global 2000: Der Bericht an den Präsidenten. Frankfurt/Main: Zweitausendeins, 1980
Kant, I.: Prolegomena zu einer jeden künftigen Metaphysik. Hamburg: Felix Meiner, 1965 (unveränderter Nachdruck)
Klix, F.: Information und Verhalten. Bern: Huber, 1971
Kluwe, R.: Problemlösen, Entscheiden und Denkfehler. In: Hoyos, C. & Zimolong, B. (Eds.): Enzyklopädie der Psychologie: Ingenieurpsychologie. Göttingen: Hogrefe, 1988
Koch, M.G.: AIDS: Vom Molekül zur Pandemie. Heidelberg: Spektrum, 1988
Kühle, H.J.: Zielangaben anstelle von Lösungen – Hintergründe für ein bei Politikern häufig zu beobachtendes Phänomen und dessen Konsequenzen. Memorandum Lehrstuhl Psychologie II, Universität Bamberg, No. 9, 1982
Kühle, H.J. & Badke, P.: Die Entwicklung von Lösungsvorstellungen in komplexen Problemsituationen und die Gedächtnisstruktur. Sprache und Kognition, 1986, Heft 2, S. 95–105
Lem, S.: Summa Technologiae. Frankfurt/Main: Insel, 1976
Lindblom, C.E.: The Science of «Muddling Through». In: Leavit, R.S. & Pondy, L.L. (Ed.): Readings in Managerial Psychology, 1964
Luchins, A. & Luchins, E.: Mechanization in Problem-Solving: The effect of Einstellung. Psychological Monographs, 1942, 54, Nr. 6
Maas, W.: Manipulation eines Räuber-Beute-Systems. Bamberg: Diplomarbeit im Fach Psychologie, 1989
Mackinnon, A.J.: A Systems Approach to Dynamic Decision Making. Manuskript: Department of Psychology. University of Melbourne, 1983
Malik, F.: Strategie des Managements komplexer Systeme. St. Gallen: Institut für Betriebswirtschaft der Hochschule, 1984
Oesterreich, R.: Handlungsregulation und Kontrolle. München: Urban & Schwarzenberg, 1981
Orwell, G.: Farm der Tiere. Zürich: Diogenes, 1982
Popper, K.: Die offene Gesellschaft und ihre Feinde I: Der Zauber Platos. Bern: Francke, 1957
Popper, K.: Die offene Gesellschaft und ihre Feinde II: Falsche Propheten: Hegel, Marx und die Folgen. Bern: Francke, 1958
Preussler, W.: Über die Bedingungen der Prognose eines bivariaten ökologischen Systems. Memorandum Lehrstuhl Psychologie II, Universität Bamberg, Nr. 31, 1985
Putz-Osterloh, W.: Gibt es Experten für komplexe Probleme? Zeitschrift für Psychologie, 1987, 195, S. 63–84
Putz-Osterloh, W. & Lemme, M.: Knowledge and its intelligent application to problem solving. German Journal of Psychology, 1987, 11, S. 286–303
Reason, J.T.: Human Error. Cambridge: University Press, 1988
Reason, J.T.: The Chernobyl Errors. Bulletin of the British Psychological Society, 1987, 40, 201–206
Reichert, U. & Dörner, D.: Heurismen beim Umgang mit einem «einfachen» dynamischen System. Sprache und Kognition, 1988, 7, 12–24
Reither, F.: Über die Selbstreflexion beim Problemlösen. Gießen: Universität – Dissertation am FB 06 Psychologie, 1979
Reither, F.: Wertorientierung in komplexen Entscheidungssituationen. Sprache und Kognition, 1985, 4, Heft 1
Riedl, R.: Über die Biologie des Ursachen-Denkens – ein evolutionistischer, systemtheoretischer Versuch. Mannheimer Forum (Boehringer), 1978/79
Rosenfeld, C.: Die Effekte abstrakter und konkreter Aufgabenstellung sowie analoger und digitaler Informationsgabe auf den Umgang mit einem dynamischen System. Diplomarbeit im Studiengang Psychologie, Universität Bamberg, 1988
Roth, Th.: Sprachstil und Problemlösekompetenz: Untersuchungen zum Form-

wortgebrauch im «Lauten Denken» erfolgreicher und erfolgloser Bearbeiter «komplexer» Probleme. Göttingen: Universität – Dissertation, 1986
Schmerfeld, F. v. (Hg.): Graf von Moltke. Ausgewählte Werke. Erster Band. Berlin, 1925
Schönpflug, W.: The trade-off between internal and external storage. Journal of Memory and Language, 1986, 25, S. 657–675
Schönpflug, W.: Retrieving text from an external store: The effects of an explanatory and of semantic fit between text and address. Psychological Research, 1988, 50, S. 19–27
Schütte, K.: Beweistheorie. Berlin: Springer, 1960
Stäudel, T.: Problemlösen, Emotionen und Kompetenz. Regensburg: S. Roderer, 1987
Thiele, H.: Zur Definition von Kompliziertheitsmaßen für endliche Objekte. In: Klix, F.: Organismische Informationsverarbeitung – Zeichenerkennung, Begriffsbildung, Problemlösen. Berlin: Akademie-Verlag, 1974
Tillett, H. E.: Observations from the UK Epidemic. In: Jager, J. C. & Ruitenberg, E. J. (Eds.): Statistical Analysis and Mathematical Modelling, of AIDS, Oxford: Oxford University Press, 1988
Vester, F.: Ballungsgebiete in der Krise. Stuttgart: Deutsche Verlagsanstalt, 1976
Vester, F.: Neuland des Denkens. Stuttgart: Deutsche Verlagsanstalt, 1980
Vollmer, G.: Wissenschaft mit Steinzeitgehirnen? Mannheimer Forum (Boehringer), 1986/87
Wallechinsky, D. & Wallace, A. & I.: Rowohlts Liste der Weissagungen und Prognosen. Reinbek: Rowohlt, 1983
Weth, R. von der: Die Rolle der Zielbildung bei der Organisation des Handelns. Bamberg: Dissertation, Fakultät Pädagogik, Philosophie, Psychologie der Universität, 1989
Wiegand, J.: Besser Planen. Teufen/Schweiz: Arthur Niggli, 1981
Zangemeister, C.: Nutzwertanalyse von Projektalternativen. In: Händle, F. & Jensen, F: (Hg.): Systemtheorie und Systemtechnik. München: Nymphenburger, Verlagshandlung, 1974
Zihlmann, V.: Sinnfindung als Problem der industriellen Gesellschaft. Diesenhofen (Schweiz): Rüegger, 1980
Zwicky, F.: Entdecken, Erfinden, Forschen im morphologischen Weltbild. München: Droemer-Knaur, 1966

Register